■2025年度中学受験用

國學院大學栃木中学校

3年間スーパー過去問

●収録内容一覧

入試問題と解説・解答の収録内容

2024年度　１回	算数・社会・理科・国語
2024年度　２回	算数・社会・理科・国語 (解答のみ)
2024年度　２回・英語	英語 (解答のみ)
2023年度　１回	算数・社会・理科・国語
2023年度　２回	算数・社会・理科・国語 (解答のみ)
2023年度　２回・英語	英語 (解答のみ)
2022年度　１回	算数・社会・理科・国語
2022年度　２回	算数・社会・理科・国語 (解答のみ)
2022年度　２回・英語	英語 (解答のみ)

※2024～22年度の２回・英語の算数基礎・国語基礎は掲載しておりません。

～本書ご利用上の注意～　以下の点について，あらかじめご了承ください。

★別冊解答用紙は巻末にございます。本書に収録している試験の実物解答用紙は，弊社サイトの各校商品情報ページより，一部または全部をダウンロードできます。

★編集の都合上，学校実施のすべての試験を掲載していない場合がございます。

★当問題集のバックナンバーは，弊社には在庫がございません（ネット書店などに一部在庫あり）。

合格を勝ち取るための

『スーパー過去問』の使い方

本書に掲載されている過去問をご覧になって，「難しそう」と感じたかもしれません。でも，多くの受験生が同じように感じているはずです。なぜなら，中学入試で出題される問題は，小学校で習う内容よりも高度なものが多く，たくさんの知識や解き方のコツを身につけることも必要だからです。ですから，初めて本書に取り組むさいには，点数を気にしすぎないようにしましょう。本番でしっかり点数を取れることが大事なのです。

過去問で重要なのは「まちがえること」です。自分の弱点を知るために，過去問に取り組むのです。当然，まちがえた問題をそのままにしておいては意味がありません。

本書には，長年にわたって中学入試にたずさわっているスタッフによるていねいな解説がついています。まちがえた問題はしっかりと解説を読み，できるようになるまで何度も解き直しをしてください。理解できていないと感じた分野については，参考書や資料集などを活用し，改めて整理しておきましょう。

このページも参考にしてみましょう！

◆どの年度から解こうかな　「入試問題と解説・解答の収録内容一覧」

本書のはじめには収録内容が掲載されていますので，収録年度や収録されている入試回などを確認できます。

※著作権上の都合によって掲載できない問題が収録されている場合は，最新年度の問題の前に，ピンク色の紙を差しこんでご案内しています。

◆学校の情報を知ろう!!「学校紹介ページ」

このページのあとに，各学校の基本情報などを掲載しています。問題を解くのに疲れたら息ぬきに読んで，志望校合格への気持ちを新たにし，再び過去問に挑戦してみるのもよいでしょう。なお，最新の情報につきましては，学校のホームページなどでご確認ください。

◆入試に向けてどんな対策をしよう？「出題傾向＆対策」

「学校紹介ページ」に続いて，「出題傾向＆対策」ページがあります。過去にどのような分野の問題が出題され，どのように対策すればよいかをアドバイスしていますので，参考にしてください。

◇別冊「入試問題解答用紙編」

本書の巻末には，ぬき取って使える別冊の解答用紙が収録してあります。解答用紙が非公表の場合などを除き，（注）が記載されたページの指定倍率にしたがって拡大コピーをとれば，実際の入試問題とほぼ同じ解答欄の大きさで，何度でも過去問に取り組むことができます。このように，入試本番に近い条件で練習できるのも，本書の強みです。また，データが公表されている学校は別冊の１ページ目に過去の「入試結果表」を掲載しています。合格に必要な得点の目安として活用してください。

本書がみなさんの志望校合格の助けとなることを，心より願っています。

株式会社　声の教育社　編集部

國學院大學栃木中学校

所在地	〒328-8588 栃木県栃木市平井町608
電　話	0282-22-5511
ホームページ	https://kokugakuintochigi.jp
交通案内	JR両毛線・東武日光線　「栃木駅」より直通バス８分，市内回りバス13分

くわしい情報は
ホームページへ

トピックス

★ＩＣチップ内蔵の身分証でセキュリティもバッチリ。
★国内有数の図書館，天文台のある特別教育館，博物館併設で施設充実。

創立年
平成８年

男女共学

高校募集
あり

2024年度応募状況

募集数			応募数	受験数	合格数	倍率
第１回	80名	２科	14名	14名	8名	1.8倍
		４科	47名	47名	37名	1.3倍
		自己	15名	15名	11名	1.4倍
第２回		２科	8名	7名	3名	2.3倍
		４科	17名	16名	10名	1.6倍
		自己	5名	5名	4名	1.3倍
		英語	5名	5名	4名	1.3倍
		適性	8名	8名	1名	8.0倍
第３回		２科	5名	4名	3名	1.3倍
		４科	4名	3名	2名	1.5倍
		自己	1名	1名	1名	1.0倍

入試情報（参考：昨年度）

募集80名
第１回出願日：2023年11月１日～2023年11月17日
　　　試験日：2023年11月26日
　　　種　類：自己推薦入試・一般２科・一般４科
第２回出願日：2023年11月20日～2023年12月１日
　　　試験日：2023年12月９日
　　　種　類：自己推薦入試・一般２科・一般４科
　　　　　　　英語入試・適性検査入試
第３回出願日：2023年12月10日～2024年１月12日
　　　試験日：2024年１月20日
　　　種　類：自己推薦入試・一般２科・一般４科

自己推薦：	国 算 基 礎	（各50分・100点）
一般２科：	国語・算数	（各50分・100点）
一般４科：	国語・算数	（各50分・100点）
	理科・社会	（計50分・各50点）
英　　語：	国 算 基 礎	（各50分・100点）
	英　　語	（50分・100点）
適性検査：	適 性 検 査	（50分・100点）
	作　　文	（50分・50点）

※すべての試験に面接あり

教育の特色

３つの柱

心・体の力をバランスよく鍛えるために，３つの柱からなる教育を実践し，未来の日本や国際社会で活躍する人材を育成します。授業や総合的な学習の時間・道徳・学校行事などを一体的に捉え，単なる受験学力だけではなく，総合的な学力の向上をはかります。

１.社会に貢献する自己実現《キャリア教育》
　様々な経験を通して自他の関係性を深く考え，主体的に進路を選択・決定する。

２.異文化コミュニケーション《英語教育》
　手段としての英語力を身につけ，グローバルな環境で堂々とコミュニケーションがとれる。

３.科学リテラシーの向上《理数教育》
　科学的概念や手法について知識と理解を深め，それらを活用して課題を解決・創造することができる。

2024春の主な大学合格実績

＜国公立大学・大学校＞

北海道大，東北大，筑波大，千葉大，宇都宮大，茨城大，信州大，山形大，福島大，高崎経済大，都留文科大．防衛大

＜私立大学＞

早稲田大，東京理科大，明治大，青山学院大，立教大，中央大，法政大，学習院大，成城大，成蹊大，明治学院大，獨協大，武蔵大，日本大，東洋大，駒澤大，専修大，北里大(医)，東邦大(医)，同志社大，立命館大

編集部注―本書の内容は2024年4月現在のものであり，変更されている場合があります。正確な情報は，学校のホームページ等で必ずご確認ください。

算数　出題傾向＆対策

◆基本データ（2024年度１回）

試験時間／満点	50分／100点
問題構成	・大問数…５題 計算１題(10問)／応用小問２題(13問)／応用問題２題 ・小問数…27問
解答形式	応用問題は途中の考え方も記入する。必要な単位はあらかじめ印刷されている。
実際の問題用紙	Ａ４サイズ，小冊子形式
実際の解答用紙	Ｂ４サイズ

◆出題傾向と内容

▶過去３年の出題率トップ３
１位：四則計算・逆算32％　２位：計算のくふう７％　３位：角度・面積・長さなど４％
▶今年の出題率トップ３
１位：四則計算・逆算33％　２位：計算のくふう，角度・面積・長さなど７％

計算問題は，途中の□を求めるものや計算の工夫もありますが，全体としては，基本的な計算能力をみるのが目的と考えられます。

応用小問は，特殊算や規則に関する問題，図形の面積などが多く出題されています。

応用問題では，特殊算や規則性の分野から出題されることが多いですが，複雑なものや難解なものはあまりありません。

全体的に基本的な問題が多く，正確で速い計算力が求められています。

◆対策～合格点を取るには？～

計算問題が数多く出題されるので，まず確実な計算力を養成することが必要です。出題される問題の中にはくふうすれば簡単に解けるものもありますから，ふだんからくふうして計算ができるように練習しておきましょう。

また，よく出題されている分野としては，図形の面積，つるかめ算，過不足算・差集め算，年齢算，濃度，ニュートン算，仕事算，数列などがあげられます。問題集を使って基本的なものを解けるようにしておきましょう。

出題形式や問題の配置はここ数年大きな変化がありません。余裕を持って受験するためにも過去問題は何度も解いておきましょう。

分野 ＼ 年度		2024		2023		2022	
		１回	２回	１回	２回	１回	２回
計算	四則計算・逆算	●	●	●	●	●	●
	計算のくふう	◎	◎	◎	◎	◎	◎
	単位の計算						
和と差	和差算・分配算			○		○	
	消去算						
	つるかめ算	○	○	○	○	○	○
	平均とのべ				○	○	○
	過不足算・差集め算	○	○				
	集まり						
	年齢算	○	○	○	○		○
割合と比	割合と比				○	◎	○
	正比例と反比例						
	還元算・相当算			○			
	比の性質	○	◎	○			
	倍数算						
	売買損益	○		○	○	●	
	濃度	○	○	○	○	○	○
	仕事算	○	○	○	○	○	○
	ニュートン算	○	○	○	○	○	○
速さ	速さ	○		○	○		◎
	旅人算					○	
	通過算	◎	○		○		
	流水算						
	時計算	○	○	○	○	○	○
	速さと比			○			
図形	角度・面積・長さ	◎	◎	○	◎	○	○
	辺の比と面積の比・相似			○			
	体積・表面積					○	○
	水の深さと体積						
	展開図						
	構成・分割						
	図形・点の移動						
表とグラフ							
数の性質	約数と倍数						
	N進数						
	約束記号・文字式			○	○	○	○
	整数・小数・分数の性質						
規則性	植木算						
	周期算					◎	
	数列	◎	◎	◎	◎		◎
	方陣算						
	図形と規則						
場合の数			◎		◎		◎
調べ・推理・条件の整理							
その他							

※　○印はその分野の問題が１題，◎印は２題，●印は３題以上出題されたことをしめします。

社会 出題傾向＆対策

◆基本データ（2024年度１回）

試験時間／満点	理科と合わせて50分／50点
問題構成	・大問数…４題 ・小問数…31問
解答形式	記号選択と語句の記入がほぼ半々で，語句記入の大半は漢字指定にされている。
実際の問題用紙	Ａ４サイズ，小冊子形式
実際の解答用紙	Ｂ４サイズ

分野＼年度		2024 1回	2024 2回	2023 1回	2023 2回	2022 1回	2022 2回
日本の地理	地図の見方						
	国土・自然・気候	★	★	★	★	★	★
	資源						
	農林水産業	○	○	○	○	○	○
	工業	○	○	○	○	○	
	交通・通信・貿易			○			○
	人口・生活・文化	○		○			○
	各地方の特色				○		
	地理総合						
世界の地理		★	★	★	★	★	★
日本の歴史 時代	原始～古代	○	○	○	○	○	○
	中世～近世	○	○	○	○	○	○
	近代～現代	○	○	○	○	○	○
日本の歴史 テーマ	政治・法律史						
	産業・経済史						
	文化・宗教史						
	外交・戦争史				○		
	歴史総合	★	★	★	★	★	★
世界の歴史							
政治	憲法	★	★		★	★	
	国会・内閣・裁判所	○	○	★	○		★
	地方自治						
	経済						
	生活と福祉			○			
	国際関係・国際政治	★			○		○
	政治総合						
環境問題			★				
時事問題			○	○	○	○	○
世界遺産		○	○			○	
複数分野総合							

※　原始～古代…平安時代以前，中世～近世…鎌倉時代～江戸時代，近代～現代…明治時代以降
※　★印は大問の中心となる分野をしめします。

◆出題傾向と内容

●地理…例年，日本地理と世界地理の大問２題の設定です。日本地理は日本地図から都道府県の位置と都道府県庁所在地名，その都道府県の地形や気候，農業や工業の特色が問われています。また，世界地理は世界地図から代表的な国々の位置と国名，主な特ちょうに関する問題が出されています。

●歴史…大問１題で，各時代や歴史上の人物についての４つの文章が提示され，その文章に関連して，政治や文化など，はば広い分野から出題され，最後に４つの文章の並べかえ問題が設定されています。写真や図版が多く用いられているのも特ちょうの一つです。また，語句記述の多くは漢字で書くことが要求されています。

●政治…地理や歴史より小問数が少ない分野です。文章のテーマは日本国憲法や国会，内閣のはたらきが主です。地方自治や国際関係，環境問題などがテーマに取り上げられることもあります。時事問題が問われることもあるので，注意が必要です。

◆対策～合格点を取るには？～

分野ごとのポイントを見ていきましょう。

地理分野は，都道府県の位置と県庁所在地をしっかり定着させ，都道府県ごとに地形と気候をまとめ，そこから資源や産業に広げていきましょう。このときに，自分で白地図に記入し，世界遺産の所在地など，都道府県ごとに特色をまとめていけば，一層効果的です。このほか，本校で出題されている世界地理の対策として，日本とかかわりの深い国や最近話題になった国について，位置や産業などをノートにまとめておくことも必要です。

歴史分野は，教科書に出てくる主要な歴史上の人物ごとに，その人物が活動した時代がいつなのかを意識しながら，その業績をノートにまとめていきましょう。そのさい，教科書に出ている写真や図版にも注意をはらうことが大切です。また，ノートにまとめるときには，漢字で書くべき用語は漢字で書けるようにしましょう。

政治分野は，日本国憲法の基本的な内容をおさえておくことが大切です。特に三権のしくみや国民の権利と義務を中心に勉強しましょう。また，ニュースに興味を持つとよいでしょう。

理科　出題傾向＆対策

◆基本データ（2024年度１回）

試験時間／満点	社会と合わせて50分／50点
問題構成	・大問数…４題 ・小問数…32問
解答形式	記号選択と用語の記入が大半をしめるが，作図や記述の問題も見られる。
実際の問題用紙	Ａ４サイズ，小冊子形式
実際の解答用紙	Ｂ４サイズ

◆出題傾向と内容

「生命」「物質」「エネルギー」「地球」の各分野からかたよりなく出題されています。試験時間と問題量のバランスはちょうどよく，時間内にすべて解き終えることができ，見直すことも可能でしょう。短文記述や作図をする問題が出されることもあるので，注意が必要です。

●生命…動物の分類，光の強さと光合成，植物の花や種子のつくり・発芽と成長，こん虫についての問題などが出題されています。

●物質…ものの燃え方，ものの溶け方，ものの重さと体積，安全に実験を行う方法や実験器具の使い方，水の状態変化などが取り上げられています。

●エネルギー…ものの温まり方，光の進み方，てこのつり合い，ふりこの運動，電気回路，電磁石などが出題されています。実験結果を分析する力が必要とされる問題が目立ちます。

●地球…太陽の動き，月の見え方，天体と星座の観測，星の動き，雲のでき方，天気の変化，地層などが取り上げられています。

分野＼年度		2024		2023		2022	
		1回	2回	1回	2回	1回	2回
生命	植物				★	★	★
	動物	★		★			
	人体		★				
	生物と環境						
	季節と生物						
	生命総合						
物質	物質のすがた		○	★			★
	気体の性質						
	水溶液の性質	★				★	
	ものの溶け方		★	★			
	金属の性質						
	ものの燃え方						
	物質総合				★		
エネルギー	てこ・滑車・輪軸						★
	ばねののび方						
	ふりこ・物体の運動	★					
	浮力と密度・圧力						
	光の進み方					★	
	ものの温まり方		★				
	音の伝わり方						
	電気回路		★		★		
	磁石・電磁石			★			
	エネルギー総合						
地球	地球・月・太陽系	★			★		
	星と星座					★	
	風・雲と天候		○				★
	気温・地温・湿度						
	流水のはたらき・地層と岩石						
	火山・地震						
	地球総合						
実験器具				○	○		
観察							
環境問題							
時事問題							
複数分野総合							

※　★印は大問の中心となる分野をしめします。

◆対策～合格点を取るには？～

問題の多くは，基礎的な知識を問うものですが，実験・観察・観測の結果を総合的に分析して，筋道を立てて考えていかなければならない問題も見られます。ふだんから自分で実験や観察を積極的に行い，その結果を表やグラフなどを活用してまとめておきましょう。また，基本的な知識を確実なものとするために教科書をよく読み，ノートにきちんと整理しておくことが必要です。

問題はできるだけ多くこなし，法則や公式を覚えるだけでなく，それらをどのように使えばよいかという応用力を身につけておきましょう。過去に出題された実験・観察問題を分類し，整理しておくことも有効です。

また，本校では，計算問題もよく取り上げられています。力のつり合いや，食塩水の濃度の計算のようにひんぱんに出題されるものは，計算ミスをしないように，日ごろから同じ傾向の問題を，参考書や問題集で何度もあたって練習しておくとよいでしょう。作図問題に対しては，参考書の図表をよく見ておき，短時間に正確な図がかけるように心がけておきましょう。

国語 出題傾向＆対策

◆基本データ(2024年度１回)

試験時間／満点	50分／100点
問題構成	・大問数…４題 文章読解題２題／詩１題／知識問題１題 ・小問数…37問
解答形式	記号選択と適語・適文の書きぬきが大半をしめている。記述の文字数は15字程度。自分の考えをのべる自由記述は出題されていない。
実際の問題用紙	Ａ４サイズ，小冊子形式
実際の解答用紙	Ｂ４サイズ

◆出題傾向と内容

▶近年の出典情報(著者名)
説明文：長田　弘　斎藤　孝　高橋瑞樹
小　説：杉みき子　重松　清
随　筆：梨木香歩　安野光雅　青木奈緒
韻　文：まどみちお　与謝野晶子　馬場あき子

●読解問題…素材文は，説明文・論説文，随筆文，詩または俳句，短歌という組み合わせが多いです。内容の理解に中心を置いて，主題・要旨の内容把握，接続語の補充など，典型的な読解問題が多く出題されています。詩では，表現技法や鑑賞についての設問が見られます。

●知識問題…文法問題，漢字・熟語の知識，ことわざ・故事成語，文学作品の知識など多種多様です。漢字の書き取りや品詞・用法の設問の多くは，読解問題にふくまれます。

◆対策～合格点を取るには？～

試験では文脈をきちんととらえ，ことばの意味を正確に理解しているかがためされます。正しい答えを出せるようにするためには，多くの読解問題にあたり，出題内容や形式に慣れることが大切です。試験で出題されることが多い傾向にある読解問題に慣れておき，文章の内容をきちんと説明できるようになりましょう。

韻文がよく出題されるので，基本的な表現技巧や約束ごとなどはまとめておきましょう。

漢字については，毎日少しずつ練習することが大切です。文法の知識などについては，問題集を選んで取り組み，文学史の基本も理解しておくことが大切です。

分野 ＼ 年度			2024		2023		2022	
			1回	2回	1回	2回	1回	2回
読解	文章の種類	説明文・論説文	★	★		★	★	★
		小説・物語・伝記			★		★	
		随筆・紀行・日記	★	★	★	★		
		会話・戯曲						
		詩	★		★			★
		短歌・俳句		★		★	★	
	内容の分類	主題・要旨	○	○	○	○	○	○
		内容理解	○	○	○	○	○	○
		文脈・段落構成						
		指示語・接続語	○	○	○	○	○	○
		その他	○	○	○	○	○	○
知識	漢字	漢字の読み		○	○			
		漢字の書き取り	○	○	○	○	○	○
		部首・画数・筆順	○	○	○	○	○	○
	語句	語句の意味	○	○	○	○		○
		かなづかい					○	
		熟語	○	○	○	○	○	○
		慣用句・ことわざ	○	○	○	○	○	○
	文法	文の組み立て		○	○		○	○
		品詞・用法	○		○	○	○	
		敬語	○		○		○	
	形式・技法		○	○	○	○	○	○
	文学作品の知識		○		○	○	○	○
	その他		○	○	○	○	○	○
	知識総合		★	★	★	★	★	★
表現	作文							
	短文記述							
	その他							
放送問題								

※　★印は大問の中心となる分野をしめします。

2024年度 國學院大學栃木中学校

【算　数】〈第１回入試〉（50分）〈満点：100点〉

※4，5は考え方も書きなさい。

1 次の計算をしなさい。

（１）　$324 \div 16 \times 4$

（２）　$23 \times 5 - 204 \div 17$

（３）　4.25×15.8

（４）　$32.3 - 5.2 \times 4.8$

（５）　$\frac{11}{8} - \frac{5}{6} + \frac{7}{12}$

（６）　$\frac{13}{7} \div \left(\frac{5}{4} - \frac{11}{14}\right)$

（７）　$20.23 \times 110 + 202.3 \times 3 - 4046 \times 0.2$

（８）　$87 + 84 - 81 - 78 + 75 + 72 - 69 - 66 + 63 + 60 - 57 - 54$

（９）　$12 \div \left(1.7 - \frac{4}{5}\right) \times \frac{9}{25} - 4\frac{3}{4}$

（10）　$0.6 - \left\{\left(3\frac{3}{5} - 1.75\right) \div \frac{13}{4} - \frac{2}{13}\right\}$

2　次の□にあてはまる数や式を求めなさい。

（１）　$5-4\times(\square\div3-2)=1$

（２）　$\square : 1.6 = 2.4 : \frac{32}{5}$

（３）　定価□円の品物を、定価から 15％ を引いて 10％ の消費税を加えると、売値は 5610 円です。

3　次の各問いに答えなさい。

（１）　次の図は、中心が点Oの半円といくつかの三角形を組み合わせた図形です。あの角の大きさを求めなさい。

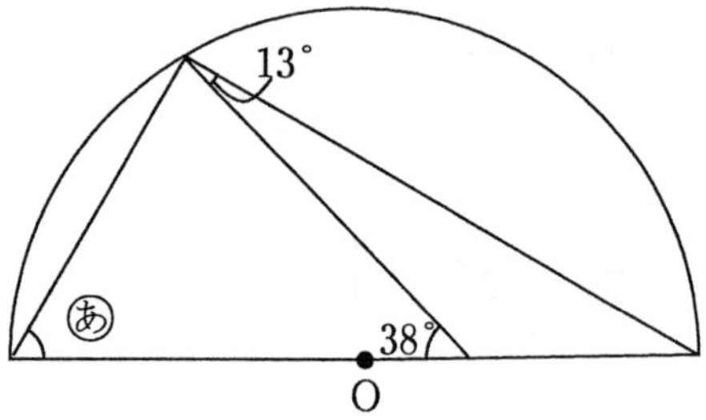

（２）　図のように、半径が 5 cm の 2 つの円があります。A , B と C , D はそれぞれの円の直径の両端です。AC の長さが 6 cm であるとき、色のついた部分の面積を求めなさい。ただし、円周率は3.14 として計算しなさい。

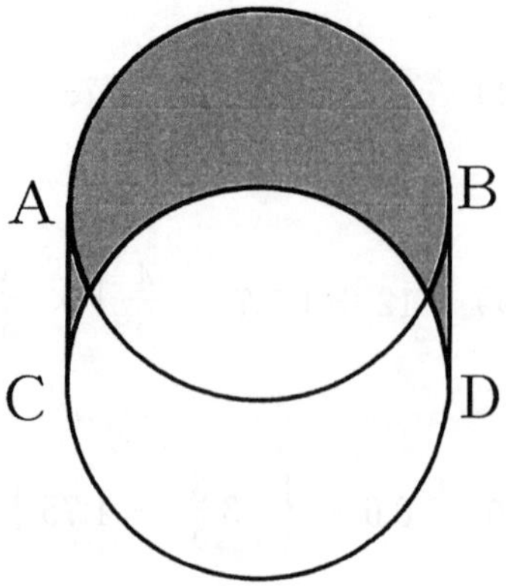

（３）　1個40円のミカンと1個200円のリンゴとを合わせて20個買ったところ、代金の合計が2720円でした。このとき、買ったミカンの個数を求めなさい。

（４）　現在、父は40才、子どもは12才です。父の年れいが子どもの年れいの2倍になるのは、今から何年後になりますか。

（５）　時計が10時10分を示すとき、長針と短針で作る小さいほうの角の大きさは何度になりますか。

（６）　10％の食塩水360gに5％の食塩水を混ぜて、8％の食塩水を作りました。5％の食塩水は何g混ぜましたか。

（７）　何人かの友だちにあめ玉を配ります。1人に5個ずつ配ろうとしたら7個不足し、1人に3個ずつ配ると3個あまりました。あめ玉は全部で何個ありますか。

（８）　家から1200mはなれた駅に行くのに、途《と》中のコンビニまでは分速60mで歩き、残りは分速50mで歩いたら、全部で21分かかりました。家からコンビニまでの道のりは何mになりますか。

（９）　ある仕事をAさんとBさんの2人で行うと3日かかります。また、この仕事をAさん1人で行うと5日かかります。この仕事をAさん1人が1日行い、そのあとはBさん1人で行うと、全部で何日かかりますか。

（10）　遊園地の入口では、入場開始前にはすでに行列ができています。その後も毎分一定の割合で行列は増えます。入場開始後、窓口を3つ使うと、20分で行列がなくなり、窓口を4つ使うと、10分で行列がなくなります。窓口を6つ使うと、何分で行列がなくなりますか。

4 次のように、ある規則にしたがって数が並んでいます。次の問いに答えなさい。

1，1，2，1，2，3，1，2，3，4，1，2，3，4，5，……

(1) 最初から数えて、4回目の2が出てくるのは、最初から数えて12番目です。5回目の4が出てくるのは、最初から数えて何番目ですか。

(2) 最初から100番目までの数の中には、4は何回出てきますか。

5 ある列車が長さ690 mの鉄橋を渡り始めてから渡り終わるまでに35秒かかります。また、この列車が同じ速さで長さ2610 mのトンネルに完全に入ってから、先頭がトンネルを出始めるまでに、115秒かかります。次の問いに答えなさい。

(1) この列車の速さは秒速何mですか。

(2) この列車の長さは何mですか。

【社　会】〈第１回入試〉（理科と合わせて50分）〈満点：50点〉

1　下の地図を見て、後の問いに答えなさい。

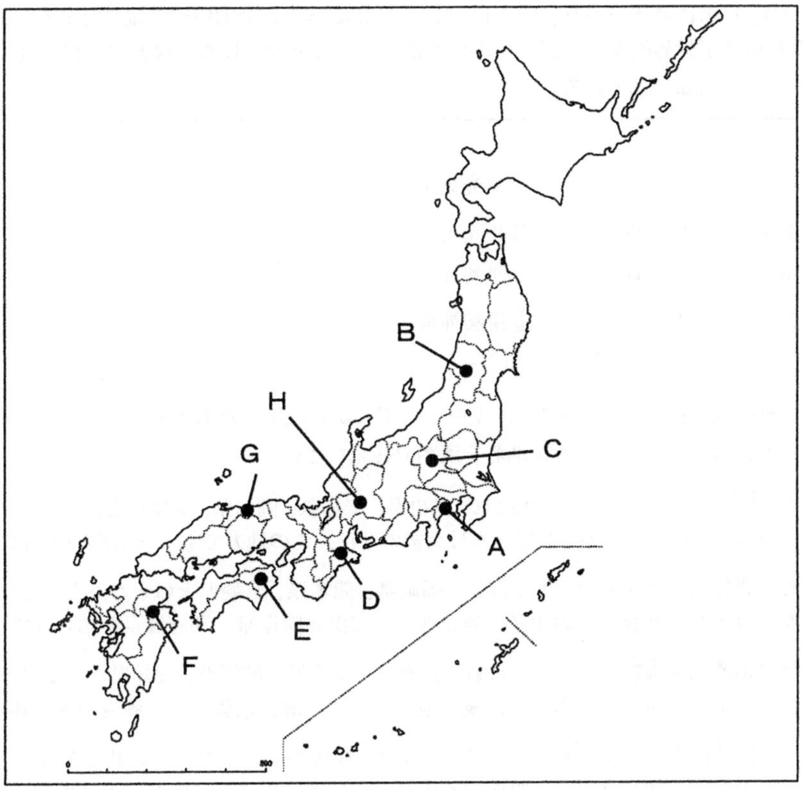

問１　地図中の**A**県について、県名と県庁所在地名を**漢字**で答えなさい。

問２　地図中の**B**県の説明としてもっともふさわしいものを**あ**～**え**から選び、記号で答えなさい。

あ　中央部を流れる信濃川は日本最長であり、となりの県では千曲川とよばれている。

い　東日本大震災の時に津波《つなみ》の被害を受け、特に石巻市は大きな被害を受けた。

う　中央に位置する琵琶湖は世界でももっとも古い、地面の変動によって生まれた湖のひとつである。

え　国内でも有名な果物の産地であり、サクランボ、ラ･フランス、モモなどの栽培で知られている。

問３　地図中の**C**県の説明としてもっともふさわしいものを**あ**～**え**から選び、記号で答えなさい。

あ　農業耕地面積、収穫高《しゅうかくだか》ともに国内でもっとも広く、そして多いことと、梅雨の影響が少ないことでも知られている。

い　火山灰によって作られたシラスという土壌《どじょう》が広がっているので、タバコやサツマイモの栽培、ブタの飼育で知られている。

う　年間を通して雨の少ない気候から讃岐平野ではため池や用水路を利用して稲作が行われている。

え　草津、伊香保、水上などの温泉地、コンニャクイモの栽培、自動車の生産で有名である。

問４　地図中の**Ｄ**県についてまとめた下の文中の（　①　）～（　③　）にあてはまる語句の組み合わせとしてもっともふさわしいものを**あ**～**え**から選び、記号で答えなさい。

> （　①　）市に県庁があり、総人口 177 万人(2022 年)と全国中位の規模《きぼ》である。太平洋に面した英虞湾が世界的な（　②　）の養殖地であることや、日本を代表する神社（　③　）があることでも知られている。

あ　①津　②カキ　③日光東照宮

い　①大津　②真珠《しんじゅ》　③日光東照宮

う　①津　②真珠　③伊勢神宮

え　①大津　②カキ　③伊勢神宮

問５　次の文はそれぞれ地図中の**Ｅ**～**Ｈ**県について、いずれかを説明したものである。あてはまる説明文を**あ**～**え**からそれぞれ選び、かつ県庁所在地名を**漢字**で答えなさい。

あ　かつて因幡《いなば》国・伯耆《ほうき》国などとよばれ、島根県、広島県、岡山県、兵庫県とはとなりあわせである。ナシ、カニの生産、観光地として日本最大級の砂丘、この地方でもっとも高い大山が知られている。

い　かつて豊後《ぶんご》国、豊前《ぶぜん》国などとよばれ、福岡県、熊本県、宮崎県とはとなりあわせである。ほしシイタケ、カボス、せきサバの生産、観光地として湯布院温泉、別府温泉が知られている。

う　かつて美濃《みの》国と飛騨《ひだ》国などとよばれ、長野県、富山県、滋賀県、愛知県などとはとなりあわせである。トマトやカキ、牛肉の生産、観光地として白川郷、飛騨高山、養老の滝が知られている。

え　かつて阿波《あわ》国などとよばれ、香川県、高知県、愛媛県とはとなりあわせである。スダチ、発光ダイオードの生産、観光地として鳴門のうずしお、伝統芸能として阿波おどりが知られている。

2　下の地図を見て、後の問いに答えなさい。

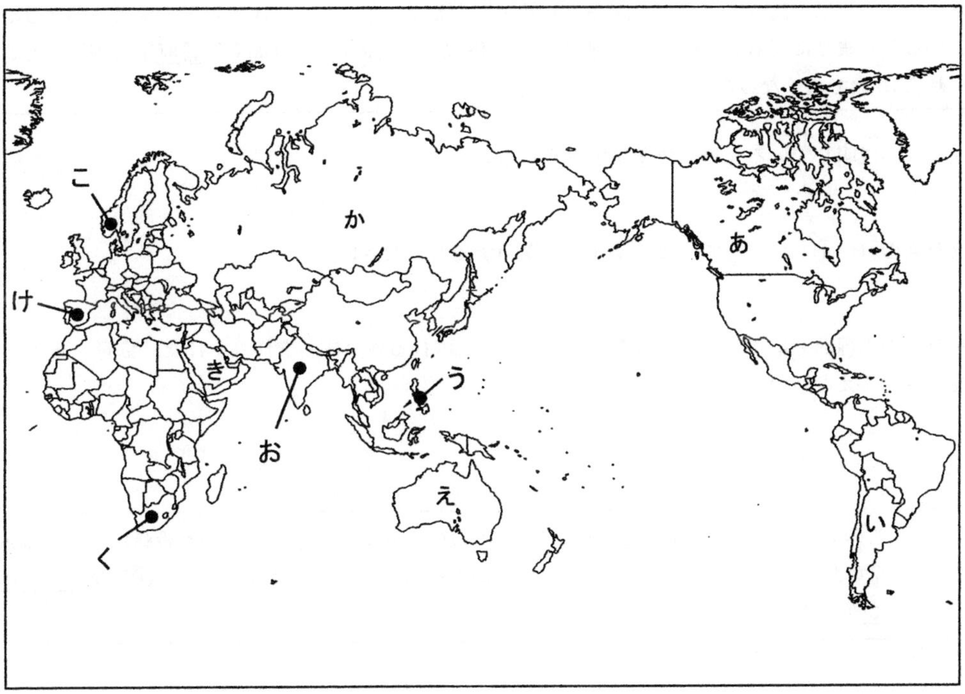

問１　カナダの位置を地図中の**あ**～**こ**から選び、記号で答えなさい。

問２　フィリピンの位置を地図中の**あ**～**こ**から選び、記号で答えなさい。

問３　次の文章の内容にあてはまる国を地図中の**あ**～**こ**から記号で選び、国名を答えなさい。

首都はブエノスアイレス。小麦や牛肉の生産など南アメリカ州有数の農業国である。タンゴとよばれる情熱的《じょうねつてき》なダンスの本場としても有名。2022 年 12 月 18 日に西アジアのカタールで行われたサッカーのワールドカップで優勝した。

問４　次の文章の内容にあてはまる国を地図中の**あ**～**こ**から記号で選び、国名を答えなさい。

首都はオスロ。氷河によってできた深い入り江が海岸の特徴《とくちょう》である。また世界的な福祉《ふくし》国家、近年は産油国としても知られている。日本にはサケやサバを輸出しているが、日本と同じくクジラをとる文化がある。

3　下の**Ａ～Ｄ**の文章を読んで、後の問いに答えなさい。

Ａ　この人物は、島原半島や天草諸島での領主による重い年貢や（　①　）教の信者へのきびしい取りしまりに反対し、（　①　）教の信者や農民をまとめ約 90 日間も②幕府軍と戦うもやぶれ、16 歳で亡くなった。

問１　文章**Ａ**が説明している人物名を**漢字**で答えなさい。

問２　文章**Ａ**の（　①　）にあてはまる語句を**カタカナ**で答えなさい。

問３　文章**Ａ**の下線部②について、このころ「鎖国」とよばれる外交体制を作り上げた「幕府」第３代の将軍名を**漢字**で答えなさい。

Ｂ　この人物は、天皇の子として生まれ、20 歳のときに（　③　）という役職につき、推古天皇の政治を助けた。そして、当時大きな権力をもっていた蘇我氏とともに④天皇中心の国づくりを進めた。

問４　文章**Ｂ**が説明している人物名を**漢字**で答えなさい。

問５　文章**Ｂ**の人物が建てたとされる建築物を**あ～え**から１つ選び、記号で答えなさい。

あ

い

う

え

問６　文章**Ｂ**の（　③　）にあてはまる語句を**漢字**で答えなさい。

問７　文章**Ｂ**の下線部④について、この人物が進めた政治に関する説明として**あやまっているものをあ～え**から１つ選び、記号で答えなさい。

あ　小野妹子を代表として当時中国を統一していた隋に使いを送り、隋との対等な外交をめざした。

い　冠位十二階を制定し、家がらに関係なく能力のある人物を役人として採用《さいよう》した。

う　全国に国分寺をおき、都にはその中心となる東大寺を建て、仏教の力によって政治を進めた。

え　「人の和を大切にせよ」など新しい国づくりに向けた 17 条からなる役人の心がまえを示した。

Ｃ　この人物は、北条時政の娘《むすめ》として生まれ（　⑤　）の妻となった。（　⑤　）の死後、⑥幕府を守ることにつとめ、幕府を指揮し「尼将軍」とよばれた。

問８　文章**Ｃ**が説明している人物名を**漢字**で答えなさい。

問９　文章**Ｃ**の（　⑤　）にあてはまる人物名を**漢字**で答えなさい。

問10　文章**Ｃ**の下線部⑥について、後鳥羽上皇が全国の武士によびかけたことで 1221 年におこった朝廷と幕府との戦いの名を**あ～え**から１つ選び、記号で答えなさい。

あ　承久の乱　　**い**　平治の乱　　**う**　応仁の乱　　**え**　壬申の乱

問11　文章**Ｃ**の人物が活躍した時代に関する説明として**ふさわしくないものをあ～え**から１つ選び、記号で答えなさい。

あ　鎌倉幕府は、将軍のご恩と御家人の奉公によるつながりを中心にして成立していた。

い　武士の時代を反映《はんえい》した力強い文化がさかえ、東大寺南大門の金剛力士像などがつくられた。

う　元が２度にわたり北九州にせめてきたが、どちらも御家人たちの奮戦《ふんせん》と暴風雨《ぼうふうう》によりこれをしりぞけた。

え　正長の土一揆のように、年貢を軽くすることや借金を帳消《ちょうけ》しにすることをもとめて人々が団結して抵抗《ていこう》する動きが各地でおこった。

D　この人物は、薩摩藩の倒幕運動の指導者であり、⑦薩長同盟をはたして江戸城無血開城を実現した。明治維新後、西南戦争にやぶれて命を落とした。

問12　文章**D**が説明している人物名を**漢字**で答えなさい。

問13　文章**D**が説明している人物の顔としてもっともふさわしいものを**あ**～**え**から選び、記号で答えなさい。

あ

い

う

え

問14　文章**D**の下線部⑦について、薩長同盟をとりもった坂本龍馬が生まれた藩名を**漢字**で答えなさい。

問15　文章**A**～**D**を古い順に並べたものを**あ**～**か**から１つ選び、記号で答えなさい。

あ　A → B → C → D　　い　B → A → D → C　　う　B → C → A → D

え　C → B → D → A　　お　C → D → B → A　　か　A → C → D → B

4　次の文章Ａ、Ｂを読んで、後の問いに答えなさい。

Ａ　第一次世界大戦後、国際紛争《ふんそう》の平和的解決と国際協調のための機関として、（　①　）が発足した。しかし（　①　）の権限は弱く、結果として第二次世界大戦を防ぐことはできなかった。この反省をいかし、1945年に（　①　）にかわる組織として発足したのが国際連合である。現在（2023年10月）、国際連合には193か国が加盟《かめい》している。日本は1956年に加盟が認められ、多くの分担金《ぶんたんきん》を出すなど国際連合の活動に貢献《こうけん》している。国際連合には、全加盟国が参加する（　②　）や③常任理事国５か国と非常任理事国10か国で構成される安全保障理事会などの主要機関のほか、④ユネスコやユニセフなどの専門機関などがある。

問１　文章Ａの（　①　）にあてはまる語を**漢字４字**で答えなさい。

問２　文章Ａの（　②　）にあてはまる語を**漢字２字**で答えなさい。

問３　文章Ａの下線部③について、安全保障理事会の議決は15理事国のうちの９理事国以上の賛成で決まるが、常任理事国のうち１国でも反対すれば議決は成立しない。常任理事国に与えられたこのような権限名を**あ～え**から１つ選び、記号で答えなさい。

あ　拒否権　　**い**　反対権　　**う**　追求権　　**え**　裁判権

問４　文章Ａの下線部④について、ユネスコは世界遺産の採択・登録にも関わっている。現在（2023年11月26日）までに世界遺産に登録された日本の遺跡・遺産として**あやまっているもの**を**あ～え**から１つ選び、記号で答えなさい。

あ

い

う

え

B　日本国憲法では、⑤国民主権・平和主義とならんで、基本的人権の尊重を三大原則としてかかげている。基本的人権とは、人間らしく生きる権利のことで、日本国憲法で「侵《おか》すことのできない永久の権利」（第11条、第97条）として保障《ほしょう》されている。また、「⑥健康で文化的な最低限度の生活を営む権利」や「教育を受ける権利」など、憲法では基本的人権にもとづいてさまざまな権利も規定されている。一方近年では、社会の変化にともなって、憲法には書かれていないさまざまな人権が、⑦新しい人権として主張されるようになっている。

問５　文章**B**の下線部⑤について、国民主権にもとづき、国会議員は国民の投票によって選ばれている。その国会は二院より構成されているが、参議院とあともう１つを**あ**～**え**から選び、記号で答えなさい。

あ　貴族院　　**い**　衆議院　　**う**　平等院　　**え**　枢密院

問６　文章**B**の下線部⑥について、もっともふさわしいものを**あ**～**え**から選び、記号で答えなさい。

あ　だれもがその財産に応じて、好きな自動車に乗り、さらにスマートフォンをもつことができる。
い　生活に困っている人への生活保護、生涯《しょうがい》を通じて安定した生活を送るための年金の制度がある。
う　個人的に大切なことを他人に知られたり勝手に利用されたりしないプライバシーの権利がある。
え　住むところや職業を選んで、家族をもつことができる経済活動の自由が守られている。

問７　文章**B**の下線部⑦について、この１つ「環境権」を具体的な例をあげて説明しなさい。

【理　科】〈第１回入試〉（社会と合わせて50分）〈満点：50点〉

１　国栃くんは、種類が異なる動物でも同じ特徴《とくちょう》をもっているなかまがいることを知りました。下の図は、特徴ごとに動物のなかま分けを行ったものです。次の各問いに答えなさい。

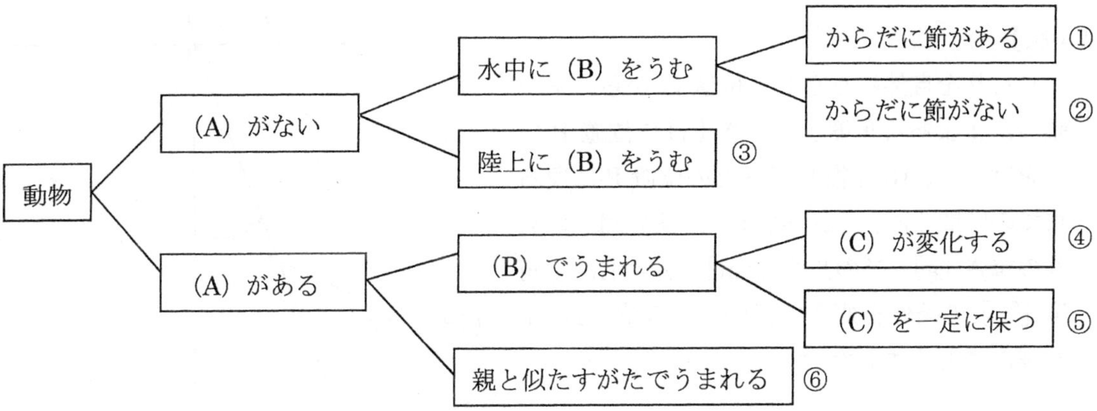

問1　図の (A) ～ (C) にあてはまることばを、それぞれ漢字１～２文字で答えなさい。

問2　図の①～⑥にあてはまる動物は何ですか。次の **あ** ～ **さ** からそれぞれすべて選び、記号で答えなさい。

あ　ヤドカリ　　**い**　エビ　　**う**　ウサギ　　**え**　メダカ
お　アサリ　　**か**　ウミガメ　　**き**　ハト　　**く**　ヒト
け　カワセミ　　**こ**　クジラ　　**さ**　バッタ

問3　問２の **あ** ～ **さ** の動物のなかで、肺で呼吸をする動物をすべて選び、記号で答えなさい。

問4　問２の **あ** ～ **こ** の動物のなかで、肺で呼吸をしない動物は、おもにからだのどこで呼吸をするか答えなさい。

2 図１のように、60cm の糸のはしに 200g のおもりをつけ、もう一方のはしを天井のフック O に固定して、以下の【実験】を行いました。次の各問いに答えなさい。なお、糸の重さについては考えないものとします。

【実験】

おもりを自然に垂らした位置 Q から、糸を張ったままある角度まで引き上げた位置 P で手をはなし、10 往復してもとの位置 P に戻るまでの時間［秒］を調べました。実験は、おもりの重さ［g］、糸の長さ［cm］、引き上げた角度［°］の条件を変えて行い、その結果 A～F を表にまとめました。

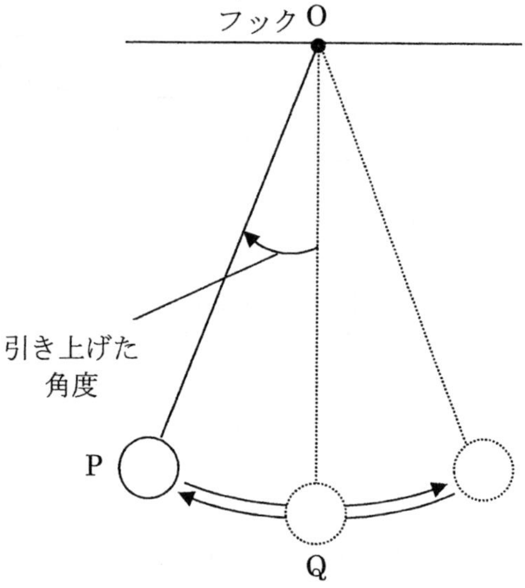

図１

表

	A	B	C	D	E	F
おもりの重さ［g］	200	200	200	400	500	600
糸の長さ［cm］	60	120	60	60	90	120
引き上げた角度［°］	10	10	20	20	10	20
10 往復にかかる時間［秒］	15.5	22.0	15.5	15.5	19.0	22.0

問1　糸のはしにおもりをつけ、もう一方のはしを天井のフックに固定したこの装置の名前を答えなさい。

問2　表において、糸の長さと引き上げた角度を変えず、おもりの重さだけを大きくしたとき、おもりが 10 往復するのにかかる時間はどのようになりますか。次の **あ** ～ **う** から１つ選び、記号で答えなさい。

あ　長くなる　　　**い**　変わらない　　　**う**　短くなる

問3　問２のことは、どの結果を比べるとわかりますか。表の A ～ F から２つ選び、記号で答えなさい。

問4　引き上げた角度だけを大きくしたとき、おもりが 10 往復するのにかかる時間はどのようになりますか。次の **あ** ～ **う** から 1 つ選び、記号で答えなさい。

あ　長くなる　　　**い**　変わらない　　　**う**　短くなる

問5　問 4 のことは、どの結果を比べるとわかりますか。表の A ～ F から 2 つ選び、記号で答えなさい。

問6　糸の長さだけを長くしたとき、おもりが 10 往復するのにかかる時間はどのようになりますか。次の **あ** ～ **う** から 1 つ選び、記号で答えなさい。

あ　長くなる　　　**い**　変わらない　　　**う**　短くなる

問7　問 6 のことは、どの結果を比べるとわかりますか。表の A ～ F から 2 つ選び、記号で答えなさい。

問8　図 2 のように、120cm の糸に 200g のおもりをつけました。天井に取りつけたフック O から 90cm 真下の位置 S に棒を固定し、おもりを 20° 引き上げた位置 P で手をはなしました。おもりは最も低い位置 Q を通り、P と同じ高さの位置 R まで達しました。S を中心とする Q から R までの角度は、どのような角度だったでしょうか。次の **あ** ～ **う** から 1 つ選び、記号で答えなさい。

あ　20° より小さかった。
い　20° であった。
う　20° より大きかった。

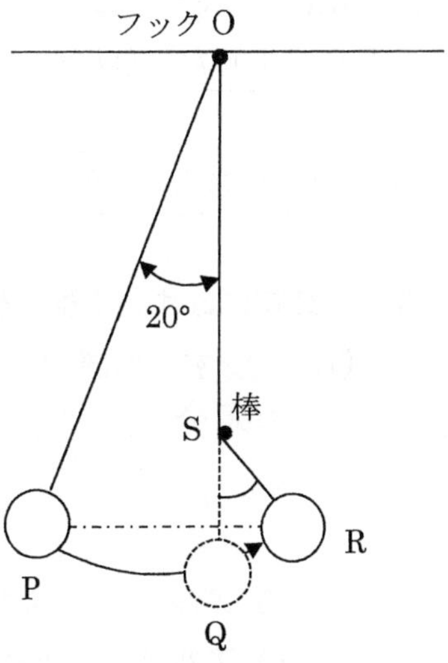

図 2

3 水溶液の性質を調べるために、次の【実験】を行いました。これについて、次の各問いに答えなさい。

【実験】

① ５つのビーカーＡ ～ Ｅを用意して、それぞれに同じこさのうすい塩酸を50cm³ずつ入れました。次に、アンモニア水を用意して、下の表に示した量だけ加えて、ガラス棒でよくかき混ぜました。

ビーカー	A	B	C	D	E
加えたアンモニア水の体積（cm³）	60	80	100	120	140

② ①でつくったそれぞれの水溶液を赤色リトマス紙につけて色の変化を調べたところ、下の表のように変化しました。

ビーカー	A	B	C	D	E
赤色リトマス紙の変化	変化なし	変化なし	変化なし	青色	青色

③ 次に、①でつくったそれぞれの水溶液を青色リトマス紙につけて色の変化を調べることにしました。(以下の表には結果は示されていません。)

ビーカー	A	B	C	D	E
青色リトマス紙の変化					

問1 最初にうすい塩酸の性質について調べました。以下の問いに答えなさい。

(1) うすい塩酸を入れた試験管にアルミニウムはくを入れたときの試験管の中のようすとして、最も適当なものを **あ** ～ **え** から１つ選び、記号で答えなさい。

あ アルミニウムはくが黒色になった。
い アルミニウムはくからさかんにあわが出た。
う うすい塩酸が白くにごった。
え うすい塩酸もアルミニウムはくも変化しなかった。

(2) うすい塩酸に石灰石をまぜると、気体が発生します。この気体の名前を答えなさい。

問2 赤色リトマス紙が青色に変化したことから、水溶液についてどのようなことがわかりますか。簡単に答えなさい。

問3　③の操作を行う前に、リトマス紙の色の変化を予想しました。ビーカーA ～ E の中で、リトマス紙の色が変化しないと予想されるビーカーはどれですか。すべて選び、記号で答えなさい。

問4　②と③の操作を行った結果、C のみリトマス紙の色の変化が見られませんでした。この結果からわかることとして正しく説明したものを、次の **あ** ～ **う** から 1 つ選び、記号で答えなさい。

あ　うすい塩酸とうすいアンモニア水のこさを比べると、うすい塩酸の方が 2 倍こいことがわかった。
い　うすい塩酸とうすいアンモニア水のこさを比べると、うすいアンモニア水の方が 2 倍こいことがわかった。
う　うすい塩酸とうすいアンモニア水は同じこさであることがわかった。

問5　①でつくったビーカーA の水溶液に緑色の BTB 溶液を入れました。ビーカーA の水溶液の色として正しく説明したものを、次の **あ** ～ **う** から 1 つ選び、記号で答えなさい。

あ　水溶液の色は青色になった。
い　水溶液の色は緑色のままだった。
う　水溶液の色は黄色になった。

4　今年の 8 月 31 日の夜 11 時頃に、國學院大學栃木中学校で月の観察を行いました。この日は明るく光った満月が南の空に見えました。写真は本校の天体ドームでとった月のようすです。

問1　月が光って見える理由を簡単に答えなさい。

問2　この日に見えた満月はスーパームーンとよばれる月で、いつもより大きく見えました。大きく見えた理由を次の **あ** ～ **え** から 1 つ選び、記号で答えなさい。

あ　月が熱によって膨張《ぼうちょう》したから。
い　月の明るさが増したから。
う　月が地球に近づいたから。
え　月が太陽の近くを通ったから。

問3　翌日の9月1日の明け方4時ごろに満月の位置を確認しました。月はどの方向に見られましたか。次の **あ** ～ **え** から1つ選び、記号で答えなさい。

あ　南の空に見えた。
い　東の空に見えた。
う　西の空に見えた。
え　北の空に見えた。

問4　月は満ち欠けをするので毎日見える形が変わり、再び満月が見えるようになります。

(1)　8月31日の1週間後の同じ時刻に月を観察しました。観察した月の見かけの形と見えた方角として正しいものを、次の **あ** ～ **え** から1つ選び、記号で答えなさい。

	あ	**い**	**う**	**え**
月の形	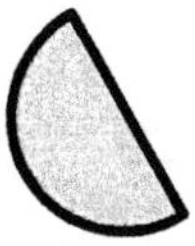	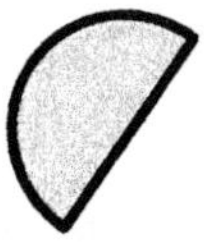	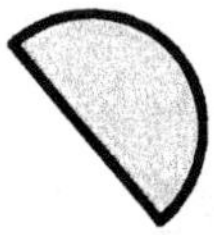	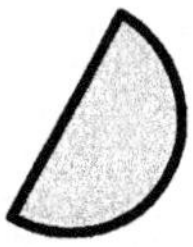
見えた方角	東の空	西の空	東の空	西の空

(2)　次に満月が見られたのはいつでしたか。次の **あ** ～ **え** から1つ選び、記号で答えなさい。

あ　9月15日
い　9月29日
う　10月15日
え　10月29日

(3)　月が満ち欠けする正しい理由になるように、以下の文の（　　）に当てはまることばを入れなさい。

月は（　　①　　）のまわりを（　　②　　）いるため、月の光って見える部分が毎日変化する。

問五 ――線部②「同じ型の人を得る事は恐らく出来ない」とあるが、牧野はどのような人であったと述べているか。文章中から十七字で抜き出しなさい。

問六 ――線部③「永遠の少年を全うしたのだ」とあるが、牧野を「永遠の少年」と呼ぶのは、牧野が何を持っていたからか。文章中から三十四字で抜き出し、初めと終わりの三字を答えなさい。

問七 文章の内容に合っているものを次の中から一つ選び、記号で答えなさい。

ア 植物にすべての愛情を注ぐ牧野は、将来の環境についても深く考えており、周りの人々も彼に協力的だった。

イ 牧野自身も周囲の人々も牧野を天才だと思い、周囲の人々は振り回されながらも彼にひかれ、支え続けた。

ウ 幼い頃から家族や周りの人々の愛情を一身に受けてきた牧野は、それを当たり前のことだと考えていた。

エ 牧野は成長するにつれ研究にのめりこんだが、研究機関に恵《めぐ》まれず、思い通りに研究を進められなかった。

問一 ═線部（ａ）「節」、（ｂ）「景色」の読みをひらがなで書きなさい。

問二 〜〜線部（Ａ）「あっけらかん」の意味として最もふさわしいものを次の中から選び、記号で答えなさい。

ア 少しも気にせず平気なさま　**イ** ぼんやりして何も考えていないさま

ウ 周りを気にするさま　**エ** 快いものにふれて心が引きつけられるさま

問三 〜〜線部（Ｂ）「とりわけ」が直接かかっている部分を、次の――線部（**ア**）～（**エ**）の中から一つ選び、記号で答えなさい。

とりわけ　**ア**五十代で　**イ**亡くなった　**ウ**妻は、　**エ**苦労続きで十三人も子供を産み、食うに困って、

問四 ――線部①「本人は甚だ不満だったようだ」とあるが、どのようなことに「不満」だったのか。次の中から最もふさわしいものを選び、記号で答えなさい。

ア 牧野は東京帝国大学の研究室での講師を長く務めていく中で、やはり研究を続けて行くには学歴があることこそが自分には必要だと思い知らされたこと。

イ 牧野は学歴などない一人の人間として学位のある人と競《きそ》うことにこそ研究の楽しみはあるのだと考えていたが、仕事を続けていくために博士となったこと。

ウ 牧野は自由にひとりで研究を続けていきたかったのに、経験を積んでいったことで東京帝国大学の研究室での研究をせざるを得ない状《じょう》況《きょう》になってしまったこと。

エ 牧野は自分のような研究者が他にいないだけでなく、さらに日本の学校制度や研究のシステムがうまく機能しておらず、植物学の研究が進んでいかないこと。

は、私の死とともに消滅《しょうめつ》してふたたび②同じ型の人を得る事は恐《おそ》らく出来ないという事です」(『自叙伝 第二部 混混録』)。(A)あっけらかんとしてこう述べるに至っては、なるほど、彼としてはごく客観的な事実を語っているに過ぎないのだ、と納得《なっとく》してしまうほどだ。と同時に、人が成長するにつれて社会の中で摩擦《まさつ》なく生きるために身につける類の、※謙遜《けんそん》の美徳とかいう姑息《こそく》なスキル(＝その場かぎりの技術)など一顧《いっこ》だにしない(＝振《ふ》り返らない)、この「天才の自負」が、幼い頃《ころ》からの彼を支えてきたのだな、と清々《すがすが》しくさえある。そして周りもそれに振り回され、困ったことだと思いながらもある種の天才として彼を甘《あま》やかしてきたのだろう。愛されていたのだ。(B)とりわけ五十代で亡くなった妻は、苦労続きで十三人も子供を産み、食うに困って、とうとう「※待合《まちあい》」まで始めてひたすら彼の研究を支え続けた。牧野はやはり、魅力的な人物だったに違いないと思う。地位も名誉《めいよ》もいらぬ、ただ、これだけを学問したいのだという圧倒的《あっとうてき》な情熱は、思わず手を差し伸《の》べたくなるほど人を動かす。苦境に陥《おちい》るたびそういう援助者《えんじょしゃ》が現れてきた。驚《おどろ》くべきことに、それが九十四歳《さい》まで続いたのである。③永遠の少年を全《まっと》うしたのだ。

それにしてもここまで人は何かに情熱を傾《かたむ》けることができるのか、と思うほど、植物※偏愛《へんあい》の激しい(実際植物を愛人にもたとえ、心中したいとも言っている)牧野だが、今なら当然考えるべき環境《かんきょう》保全についてはほとんど顧《かえり》みなかった(＝気にかけなかった)ような(a)節がある。ツバキを愛するあまり、一山全部をツバキの品種で埋《う》めてみたらどうだろう、と提案したりもする。全山ツバキだなんて、そんなことをしたら土壌《どじょう》中の成分に著《いちじる》しい偏《かたよ》りができて、当のツバキはあっという間に弱り、病害虫にやられるだろう。もしも私が彼の母親なら、「そんな愛し方をしたら相手の方の迷惑《めいわく》でしょう」と諭《さと》すところだが、たとえそうしたところで牧野少年は聞く耳も持たず、ただうっとりと、全山ツバキの咲《さ》き匂《にお》う、うららかな春の(b)景色を夢見るだけであろう。

(梨木《なしき》 香歩《かほ》氏の文章による)

(注) ※破格……世間の常識や習慣から大きくはずれていること。

※放蕩で潰える……ほしいままにふるまって、だめになる。

※謙遜……へりくだること。

※待合……客が芸者などを呼んで遊ぶ店。

※偏愛……かたよって愛すること。

四 次の文章を読んで、後の問いに答えなさい。

ときどき、というよりは非常にしばしば、社会という群れの中で個として生きることを考えるのだが、牧野富太郎《まきのとみたろう》ほど自由に個人であることを貫《つらぬ》いた人はいない。※破格である。余人（＝他の人）が彼の生き方を参考にすることなぞまずできないので、普段《ふだん》はあまり彼のことは考えない。けれど、原稿《げんこう》の依頼《いらい》が来ればそれを理由に断ったりはしないから、やはり私は、彼の「破格さ」を語りたいのだと思う。経歴で目立つのは、何と言っても「小学校中退、独力で植物学に取り組む」という箇所《かしょ》だ。時代も時代だし、いかにも苦学したような印象を与えるが、その実は財力も知力も進学には十分で、進もうと思えばいつでも上の学校へ行けたはずだ。だが行かない。

牧野富太郎は、一八六二年、四国高知の山奥《やまおく》にある佐川《さかわ》村の酒屋の跡取《あとと》りとして生まれる。地元の名家であったそうだ。誕生後相次《あいつ》いで父、母、祖父と亡《な》くし、血のつながらぬ祖母（祖父の後妻）の手で育てられる。最初は成太郎という名前であったが、この打ち続く不幸に、祖母か親戚《しんせき》か番頭か、家存続の危機を感じて若君の改名を思い立ったものがあったのだろう、富太郎となる（この改名も遅《おそ》すぎたのか、結局牧野家の身代（＝財産）は彼の学問的※放蕩《ほうとう》で潰《つい》えることになる）。血がつながらぬとはいえ、祖母は彼を愛し、大抵《たいてい》のわがままは許したようである。中央から遠い四国の村にいながらも、高価な書物や図鑑《ずかん》を注文し手元に取り寄せることができた。教えを請《こ》いたい知識人があれば出かけて行って私淑《ししゅく》した（＝手本として学んだ）。植物採集に明け暮れ、西洋音楽の素養も身につけた。全てがオーダーメイドの純粋《じゅんすい》学問の人だった。好奇心《こうきしん》の赴《おもむ》くままに自己流で学問をしていた方が、同級生と足並みを揃《そろ》えるよりはるかに無駄《むだ》がなく、合理的（＝道理に合うよう）に思えたのだろう。学校へ行って上からの命令に従うこと自体窮屈《きゅうくつ》で我慢《がまん》ならなかったのかもしれない。けれど、大学研究室の標本資料等はさすがに彼にとっても魅力《みりょく》があったらしく、東京に出てきてからは東京帝国《ていこく》大学の植物学研究室へ入り浸《びた》るようになる。どの分野も草創期（＝はじまり）の頃《ころ》で、小学校中退でも（人間的魅力がものを言う時代であったのだろうか）出入りが許され、さすがに途中《とちゅう》ゴタゴタはあったが、後年にかけて大学の研究室の講師を長く務める。本人の弁によると、周囲からなんとか博士論文を出してくれと懇願《こんがん》され（＝たのまれ）（制度が整ってくると博士号なしに職を続けていくには無理が出てきたのだろう）、仕方なく提出、植物学博士となった。が、①本人は甚《はなは》だ不満だったようだ。「学位など無くて、学位のある人と同じ仕事をしながら、これと対抗《たいこう》して相撲《すもう》をとるところにこそ愉快《ゆかい》はあるのだと思っている。学位があれば、何か大きな手柄《てがら》をしても、博士だから当たり前だといわれる」と、『牧野富太郎自叙伝《じじょでん》』で語っている。何の飾《かざ》りも勲章《くんしょう》もない、学歴もない、一人の徒手空拳《としゅくうけん》の（＝なにもない）人間として、無邪気《むじゃき》にどこまでも進化したかったのだ。「まことに残念に感ずることは、私のような学風と、また私のような天才（自分にそう言うのはオカシイけれど）と

問六　次の会話文の X ・ Y について、後の問いに答えなさい。

Ａさん：「この詩の第五連は、詩全体の中でとっても重要な部分だと思うんだ。」
Ｂさん：「たしかにそうだね。まずこの連の『小さな生命たち』って X のことだよね。」
Ａさん：「そうだね。じゃあ、『大きくかがやいていた／あの宝石』ってどういうことなのかな。」
Ｂさん：「うーん。それは Y 」
Ａさん：「たしかにそうかもね。なかなか深い内容の詩だね。」

（１） X に入る言葉を詩の中から抜き出しなさい。

（２） Y に入る表現として最もふさわしいものを次の中から選び、記号で答えなさい。

ア　小さなポリぶくろの中で生き生きと泳ぐ金魚の生命力を、宝石みたいって表してるんじゃないかな。
イ　紙くずが一瞬《いっしゅん》で燃えてしまったはかなさを、宝石みたいに美しいって感じてるんじゃないかな。
ウ　生命たちを守りとおしたポリぶくろに尊さを感じて、かがやいて見えたってことなんじゃないかな。
エ　やっぱり宝石そのもののことで、かがやきは何年たっても失われないってことなんじゃないかな。

問七　この詩の説明として最もふさわしいものを次の中から選び、記号で答えなさい。

ア　作者は、くり返す言葉を多用することで、生き生きとした過去の様子を描いている。
イ　作者は、複数のものを対比させ、さまざまな視点から少年時代の思い出を描いている。
ウ　作者は、比喩《ひゆ》を効果的に使用し、自身の言葉にできない感情をはっきりと描いている。
エ　作者は、身の回りのなにげないものに注目し、物語性をもたせながら描いている。

問一　この詩の形式を次の中から一つ選び、記号で答えなさい。

ア　口語自由詩　**イ**　口語定型詩　**ウ**　文語自由詩　**エ**　文語定型詩

問二　この詩に使われていない表現技法を次の中から一つ選び、記号で答えなさい。

ア　擬態《ぎたい》語　**イ**　倒置《とうち》法　**ウ**　直喩《ちょくゆ》法　**エ**　擬人《ぎじん》法

問三　――線部①「まじっていた」と用法の異なるものを次の中から一つ選び、記号で答えなさい。

ア　国語の教科書を読んでおく。　**イ**　宿題が多くてつかれてしまう。

ウ　文化祭が来週の日曜日にある。　**エ**　このおもちゃを買ってほしい。

問四　――線部②「あっというまに姿を消した」とあるが、この様子を見ている作者の思いとして最もふさわしいものを次の中から選び、記号で答えなさい。

ア　がっかり　**イ**　すっきり　**ウ**　うっとり　**エ**　しっかり

問五　――線部③「あの日」を具体的に説明したものとして最もふさわしいものを次の中から選び、記号で答えなさい。

ア　さわやかな風が吹《ふ》き抜ける初夏の午前中　**イ**　太陽が照りつける真夏の午後

ウ　秋の気配を感じる夏の終わりの夕暮れ　**エ**　台風が過ぎ去った後の秋の日の朝

三　次の詩を読んで、後の問いに答えなさい。

ポリぶくろ

まど　みちお

たまった紙くずに火をつけると
一つ①まじっていたポリぶくろが
ちぢみにちぢみ
ぶつぶつ泡《あわ》ふいて
②あっというまに姿を消した

ほかの紙くずたちが
いよいよ美しく
燃えあがろうというやさきに
ひとり
あわてふためいて・・・

ポリぶくろに運ばれてきた
いつかの金魚たちは
いまうらの池で
のんびり遊んでいる

ぼくのほかには　もう
だれも覚えていないのか
日ざかりのやけつく道を一キロ
てくてく　てくてく　街からきた
③あの日のポリぶくろを

小さな生命たちを守りとおして
大きくかがやいていた
あの宝石を

問九　――線部③「宮沢賢治」と――線部④「セーサル・バジェッホ」という二人の作家が紹介《しょうかい》されているが、筆者がこの二人を取り上げたのはなぜか。次の文の（　　）に入る表現を、Ａは文章中より十一字で抜《ぬ》き出し、Ｂは文章中の語を用いて十五字で答えなさい。

◆二人の作家が遺した言葉の共通点は、（　　Ａ　　）であり、筆者は言葉によって受けとめるしかないものを、（　　Ｂ　　）ことが大事であると考えているから。

問十　文章の内容に合うものを次の中から一つ選び、記号で答えなさい。

ア　言葉の理解には限界があり、異なる言語を話す人同士はすべてを理解し合うことはできない。
イ　「宮沢賢治」と「バジェッホ」はおたがいによく知った仲であり、ともに平和を祈り続けた。
ウ　「社会」や「自由」といった言葉や考え方はどこの国にもあるので、容易に国境を越えられる。
エ　目に見えないものを表す言葉の考え方の共有によって、異なる言語をもつ国々はつながっていく。

問十一　――線部③「宮沢賢治」の作品を次の中から一つ選び、記号で答えなさい。

ア　『銀河鉄道の夜』　　イ　『吾輩《わがはい》は猫《ねこ》である』　　ウ　『蜘蛛《くも》の糸』　　エ　『走れメロス』

問五　（　１　）～（　３　）に入る語の組み合わせとして最もふさわしいものを次の中から選び、記号で答えなさい。

ア　たとえば　――　しかし　――　そして　　**イ**　つまり　――　だから　――　しかし

ウ　たとえば　――　だから　――　つまり　　**エ**　つまり　――　しかし　――　なぜなら

問六　――線部①「言葉は人の生活の日常に深く結びついています」とあるが、日常生活に深く結びついた言葉とはどのようなものであると筆者は述べているか。次の中から最もふさわしいものを選び、記号で答えなさい。

ア　時代とともに人々の間で変化し、勝手に広まってしまうもの。

イ　たくさん知ることによって、自分の生活を豊かにしていくもの。

ウ　理解しようとすればするほど、意味のずれが生じてしまうもの。

エ　共有できるかできないかで、人と人との関係に影響《えいきょう》を与えるもの。

問七　――線部②「もう一つの言葉」の説明として最もふさわしいものを次の中から選び、記号で答えなさい。

ア　他の国には存在せず、自分の国にしかない独特なものごとだけを指し示す言葉。

イ　具体的なものではなく、人が感じ考え、心の中にしかないものをあらわす言葉。

ウ　他の国の人には分からないその国の人々だけに通じる、その国固有の言葉。

エ　日常で使うものとは異なる言語で、国境を越えることのできない言葉。

問八　□に入る言葉として最もふさわしいものを次の中から選び、記号で答えなさい。

ア　主張　　**イ**　自立　　**ウ**　共生　　**エ**　解放

バジェッホを宮沢賢治は知らなかったでしょうし、バジェッホもまた宮沢賢治を知らなかったでしょう。二人の詩人は、いずれも二十世紀の二度目の大戦の前に世を去り、いずれも世に知られるのは戦争の後になってですが、しかし、二人の詩人の言葉に遺《のこ》されているのは、そのときおたがいに知る由《よし》（＝知るはず）もなかった二人の詩人が国境を越えて共有していたと言っていい、死者への深い祈りと沈黙《ちんもく》です。

その言葉によって、感じ、考え、受けとめるほかない言葉があります。そのように言葉でしか言い表せない大事なものを、国境を越えて、わたしたちはそれぞれの言葉のうちに、おたがいにもちあうことができるということを、二人の詩人の言葉は伝えています。

国境を越え、それぞれの違いを越えるのは、言葉でなくて、言葉が表す概念です。

概念は音楽に似ています。それぞれの言葉という楽器によって、わたしたちにとって大切な概念を、誰にむかって、どう(c)エンソウするか。なにより国境を越えた概念の共有が求められなければ、たやすく過《あやま》つ（＝まちがう）だろう。そう思うのです。

（長田《おさだ》　弘《ひろし》氏の文章による）

問一　＝線部（a）「ケイザイ」・（b）「シンワ」・（c）「エンソウ」のカタカナを漢字に直しなさい。

問二　～～線部（A）「非常」のように、「非」を用いて二字の熟語が成り立つものを次の中から二つ選び、記号で答えなさい。

ア　決　**イ**　定　**ウ**　認　**エ**　難　**オ**　害　**カ**　情

問三　～～線部（B）「確信」の「確」を訓読みにしたときの送りがなとして正しいものを次の中から一つ選び、記号で答えなさい。

ア　確しかめる　**イ**　確かめる　**ウ**　確める　**エ**　確る

問四　……線部（i）～（iv）の「ない」のうち用法の異なるものを一つ選び、記号で答えなさい。

自由という言葉について思いめぐらすとき、わたしたちは自由という言葉はどこからやってきたか、考えます。自由を見た人はいない。机の上に転がっているものでもないし、公園にゆけばあるというものでもない。店で買えるものでもない。（　２　）、わたしたちは自由という言葉を知って、自由という言葉を通して、自由というものを感得し、そう感じられる感覚をそう呼んで、そう名づけて、その言葉を自分のものにしてきました。

（　３　）思うことは、日本語の自由という言葉に表され、わたしたちがその言葉によって感じとることのできる感覚を、異なる国々で、違う土地で、いま、おなじように、それぞれの国の言葉、土地の言葉で、自由と呼び、自由と名づけて、おなじに感じている人びとがいるだろう、ということです。

そういう(B)確信を可能にするのが、国境を越える言葉のちからであり、そのようにそれぞれの言葉を通じて、おたがいを繋《つな》ぐべき大切な概念《がいねん》（＝大まかな考え方）を共有することが、じつは言葉を異にするおたがいの□を可能にしていくのだ、というふうに思うのです。

かつておなじ時代に、おなじ思いを胸底に秘《ひ》めて逝《い》った（＝亡《な》くなった）二人の詩人がいます。

一人は日本の詩人、③宮沢賢治《みやざわけんじ》です。宮沢賢治の「烏《からす》の北斗七星《ほくとしちせい》」という童話はひろく知られていますが、それは敵の死骸《しがい》を葬《ほうむ》る烏の兵士の、星への祈《いの》りの言葉で結ばれています。「ああ、（……）どうか憎《にく》むことのできない敵を殺さないでいいように早くこの世界がなりますように。そのためならば、わたくしのからだなどは、何べん引き裂《さ》かれてもかまいません」

もう一人は、宮沢賢治とほぼ同じ歳月《さいげつ》を生き、パリで貧窮《ひんきゅう》のうちに死んだペルーの詩人、④セーサル・バジェッホです。バジェッホに、こういう詩があります。

たたかいが終《おわ》って、
戦士が死んでいた　男がひとりやって来て
言った。――《いけない　死ぬのは！　きみをこんなにも愛してる！》
けれどもその屍体《しかばね》は　ああ！　死につづけた

二　次の文章を読んで、後の問いに答えなさい。

いまは、モノも人も、（ａ）ケイザイも情報も、国境をさまざまに行き交うようになりました。国の内から外へ、また国の外から内へ、往《ゆ》き来《き》することがごく普通《ふつう》のことのようになってきた。けれども、言葉はどうだろうかと考えるのです。

①言葉は人の生活の日常に深く結びついています。それだけに、おたがいの日常を親しく固く結び合わせるようになればなるほど、それぞれの人にはっきりとした限界を背負わせるのも、言葉です。それぞれの国にとっての国語のように、それぞれを深く結び合わせると同時に、言葉は、それぞれにその言葉の限界を背負わせずにいないのです。

言葉以上におたがいを（Ａ）非常に親しくさせるものはありません。にもかかわらず、その言葉を共有しないとき、あるいはできない（ⅰ）とき、知らない国のまるで知らない言葉がそうであるように、言葉くらい人をはじくものもありません。際《きわ》立って（ｂ）シンワ的にもなれば、際立って排他《はいた》的（＝自分の仲間以外のものをすべて退けること）になるのも、言葉です。

けれども言葉には、②もう一つの言葉があります。在り方も、はたらきも異なる、別の言葉。ないもの、ここにないもの、どこにもない（ⅱ）もの、誰《だれ》も見たことのないもの、見えないもの、そういうものについて言うことができる言葉です。

（　１　）、社会という言葉。社会という言葉は誰でも知っていますが、実際に、社会というものをこれが社会だと、机を指すように、草花を指すように、これが社会だと指すことはできません。世界という言葉もおなじです。世界ということを知っていても、世界というものを、この目で見たことはないのです。

そのように、心のなかよりほか、どこにもないものについて言うことのできる言葉があります。自由。友情。敵意。憎悪《ぞうお》。そういった言葉は、誰も見たことがないけれども、そう感じ、そう考え、そう名づけて、そう呼んできた、そういう言葉です。

国境を越《こ》える言葉、あるいは越えられる言葉ということを考えるとき、じつは国境を越える言葉というのは、このない（ⅲ）ものについて言うことのできる言葉ではない（ⅳ）だろうかと思うのです。国境を越えるというのは、外国の言葉をいくらか覚えるというのとは違《ちが》う。ないもの、見えないもの、その言葉でしか感得（＝はっきりと感じ、理解）できないものを、国と言葉を異にするおたがいのあいだでどんなふうにもちあえるか、ということだと思うのです。

問八　次の中から敬語の使い方が正しくないものを一つ選び、記号で答えなさい。

ア　建物の中をご案内しましょう。
イ　どうぞ冷めないうちにめしあがってください。
ウ　先生が大切な本を私にさし上げた。
エ　明日、母がそちらにうかがいます。

問九　次の文の（　　　）にあてはまる表現として正しいものを後の中から一つ選び、記号で答えなさい。

◆明日までにその書類全部には、とうてい（　　　）だろう。

ア　目を通す
イ　目を通したい
ウ　目を通すことができる
エ　目を通すことができない

問十　次の文の主語と述語の関係が正しくなるように、――線部を書きかえなさい。

◆この本は、十八世紀に書いた。

問十一　次の言葉を国語辞典で引いたとき、三番目に出てくるものを選び、記号で答えなさい。

ア　すばらしい
イ　スパゲッティ
ウ　すなやま
エ　スピーチ

問十二　自分で調べたことを報告する文章を書くとき、読み手のことを考えてどのような工夫《くふう》をしたら良いか。次の中からあてはまらないものを一つ選び、記号で答えなさい。

ア　最初の話題と最後のまとめが対応するように書く。
イ　参考にした本がわかるように、写真をのせる。
ウ　絵やグラフなどを使って、見やすくまとめる。
エ　内容ごとのまとまりに分けて、見出しをつける。

問四　次の中から音読みと訓読みの組み合わせが「場面」と同じものを一つ選び、記号で答えなさい。

ア　牧場　　**イ**　雨具　　**ウ**　野原　　**エ**　番組

問五　次の（例）のように、二通りの読み方ができ、意味の異なる二字の熟語を後のＡ・Ｂの文の（　　）に入れ、それぞれの読み方を答えなさい。

（例）彼女《かのじょ》は絵が（　　）でうらやましい。　　（答え）上手
　　彼《かれ》らのほうが一枚（　　）だ。　　　　　　　じょうず　・　うわて

Ａ　暖気よりも（　　）の方が勢いが強く、だんだん気温が下がってきた。

Ｂ　兄の話があまりにもこわくて、なんだか（　　）がしてきた。

問六　次の中から――線部の慣用句の使い方が正しいものを一つ選び、記号で答えなさい。

ア　彼のプレーをきっかけに、手のひらを返すように一気にこちらが有利になった。

イ　板につくくらい弟はがんこで、なかなか考えを変えない。

ウ　生徒会役員として堂々と演説する姿に感動し、あいた口がふさがらない。

エ　兄弟げんかをして注意されているのに、兄はすずしい顔をして母の話を聞いていた。

問七　次の中から近い意味を持つ言葉の組み合わせとして正しくないものを一つ選び、記号で答えなさい。

ア　転ばぬ先のつえ　――　油断大敵《ゆだんたいてき》　　**イ**　身から出たさび　――　自業自得《じごうじとく》

ウ　首を長くする　――　一日千秋《いちじつせんしゅう》　　**エ**　猫《ねこ》に小判　――　馬耳東風《ばじとうふう》

2024年度 國學院大學栃木中学校

【国　語】〈第一回入試〉（五〇分）〈満点：一〇〇点〉

※設問の都合で、作品の一部に省略、変更がある。
※句読点も一字として数えること。

一 次の各問いに答えなさい。

問一 次の――線部を漢字に直したときの組み合わせとして正しいものを後の中から一つ選び、記号で答えなさい。

①元日の朝があける。　②母の言葉を心にとめる。　③解決につとめる。　④カレーの味をととのえる。

ア ①空　②止　③努　④調
イ ①開　②停　③務　④整
ウ ①明　②留　③努　④調
エ ①明　②留　③勤　④整

問二 「希」の太字の部分は何画目か。漢数字で答えなさい。

問三 「直」「木」に同じ部首「木（きへん）」をつけると「植林」となる。次の中から同じ部首をつけて二字の熟語が成立しないものを一つ選び、記号で答えなさい。

ア 「米」「首」　イ 「毎」「羊」　ウ 「家」「玉」　エ 「音」「士」

2024年度

國學院大學栃木中学校 ▶解説と解答

算　数　＜第１回入試＞（50分）＜満点：100点＞

解　答

1 (1) 81　(2) 103　(3) 67.15　(4) 7.34　(5) $1\frac{1}{8}$　(6) 4　(7) 2023　(8) 36　(9) $\frac{1}{20}$　(10) $\frac{12}{65}$　**2** (1) 9　(2) $\frac{3}{5}$　(3) 6000円　**3** (1) 65度　(2) 60cm^2　(3) 8個　(4) 16年後　(5) 115度　(6) 240g　(7) 18個　(8) 900m　(9) 7日　(10) 5分　**4** (1) 32番目　(2) 11回　**5** (1) 秒速22m　(2) 80m

解　説

1 **四則演算，計算のくふう**

(1) $324\div16\times4=324\times4\div16=1296\div16=81$

(2) $23\times5-204\div17=115-12=103$

(3) $4.25\times15.8=67.15$

(4) $32.3-5.2\times4.8=32.3-24.96=7.34$

(5) $\frac{11}{8}-\frac{5}{6}+\frac{7}{12}=\frac{33}{24}-\frac{20}{24}+\frac{14}{24}=\frac{27}{24}=\frac{9}{8}=1\frac{1}{8}$

(6) $\frac{13}{7}\div\left(\frac{5}{4}-\frac{11}{14}\right)=\frac{13}{7}\div\left(\frac{35}{28}-\frac{22}{28}\right)=\frac{13}{7}\div\frac{13}{28}=\frac{13}{7}\times\frac{28}{13}=4$

(7) $20.23\times110+202.3\times3-4046\times0.2=2023\times1.1+2023\times0.3-2023\times(0.2\times2)=2023\times(1.1+0.3-0.4)=2023\times1=2023$

(8) $87+84-81-78+75+72-69-66+63+60-57-54=(87-81)+(84-78)+(75-69)+(72-66)+(63-57)+(60-54)=6+6+6+6+6+6=6\times6=36$

(9) $12\div\left(1.7-\frac{4}{5}\right)\times\frac{9}{25}-4\frac{3}{4}=\frac{12}{1}\div\left(\frac{17}{10}-\frac{8}{10}\right)\times\frac{9}{25}-\frac{19}{4}=\frac{12}{1}\div\frac{9}{10}\times\frac{9}{25}-\frac{19}{4}=\frac{12}{1}\times\frac{10}{9}\times\frac{9}{25}-\frac{19}{4}=\frac{24}{5}-\frac{19}{4}=\frac{96}{20}-\frac{95}{20}=\frac{1}{20}$

(10) $0.6-\left\{\left(3\frac{3}{5}-1.75\right)\div\frac{13}{4}-\frac{2}{13}\right\}=\frac{3}{5}-\left\{\left(\frac{18}{5}-\frac{7}{4}\right)\times\frac{4}{13}-\frac{2}{13}\right\}=\frac{3}{5}-\left\{\left(\frac{72}{20}-\frac{35}{20}\right)\times\frac{4}{13}-\frac{2}{13}\right\}=\frac{3}{5}-\left(\frac{37}{20}\times\frac{4}{13}-\frac{2}{13}\right)=\frac{3}{5}-\left(\frac{37}{65}-\frac{10}{65}\right)=\frac{39}{65}-\frac{27}{65}=\frac{12}{65}$

2 **逆算，比，売買損益**

(1) $5-4\times(\square\div3-2)=1$ より，$4\times(\square\div3-2)=5-1=4$，$\square\div3-2=4\div4=1$，$\square\div3=1+2=3$　よって，$\square=3\times3=9$

(2) A：B＝C：Dのとき，A×D＝B×Cなので，$\square:1.6=2.4:\frac{32}{5}$ より，$\square\times\frac{32}{5}=1.6\times2.4$　よって，$\square=\frac{8}{5}\times\frac{12}{5}\div\frac{32}{5}=\frac{8}{5}\times\frac{12}{5}\times\frac{5}{32}=\frac{3}{5}$ である。

(3) 定価$\square$円の品物を定価から15％引いた値段は，$\square\times(1-0.15)$と表せる。さらに，10％の消費税を加えるには，それを$(1+0.1)$倍すればいいので，$\{\square\times(1-0.15)\}\times(1+0.1)=$

5610の式が成り立つ。これを計算すると，(□×0.85)×1.1＝5610　よって，□＝5610÷1.1÷0.85＝6000(円)となる。

3 角度，面積，つるかめ算，年齢算，時計算，濃度《のうど》，過不足算，速さ，仕事算，ニュートン算

⑴　右の図１のように線を引き，角ADCを(い)，角AOBを(う)とする。三角形ACDにおける角Cの外角は38度なので，外角の性質より，(い)＝38－13＝25(度)である。半径の長さは等しいので，三角形AODはOA＝ODの二等辺三角形であり，角OAD＝(い)＝25度である。よって，外角の性質より，(う)＝25＋25＝50(度)となる。三角形ABOもOA＝OBの二等辺三角形なので，(あ)＝(180－50)÷２＝65(度)である。

図１

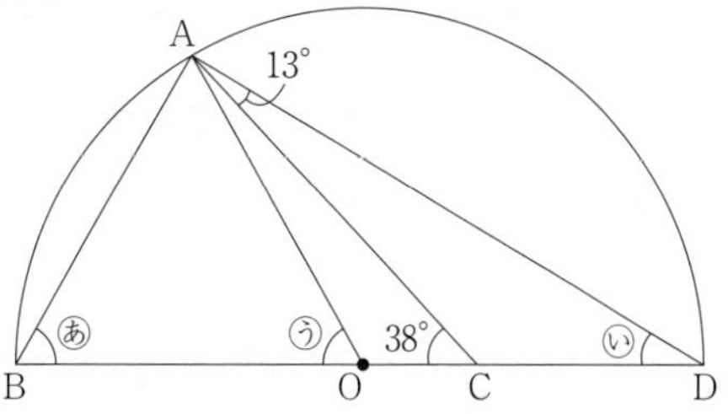

⑵　色のついた部分の上の半円を右の図２のように移動させると，たて６cm，横10cmの長方形となる。よって，色のついた部分の面積は，６×10＝60(cm^2)である。

図２

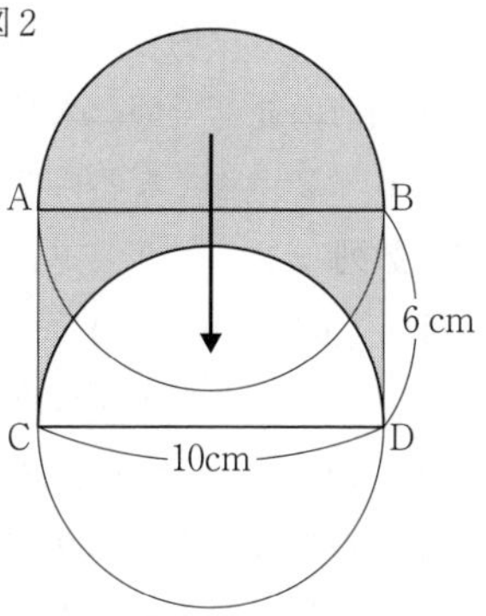

⑶　20個が全部リンゴだったとすると，合計金額は，200×20＝4000(円)となる。実際の代金の合計は2720円なので，その差は，4000－2720＝1280(円)である。リンゴ１個をミカン１個に変えると，合計金額は，200－40＝160(円)減ることになる。したがって，ミカンは，1280÷160＝８(個)ある。

⑷　父と子どもの年れいの差は，40－12＝28(才)である。父の年れいが子どもの年れいの２倍になるのは，父と子どもの年れいの差が子どもの年れいと等しくなるときである。つまり，子どもの年れいが28才のときなので，今から，28－12＝16(年後)と求まる。

⑸　時計の長針は，１分間に，360÷60＝６(度)進み，短針は，１分間に，360÷12÷60＝0.5(度)進む。10時10分のとき，長針は０の位置から，６×10＝60(度)進んでいる。短針は10時ちょうどのときに，０の位置から，30×10＝300(度)進んでいて，10分間でさらに，0.5×10＝５(度)進んでいるので，10時10分には０の位置から，300＋５＝305(度)進んでいる。よって，長針と短針で作る角の大きさは，305－60＝245(度)で，小さいほうの角の大きさは，360－245＝115(度)と求まる。

⑹　混ぜた食塩水の関係を右の図３のように表す。うでの長さの比は，左：右＝(８－５)：(10－８)＝３：２で，混ぜ合わせる２つの食塩水の重さは，うでの長さの比の逆比になるので，５％の食塩水の重さ：10％の食塩水の重さ＝２：３となる。したがって，５％の食塩水の重さは，360÷３×２＝240(g)となる。

図３

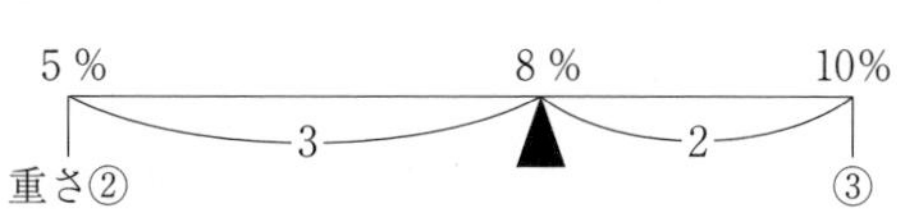

⑺　あめ玉を１人に５個ずつ配るときと１人に３個ずつ配るときの全体の差は，７＋３＝10(個)である。このとき，１人あたりの個数の差は，５－３＝２(個)なので，配ろうとした友だちの人数は，10÷２＝５(人)とわかる。よって，あめ玉の個数は，３×５＋３＝18(個)となる。

⑻　分速50mで21分間歩いたとすると，50×21＝1050(m)進む。家から駅までの道のりは1200mなので，実際の道のりとの差は，1200－1050＝150(m)となる。歩く速さを分速50mから分速60mに

変えると，１分間で進む道のりの差は，60－50＝10(m)となるので，分速60mで歩いた時間は，150÷10＝15(分)となる。よって，家からコンビニまでの道のりは，60×15＝900(m)と求まる。

⑼　この仕事の全体の量を１とすると，１日にＡさんがする仕事の量は，$1\div5=\frac{1}{5}$である。この仕事をＡさんとＢさんの２人で行うと３日かかるので，１日にＢさんがする仕事の量は，$\left(1-\frac{1}{5}\times3\right)\div3=\frac{2}{15}$となる。Ａさんが１人で１日仕事を行うと，残りの仕事は，$1-\frac{1}{5}=\frac{4}{5}$となるので，そのあとにＢさんが１人で仕事を行うと，$\frac{4}{5}\div\frac{2}{15}=6$(日)かかる。よって，全部で，１＋６＝７(日)かかる。

⑽　１つの窓口から１分間に入る人数を１とすると，窓口を３つ使って20分で入った人数は，１×３×20＝60で，窓口を４つ使って10分で入った人数は，１×４×10＝40である。よって，１分間に増える人数は，その人数の差を時間の差でわればいいので，(60－40)÷(20－10)＝２となる。窓口を３つ使った場合から考えると，入った人数は60で，20分間で，２×20＝40増えているから，入場開始前に並んでいた人数は，60－40＝20である。窓口を６つ使ったとき，１分間に減る人数は，１×６－２＝４となるので，列がなくなるのにかかる時間は，20÷４＝５(分)と求まる。

4 数列

⑴　(１)，(１，２)，(１，２，３)，(１，２，３，４)，(１，２，３，４，５)，…，のように，１から始まって１ずつ増える数のグループが並んでいる。それぞれのグループの数の個数は，１，２，３，４，５，…，のように増えていく。４は４番目のグループから出てくるので４回目の４をふくむのは７番目のグループであり，７番目のグループまでの個数は，１＋２＋３＋４＋５＋６＋７＝28(個)である。よって，５回目の４が出てくるのは最初から数えて，28＋４＝32(番目)となる。

⑵　１＋２＋３＋４＋５＋６＋７＋８＋９＋10＋11＋12＋13＝91より，13番目のグループの最後の数は最初から91番目の数なので，最初から100番目に出てくる数は，14番目のグループの９番目の数である。４は４番目のグループから14番目のグループの中に１個ずつあるので，４が出てくるのは，14－４＋１＝11(回)となる。

5 通過算

⑴　長さ690mの鉄橋を渡ったときは鉄橋の長さより列車の長さ分長い長さを進み，長さ2610mのトンネルに入ったときはトンネルの長さより列車の長さ分短い長さを進んでいる。そのため，下の図のように，鉄橋とトンネルをつなげて考えると，列車の速さは，秒速，(690＋2610)÷(35＋115)＝22(m)と求まる。

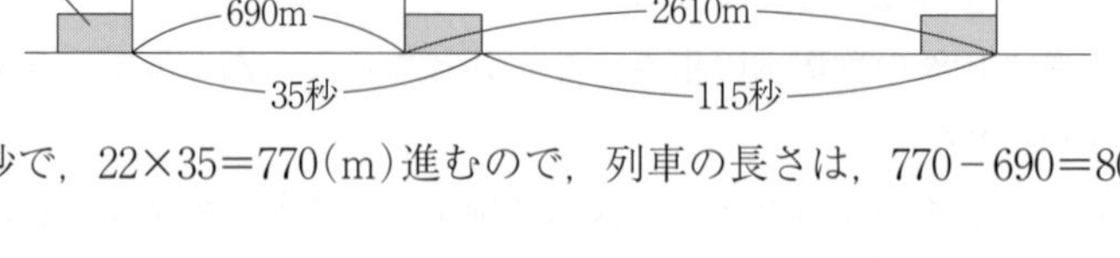

⑵　この列車は35秒で，22×35＝770(m)進むので，列車の長さは，770－690＝80(m)である。

社 会 ＜第１回入試＞（理科と合わせて50分）＜満点：50点＞

解 答

1 **問１** （県名，県庁所在地名の順に） 神奈川(県)，横浜(市)　**問２** え　**問３** え　**問４** う　**問５** （記号，県庁所在地名の順に） **E** え，徳島(市)　**F** い，大分(市)　**G** あ，鳥取(市)　**H** う，岐阜(市)

2 **問１** あ　**問２** う　**問３** （記号，国名の順に） い，アルゼンチン　**問４** （記号，国名の順に） こ，ノルウェー

3 **問１** 天草四郎(益田時貞)　**問２** キリスト　**問３** 徳川家光　**問４** 聖徳太子　**問５** え　**問６** 摂政　**問７** う　**問８** 北条政子　**問９** 源頼朝　**問10** あ　**問11** え　**問12** 西郷隆盛　**問13** う　**問14** 土佐(藩)　**問15** う

4 **問１** 国際連盟　**問２** 総会　**問３** あ　**問４** え　**問５** い　**問６** い　**問７** （例） 落ち着いた生活を送る権利／日当たりのよい生活を送る権利　など

解 説

1 都道府県についての問題

問１　Aは関東地方の神奈川《かながわ》県を示している。神奈川県の県庁所在地である横浜《よこはま》市は人口370万人(2024年)を超《こ》える政令指定都市である。

問２　Bは東北地方の山形県を示している。山形県では内陸部の盆地《ぼんち》で果樹栽培《さいばい》が盛んなので，えが正しい。なお，あは「中央部を流れる信濃川《しなのがわ》」や「となりの県(長野県)では千曲川《ちくまがわ》とよばれている」から新潟《にいがた》県，いは「石巻市」で宮城県，うは「琵琶湖《びわこ》」から滋賀《しが》県の説明であることがわかる。

問３　Cは北関東の内陸部の群馬県を示している。群馬県太田市は自動車工業が盛んで，高速道路沿いに工業団地が多くつくられている。なお，あは北海道，いは鹿児島《かごしま》県，うは香川《かがわ》県の説明である。

問４　Dは近畿《きんき》地方の三重県を示している。①大津《おおつ》市は滋賀県の県庁所在地である。②御木本幸吉《みきもとこうきち》が英虞湾《あごわん》において世界で初めて養殖《ようしょく》で半円真珠をつくることに成功した後，現在でも真珠の養殖が盛んである。ただし，英虞湾ではカキも養殖されている。③徳川家康を祀《まつ》った日光東照宮は栃木《とちぎ》県に位置している。よって，うの組み合わせが正しい。

問５　Eは四国地方の徳島県を示しており，徳島県の県庁所在地は徳島市である。Fは九州地方の大分県を示しており，大分県の県庁所在地は大分市である。Gは中国地方の鳥取県を示しており，鳥取県の県庁所在地は鳥取市である。Hは中部地方の岐阜《ぎふ》県を示しており，岐阜県の県庁所在地は岐阜市である。あの「日本最大級の砂丘《さきゅう》」は鳥取砂丘を指す。いについて，大分県では1980年から地域振興《しんこう》プロジェクト「一村一品運動」に取り組んでおり，ほしシイタケ，カボス，せきサバなどは大分ブランドとして有名である。うについて，白川郷は富山県の五箇山《ごかやま》とともに，合掌《がっしょう》造り集落が世界文化遺産に登録されている。えの「鳴門《なると》のうずしお」は，徳島県鳴門市と兵庫県南あわじ市の間に位置する鳴門海峡《かいきょう》で発生する。

2 世界地理についての問題

問１　あが示しているカナダは，ロシア連邦《れんぽう》に次いで国土面積の広い国で，英語とフランス語を公用語としている。なお，いはアルゼンチン，うはフィリピン，えはオーストラリア，おはインド，かはロシア連邦，きはサウジアラビア，くは南アフリカ共和国，けはスペイン，こはノルウェーを

示している。

問２　うが示しているフィリピンは，約7600の島々で構成されている島国で，長い間スペインの植民地だったことからキリスト教を信仰《しんこう》している人々が多い。

問３　「首都はブエノスアイレス」や2022年サッカーのワールドカップで優勝したことなどから南アメリカ大陸に位置するアルゼンチンについての説明である。小麦や牛肉の生産が盛んなのは，国土の約４分の１をパンパとよばれる草原が占《し》めていることによる。

問４　「首都はオスロ」や世界的な福祉《ふくし》国家であることなどから，ノルウェーについての説明である。ノルウェーに見られる，氷河によってできた深い入《い》り江《え》が特徴《とくちょう》の海岸をフィヨルドという。

3　**歴史上の人物と関連するできごとについての問題**

問１　重い年貢《ねんぐ》やキリスト教信者へのきびしい取りしまりに反対して，キリスト教信者や農民をまとめ，島原・天草一揆《いっき》をおこした人物は，天草四郎《あまくさしろう》(益田時貞《ますだときさだ》)である。

問２　キリスト教は1549年に来日したイエズス会宣教師のフランシスコ・ザビエルによって伝えられた。島原・天草一揆の後，キリスト教の取りしまりはいっそうきびしくなり，1639年にはポルトガル船の来航も禁じられた。

問３　江戸《えど》幕府３代将軍は徳川家光である。徳川家光は鎖国《さこく》体制をつくりあげた以外にも，武家諸法度で参勤交代を制度として定め，大名に１年おきに江戸と領地を往復することを義務づけた。

問４　推古天皇の政治を助け，蘇我《そが》氏とともに天皇中心の国づくりを進めた人物は，聖徳太子である。

問５　聖徳太子が建てたとされるえの法隆寺《ほうりゅうじ》は現存する世界最古の木造建築物である。なお，あは平清盛が修築した厳島神社，いは足利義政が建てた銀閣，うは聖武天皇が建立を命じ，江戸時代に再建された東大寺大仏殿《だいぶつでん》である。

問６　摂政《せっしょう》は天皇が幼少の時などに，天皇に代わって政治をおこなう役職である。推古天皇は聖徳太子のおばにあたる。

問７　仏教の力で国を守ろうとし，全国に国分寺をおき，都に東大寺を建てたのは奈良《なら》時代の聖武天皇なので，うが聖徳太子が進めた政治として誤っている。聖徳太子は小野妹子を代表として遣隋《けんずい》使《し》を送り，冠位《かんい》十二階や十七条の憲法を制定して天皇中心の国づくりを進めた。

問８　北条時政の娘《むすめ》として生まれ，「尼将軍《あましょうぐん》」とよばれた人物は，北条政子である。

問９　源頼朝《みなもとのよりとも》は源氏の棟梁《とうりょう》として，源平の戦いに源義経などを派遣《はけん》して平氏を滅《ほろ》ぼし，初の本格的な武家政権である鎌倉《かまくら》幕府を開いた。源頼朝の死後，北条政子の父である北条時政が初代執権《しっけん》となり，幕府の実権を握《にぎ》った。

問10　後鳥羽上皇のよびかけでおこった朝廷《ちょうてい》と幕府との戦いはあの承久の乱《らん》である。いの平治の乱は12世紀におきた源氏と平氏による朝廷内での勢力争い，うの応仁の乱は室町幕府８代将軍足利義政のあと継《つ》ぎ争いをきっかけにおきた京都で11年間続いた守護大名たちによる戦乱，えの壬申《じんしん》の乱は７世紀におきた天智《てんじ》天皇のあと継ぎをめぐる争いである。

問11　北条政子は鎌倉時代の人物であり，えの正長の土一揆は室町時代の民衆による一揆なので，えが北条政子が活躍《かつやく》した時代の説明としてふさわしくない。鎌倉時代には将軍と御家人《ごけにん》が御恩と奉《ほう》公《こう》によりつながったが，元軍との戦いの際には十分な恩賞が与《あた》えられず御家人は困窮《こんきゅう》した。また，鎌倉時代には東大寺南大門の金剛力士像《こんごうりきしぞう》などに見られるように，武士の時代らしい力強い文化が栄えた。

問12　薩長《さっちょう》同盟で長州藩《はん》の木戸孝允《たかよし》とともに倒幕《とうばく》を目指した人物は，西郷隆盛《たかもり》である。

問13　うが西郷隆盛の肖像画《しょうぞうが》である。なお，あは大久保利通《としみち》，いは福沢諭吉《ふくざわゆきち》，えは伊藤博文《いとうひろぶみ》の肖像画である。

問14　坂本龍馬《さかもとりょうま》は貿易などを通じて薩摩《さつま》藩や長州藩とつながりを持ち，ともに大政奉還《たいせいほうかん》をめざしたが，大政奉還の実現前に暗殺によって命を落とした。

問15　Ａの天草四郎は江戸時代に活躍《かつやく》した人物，Ｂの聖徳太子は飛鳥時代に活躍した人物，Ｃの北条政子は鎌倉時代に活躍した人物，Ｄの西郷隆盛は幕末から明治時代初期に活躍した人物である。したがって，Ｂ→Ｃ→Ａ→Ｄの順となる。

４　国際連合と基本的人権についての問題

問１　国際連盟は平和のための機関として，アメリカ大統領ウィルソンの提唱によって設立されたが，アメリカは議会の反対によって加盟しなかった。

問２　総会はすべての加盟国によって構成され，毎年９月に開催《かいさい》される。総会では，すべての加盟国が平等に一票の投票権を持つ。

問３　拒否権《きょひけん》を持つ安全保障理事会常任理事国は，アメリカ合衆国・イギリス・フランス・ロシア連邦・中華人民共和国《ちゅうかじんみんきょうわこく》の５か国である。

問４　えの東京タワーは2023年11月現在，世界遺産には登録されていない。なお，あは原爆《げんばく》ドーム，いは富士山，うは日光の社寺(日光東照宮)で，すべて世界文化遺産として登録されている。

問５　大日本帝国憲法《だいにっぽんていこくけんぽう》下では帝国議会は衆議院と貴族院の二院制であったが，1947年の日本国憲法の施行《しこう》によって貴族院は廃止《はいし》され，新たに参議院が設立された。なお，うの平等院は平安時代に藤《ふじ》原頼通《わらのよりみち》が父・道長の別荘を寺院に改めたもの，えの枢密院《すうみついん》は大日本帝国憲法の草案を審議《しんぎ》するために創設された天皇の相談機関で，貴族院と同時期に廃止《はいし》された。

問６　「健康で文化的な最低限度の生活を営む権利」を生存権といい，憲法第25条に規定されている。国は国民にこの権利を保障するために社会保障制度を整備している。

問７　環境権《かんきょうけん》とは住みやすい環境を求める権利で，日本国憲法に直接的には規定されていない「新しい人権」である。新しい人権には，環境権以外にも，プライバシーの権利や知る権利，自己決定権などがあると考えられている。

理　科　＜第１回入試＞（社会と合わせて50分）＜満点：50点＞

解　答

１　**問１**　**Ａ**　背骨　**Ｂ**　卵　**Ｃ**　体温　**問２**　①　あ，い　②　お　③　さ　④　え，か　⑤　き，け　⑥　う，く，こ　**問３**　う，か，き，く，け，こ　**問４**　えら

２　**問１**　ふりこ　**問２**　い　**問３**　ＣとＤ　**問４**　い　**問５**　ＡとＣ　**問６**　あ　**問７**　ＡとＢ　**問８**　う　**３**　**問１**　(1)　い　(2)　二酸化炭素　**問２**　(例)　水溶液がアルカリ性であることがわかる。　**問３**　Ｄ，Ｅ　**問４**　あ　**問５**　う　**４**　**問１**　(例)　太陽の光を反射している。　**問２**　う　**問３**　う　**問４**　(1)　あ　(2)　い　(3)　①　地球　②　まわって(公転して)

解　説

1　動物の分類と特徴《とくちょう》についての問題

問１　**A**　すべての動物は，はじめに背骨（せきつい）があるかどうかで分類される。背骨がある動物をせきつい動物とよぶ。　**B**　せきつい動物は，魚類・両生類・は虫類・鳥類・ほ乳類の５種類に分けられる。これらのうち，魚類・両生類・は虫類・鳥類は卵をうむこと（卵生）で子孫を増やすのに対し，ほ乳類は親と似たすがたの子をうむこと（胎生《たいせい》）で子孫を増やす。　**C**　せきつい動物は体温の特徴から，まわりの温度につれて体温が変化する変温動物と，体温を一定に保つ恒温《こうおん》動物に分けられる。魚類・両生類・は虫類は変温動物，鳥類・ほ乳類は恒温動物である。

問２　**①～③**　背骨がない動物（無せきつい動物）はヤドカリ，エビ，アサリ，バッタの４種類で，このうち陸上に卵をうむのはバッタだけである。あとは水中に卵をうみ，からだに節のある（節足動物という）ヤドカリとエビ，からだに節がないアサリに分けられる。　**④，⑤**　背骨があり，卵でうまれるのはメダカ，ウミガメ，ハト，カワセミの４種類であり，魚類のメダカ，は虫類のウミガメは変温動物で，鳥類のハトとカワセミは恒温動物である。　**⑥**　背骨があり，親と似たすがたでうまれるのはほ乳類なので，ウサギとヒトとクジラがあてはまる。

問３　ほ乳類のウサギとヒトとクジラ，鳥類のハトとカワセミ，は虫類のウミガメが，呼吸器官として肺をもっている。

問４　肺で呼吸しないのはヤドカリ，エビ，メダカ，アサリ，バッタであるが，このうちバッタ以外は水中にすみ，水から酸素を取りこむための呼吸器官としてえらをもっている。なお，バッタは気管で呼吸している。

2　ふりこの運動についての問題

問１　糸のはしにおもりをつけ，もう一方のはしを天井などに固定し，おもりが左右にふれられるようにしたものを，ふりこという。

問２，問３　おもりの重さだけがちがい，糸の長さと引き上げた角度は同じになっている組み合わせをさがすと，ＣとＤの組み合わせが見つかる。これを比べると，10往復にかかる時間が15.5秒で同じになっている。このことから，おもりの重さを変えても，10往復にかかる時間は変わらないことがわかる。

問４，問５　引き上げた角度だけがちがい，糸の長さとおもりの重さは同じになっている組み合わせをさがすと，ＡとＣの組み合わせが見つかる。これを比べると，10往復にかかる時間が15.5秒で同じになっている。したがって，引き上げた角度を変えても，10往復にかかる時間は変わらないといえる。

問６，問７　糸の長さだけがちがい，おもりの重さと引き上げた角度は同じになっているＡとＢを比べると，糸の長さが長いＢの方が，10往復にかかる時間が長くなっている。よって，糸の長さを長くすると，10往復にかかる時間も長くなることがわかる。

問８　糸の長さ120cmのふりこでおもりを最下点のＱからＰまで引き上げる場合（…①）と，糸の長さ（120－90＝）30cmのふりこでおもりを最下点のＱから（Ｐと同じ高さの）Ｒまで引き上げる場合（…②）で，どちらが引き上げる角度が大きくなるかを考える。ふりこの糸の長さが短いほど，同じ高さまで引き上げるときの角度が大きくなるので，引き上げる角度は②の方が①よりも大きくなる。したがって，①の引き上げる角度は20°だから，②の引き上げる角度（ＱからＲまでの角度）は20度よりも大きい。

3 水溶液《すいようえき》の性質と中和についての問題

問１ (1) うすい塩酸にアルミニウムはくを入れると，アルミニウムはくがうすい塩酸と反応して，水素のあわをさかんに発生しながらとける。　(2) うすい塩酸に石灰石をまぜると，石灰石の主成分である炭酸カルシウムがうすい塩酸と反応して，二酸化炭素のあわをさかんに発生しながらとける。

問２ リトマス紙を使うことで，水溶液の酸性・中性・アルカリ性の性質が調べられる。赤色リトマス紙の場合，酸性・中性の水溶液では色が変化しないが，アルカリ性の水溶液では青色に変化する。また，青色リトマス紙の場合，アルカリ性・中性の水溶液では色が変化しないが，酸性の水溶液では赤色に変化する。

問３ 実験の②で，ＤとＥは赤色リトマス紙が青色に変化したからアルカリ性の水溶液である。したがって，実験の③で，ＤとＥでは青色リトマス紙の色が変化しない。

問４ Ｃは，実験の②でも③でもリトマス紙の色の変化が見られなかったので，中性の水溶液になっている。よって，うすい塩酸50cm^3とアンモニア水100cm^3がちょうど反応する(中和する)ことがわかる。このとき，アンモニア水の体積はうすい塩酸の体積の，100÷50＝２(倍)となっているから，こさで比べると，うすい塩酸はアンモニア水の２倍のこさであると考えられる。

問５ BTB溶液は水溶液の酸性・中性・アルカリ性の性質を調べるための薬品で，酸性のときは黄色，中性のときは緑色，アルカリ性のときは青色になる。Ａは，入れたアンモニア水の体積がＣよりも少ないので，反応後にうすい塩酸の方があまり，酸性の水溶液になっている。よって，BTB溶液を入れると黄色になる。

4 月の満ち欠けについての問題

問１ 月は，太陽のようにみずから光を出しているのではなく，太陽の光を反射することで光っている。

問２ 月は円をえがくように地球のまわりをまわっている(公転している)が，このとき月は地球に少し近づいたり少し遠ざかったりしながらまわっている。よって，同じものでも自分の近くにあるときは大きく見え，遠くにあると小さく見えるのと同様に，月が地球に近づいたときに見える満月はいつもより大きく見える。

問３ 月も太陽と同じく，東からのぼり，南を通って，西へしずむように動いて見える。よって，８月31日の夜11時頃《ごろ》に南の空に見えた満月は，その５時間後にあたる９月１日の明け方４時頃には西の空に見える。

問４ (1) 同じ時刻に見ると，月の位置は少しずつ東側にずれていき，１週間で約90度ずれた位置に見える。また，月は，新月→上げんの月(右半分が光った半月)→満月→下げんの月(左半分が光った半月)→新月の順に，およそ１週間ごとに形が変わって見える(新月から次の新月まで約１か月かかる)。よって，８月31日に南の空に見えた満月は，その１週間後には東の空に位置をずらし，下げんの月となって見える。　(2) 月の満ち欠けの周期は約29.5日なので，８月31日に満月だった場合，次の満月はその約29.5日後の９月29日頃となる。　(3) 月が太陽の光を反射して光っているため，月面には光っている部分とかげの部分がある。そして，月が地球のまわりをまわっている(公転している)ことで，地球・月・太陽の位置関係が変化するので，月の光っている部分の見え方が変化する。このため，月は周期的に満ち欠けをくり返す。

国　語　＜第１回入試＞（50分）＜満点：100点＞

解　答

一 **問１**　ウ　**問２**　三(画目)　**問３**　ア　**問４**　イ　**問５**　寒気　**A**　かんき　**B**　さむけ　**問６**　エ　**問７**　ア　**問８**　ウ　**問９**　エ　**問10**　書かれた　**問11**　ア　**問12**　イ　二 **問１**　下記を参照のこと。　**問２**　エ・カ　**問３**　イ　**問４**　ⅰ　**問５**　ア　**問６**　エ　**問７**　イ　**問８**　ウ　**問９**　**A**　死者への深い祈りと沈黙　**B**　(例)　国境を越えておたがいにもちあう　**問10**　エ　**問11**　ア　三 **問１**　ア　**問２**　ウ　**問３**　ウ　**問４**　ア　**問５**　イ　**問６**　(1)　金魚たち　(2)　ウ　**問７**　エ　四 **問１**　**a**　ふし　**b**　けしき　**問２**　ア　**問３**　ウ　**問４**　イ　**問５**　全てがオーダーメイドの純粋学問の人　**問６**　地位も(～)な情熱　**問７**　イ

●漢字の書き取り

二 **問１**　**a**　経済　**b**　親和　**c**　演奏

解　説

一 **同音異義語，漢字の筆順，部首，音読みと訓読み，熟語，慣用句，ことわざ，敬語，文の構成，国語辞典の使い方，文章の工夫**

問１　①の「明ける」は，朝になる，②の「留める」は意識する，あとまで心に残す，③の「努める」は努力する，④の「調える」は，準備ができた状態になる，などの意味。

問２　「希」の筆順は三画目と四画目を逆に書きやすい。しっかり覚えよう。

問３　イは「さんずい」をつけると「海洋」になる。ウは「うかんむり」をつけると「家宝」になる。エは「こころ」をつけると「意志」になる。

問４　「場面」は，訓読《くんよ》みの「ば」と音読みの「めん」からできている。アは音読みの「ぼく(牧)」と音読みの「じょう(場)」からできている。イは訓読みの「あま(雨)」と音読みの「ぐ(具)」からできている。ウは訓読みの「の(野)」と訓読みの「はら(原)」からできている。エは音読みの「ばん(番)」と訓読みの「ぐみ(組)」からできている。

問５　**A**　「暖気」との対比と「気温が下がってきた」に着目して，「かんき」と読む「寒気」。**B**　「あまりにもこわくて」に着目して，「さむけ」と読む「寒気」。

問６　アの「手のひらを返す」は，今までの態度などを平気に極端《きょくたん》に変えることで，これまでの試合展開が不利だったかどうかは読み取れないことから正しくない。イの「板につく」は，その仕事や役割にぴったり合うという意味で，「弟はがんこ」な様子を表すものとしては正しくない。ウの「あいた口がふさがらない」は，あきれて何も言えないという意味なので，「感動」を表す言葉としては正しくない。

問７　アの「転ばぬ先のつえ」は，失敗しないように前もって準備すること。一方の「油断大敵《ゆだんたいてき》」は，うっかりすると油断は大きな失敗につながるということ。よって，組み合わせとして正しくない。イの「身から出たさび」は，自分がした悪い行いで自分が苦しむこと。一方の「自業自得《じごうじとく》」も

同じような意味なので，組み合わせとして正しい。ウの「首を長くする」は，今か今かと待ちわびること。一方の「一日千秋《いちじつせんしゅう》」もとても待ち遠しいという意味なので，組み合わせとして正しい。エの「猫《ねこ》に小判」は，価値がわからないものにはなんの役にも立たないこと。一方の「馬耳東風《ばじとうふう》」も人の意見を聞き流し，なにも感じないという意味なので，組み合わせとして正しい。

問８　ウ「さし上げた」は，先生の動作だから尊敬語を含《ふく》んだ表現にしなければならないので「くださった」が正しい。もしくは，「私は，先生から大切な本をいただいた」のように，謙譲《けんじょう》表現を含んだ表現にするのが正しい。

問９　明日までには「その書類全部」を見ることはとうていできないという内容なので，見ることはできないという意味の，エの「目を通すことができない」が正しい。

問10　「～は，どうした」というつながりの文にして，「どうした」に当たる部分を「書かれた」に直す。

問11　国語辞典では「すなやま」「スパゲッティ」「すばらしい」「スピーチ」の順に言葉が出てくる。

問12　自分で調べたことを報告する文章を書くとき，イの参考にした本の写真を載《の》せるかどうかは，読み手にとって大きな問題ではない。

二　**出典：長田《おさだ》 弘《ひろし》「国境を越《こ》える言葉」（『なつかしい時間』所収）**。言葉の概念《がいねん》は国境やそれぞれの違《ちが》いを越えるが，国境を越えた概念の共有が求められなければ，たやすく過《あやま》つだろうと，筆者は述べている。

問１　**ａ**　社会生活にとって必要なすべての活動という意味。　**ｂ**　お互《たが》いに仲よくすること。　**ｃ**　音楽をかなでること。

問２　エの「非難」は，あやまちなどを責めとがめること。カの「非情」は，あたたかい感情がなく冷たいこと。

問３　送りがなは活用する言葉の語尾《ごび》の形を表すから，「確かめる」が正しい。

問４　ｉは活用する語についていて，「ない」を「ぬ」に言い直せる。その他は一つの言葉として独立していることから，「ぬ」には言い直せない。

問５　**１**　見えないものなどについて「言うことができる言葉」の例が直後で挙げられているので，例を挙げて説明すればという意味の「たとえば」が入る。　**２**　自由について，直前では「店で買えるものでもない」などとたくさんの例を挙げている。しかし，直後では自由という言葉を「自分のものにしてき」たと反対の内容を挙げている。したがって，逆接の「しかし」が入る。　**３**　直前で述べた内容に続けて直後の内容を述べているから，「そして」が入る。

問６　言葉について，傍線部《ぼうせんぶ》①を含む段落の次の段落で「言葉くらい人をはじくものもありません」と述べ，「際立《きわだ》って親和的にもなれば，際立って排他《はいた》的（＝自分の仲間以外のものをすべて退《しりぞ》けること）になるのも，言葉です」と，言葉の性質を述べている。つまり，言葉を共有できるかできないかで，人と人との関係が影響《えいきょう》を受けるのだ。だから，エがふさわしい。アは「勝手に広まって」，イは「自分の生活を豊かに」，ウは「意味のずれが生じて」が，それぞれふさわしくない。

問７　傍線部②と同じ段落の，「見えないもの，そういうものについて言うことができる言葉です」に着目する。「見えないもの」などについて言う言葉の説明として，「具体的なものではなく」「心の中にしかないものをあらわす言葉」と説明している，イがふさわしい。アは「他の国には存在せず」，ウは「その国の人々だけに通じる，その国固有の言葉」，エ「国境を越えることのできない言葉」は，いずれもふさわしくない。

問8　空欄《くうらん》の直前の「おたがいを繋《つな》ぐべき大切な概念(＝大まかな考え方)を共有することが」に着目して，「共有」とつながりのある「共生」がふさわしいと判断する。

問9　**A**　宮沢賢治《みやざわけんじ》もバジェッホも「ほぼ同じ歳月《さいげつ》を生き」た一方で，「おたがいに知る由《よし》(＝知るはず)もなかった」と思われるが，筆者は「二人の詩人が国境を越えて共有していたと言っていい」ものとして，「死者への深い祈《いの》りと沈黙《ちんもく》」を挙げている。　**B**　筆者は宮沢賢治とバジェッホの二人の詩人を例に，「国境を越えた概念の共有」が大事であると考えている。

問10　アは「わたしたちはそれぞれの言葉のうちに，おたがいにもちあうことができる」とあるので，「異なる言語を話す人同士はすべてを理解し合うことはできない」が合わない。イは「おたがいに知る由(＝知るはず)もなかった」とあるので，「おたがいによく知った仲」が合わない。ウは，「容易に国境を越えられる」とは文章中で述べられていないので合わない。エは，「言葉でしか言い表せない大事なものを，国境を越えて，わたしたちはそれぞれの言葉のうちに，おたがいにもちあうことができる」とあるので，文章の内容に合う。

問11　イは夏目漱石《なつめそうせき》，ウは芥川龍之介《あくたがわりゅうのすけ》，エは太宰治《だざいおさむ》の作品。

三　**出典：まどみちお「ポリぶくろ」**。小さな生命たちを守りとおして大きくかがやいていたポリぶくろへの思いを表している。

問1　現代の一般的《いっぱんてき》な話し言葉で書かれているので，「口語詩」である。また，五音や七音のように音数に決まりがある詩(定型詩)にはなっていないことから，「自由詩」である。

問2　アの「擬態《ぎたい》語」は，「そわそわ」など，ものの様子を表した言葉。「のんびり」などに使われている。イの「倒置《とうち》法」は，言葉の順序を逆にして意味を強める技法。第四連の「だれも覚えていないのか」「あの日のポリぶくろを」などに用いられている。ウの「直喩《ちょくゆ》法」は，「ようだ」などの言葉を使って，何かを別の何かにたとえる技法。この詩では使われていない。エの「擬人《ぎじん》法」は，人ではないものを，人であるかのように表現する技法。ポリぶくろの様子を「ひとり」「あわてふためいて」と表している部分などに使われている。

問3　「まじっていた」の「いた」は補助的に使われて意味をそえている。ウの「日曜日にある」の「ある」は補助的な意味ではなく，きちんとした意味をもっている。

問4　作者はポリぶくろに親近感を感じているから，ポリぶくろが「あっというまに姿を消した」ことに対して，がっかりしていると読み取れる。

問5　第四連の「日ざかりのやけつく道」から，イ「太陽が照りつける」がふさわしいと判断できる。また，「日ざかり」は一日のうちで，日光が最も照りつける時間帯であることから，「やけつく道」とあわせて「真夏の午後」だろうと考えられる。

問6　(1)　第三連で，「ポリぶくろに運ばれてきた／いつかの金魚たち」と述べ，ポリぶくろについて「小さな生命たちを守りとおして」と述べているから，「小さな生命たち」は「金魚たち」だと判断できる。　(2)　ポリぶくろについて，作者は金魚たちを守りとおしたことに対して尊さを感じている。そのため，作者にはポリぶくろが「大きくかがやいて」見えたものと考えられる。

問7　アは，「くり返す言葉を多用」していないのでふさわしくない。イは，「さまざまな視点から少年時代の思い出を描《えが》いて」いないのでふさわしくない。ウの「比喩《ひゆ》を効果的に使用し，自身の言葉にできない感情をはっきりと描いている」について，比喩は効果的に使用されていると言えるが，それによって情景が効果的に表現されているのであり，「自身の言葉にできない感情をはっきりと描」こうとしたのではないのでふさわしくない。エは，作者はポリぶくろという「身の回りのなにげないものに注目し」ている点でふさわしいし，また，ポリぶくろにまつわって物語性が描かれているという点でもふさわしい。

四 **出典：梨木香歩《なしきかほ》の文章。**牧野富太郎《まきのとみたろう》は自由で個人であることを貫《つらぬ》いた。彼《かれ》は小学校の中退後に独力で植物学に取り組み，永遠の少年のような人生を送った。

問１　a 「節」は，目につくような点，ものごとなどの意味。　b 「景色」は，山や川などの自然のながめ。

問２　牧野は，自叙伝《じじょでん》で自分のことを遠慮《えんりょ》しないで，堂々と書いている。筆者は，その牧野の様子を「あっけらかん」と表している。その様子は，「少しも気にせず平気」がふさわしい。

問３　言葉がかかっていると思える部分に直接つなげて読み，意味が通るかどうかを判断する。「とりわけ」は特に，という意味。ここでは「とりわけ」→「妻は」とつなぐと意味が通る。

問４　傍線部①の直前で，牧野は，懇願《こんがん》されたので博士論文を「仕方なく提出，植物学博士となった」。しかし，牧野は「学位など無《な》くて，学位のある人と同じ仕事をしながら，これと対抗《たいこう》して相撲《すもう》をとるところにこそ愉快《ゆかい》はある」と思っていたので，植物学博士になったことが「甚《はなは》だ不満だったよう」だとある。そのため，イが最もふさわしい。アの，「やはり研究を続けて行くには学歴があることこそが自分には必要」という牧野の様子は読み取れない。ウの，「東京帝国《ていこく》大学の研究室での研究をせざるを得ない状況になってしまったこと」という内容は読み取れない。エで，「日本の学校制度や研究のシステム」についての牧野の考えは述べられていない。

問５　牧野がどのような人であったと述べられているかを読み取る。「植物採集に明け暮《く》れ，西洋音楽の素養も身につけた」牧野のことを「全てがオーダーメイドの純粋《じゅんすい》学問の人」と述べている。

問６　「永遠の少年」とは，少年のころに抱いていた情熱を持った人のこと。それを「全《まっと》うした」のだから，その情熱を死ぬまで持ち続けたのである。それを，傍線部③の３つ前の文で，「地位も名誉《めいよ》もいらぬ，ただ，これだけを学問したいのだという圧倒《あっとう》的な情熱」を持っていたことを「永遠の少年」と表している。

問７　アの「将来の環境《かんきょう》についても深く考えており」は，「環境保全についてはほとんど顧《かえり》みなかった」という本文の内容に合わない。イの「周囲の人々は振《ふ》り回されながらも彼にひかれ，支え続けた」は，「思わず手を差《さ》し伸《の》べたくなるほど人を動かす。苦境に陥《おちい》るたびそういう援助《えんじょ》者が現れてきた」という本文の内容に合う。ウの「それを当たり前のことだと考えていた」について，自分が受けた愛情についての考えは読み取れない。エの「研究機関に恵《めぐ》まれず，思い通りに研究を進められなかった」は合わない。牧野は死ぬまで研究に打ちこんだのである。

2024年度 國學院大學栃木中学校

【算　数】〈第２回入試〉（50分）〈満点：100点〉

※4，5は考え方も書きなさい。

1　次の計算をしなさい。

（1）　$68 - 56 \div 4$

（2）　$150 \div 6 - 12 \times 2$

（3）　4.2×7.5

（4）　$9.6 \times 2.8 - 90.4 \div 5$

（5）　$\frac{15}{8} - \frac{7}{12} - \frac{7}{6}$

（6）　$\left(2\frac{2}{3} - 2\frac{2}{5} \right) \div 1\frac{3}{5}$

（7）　$67 \times 1.37 - 1.5 \times 13.7 + 240 \times 0.274$

（8）　$81 - 73 + 65 - 58 + 30 - 41 + 34 - 26 + 18$

（9）　$\left(\frac{3}{7} - 0.2 \right) \times 20 \div 3\frac{1}{5} - \frac{9}{14}$

（10）　$0.5 - \left\{ \frac{1}{3} - \left(\frac{3}{8} + 0.25 \right) \times \left(\frac{7}{18} - \frac{1}{6} \right) \right\} \div 1.75$

2　次の□にあてはまる数や式を求めなさい。

（１）　$83 - \left(17 + \square \div 2\right) = 57$

（２）　$4.8 : \square = \dfrac{2}{3} : \dfrac{5}{6}$

（３）　A：B＝3：5、B：C＝2：7 のとき、A:B:C＝[あ]：10：[い] です。

3　次の各問いに答えなさい。

（１）　次の図は、長方形と正三角形が重なった図です。㋐の角の大きさを求めなさい。

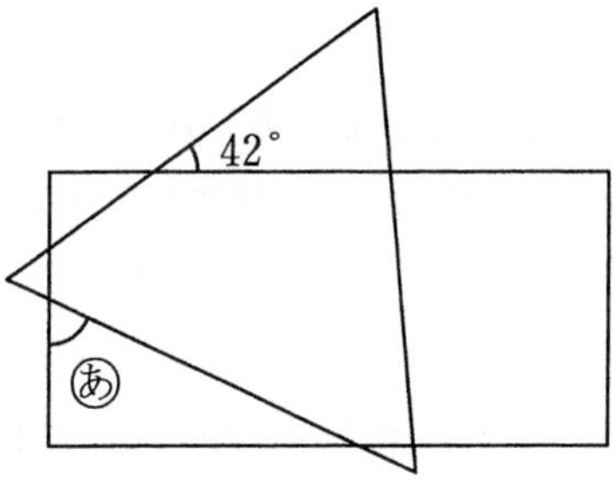

（２）　次の図は、１個の正方形と４個のおうぎ形を組み合わせたものです。色のついた部分のまわりの長さを求めなさい。ただし、円周率は3.14として計算しなさい。

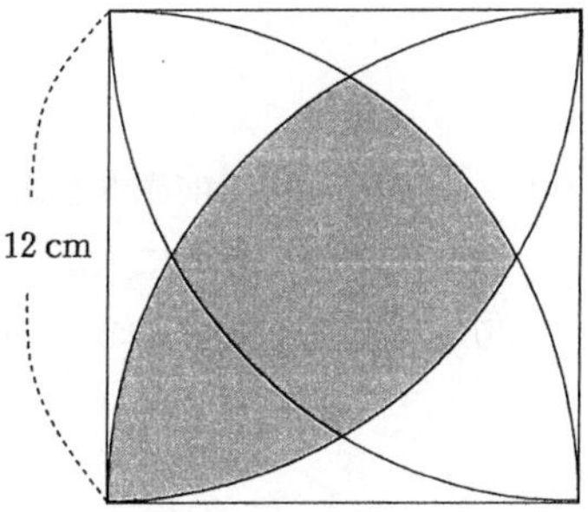

（３）　１本 120 円のジュースと１本 160 円のジュースを合わせて 16 本買ったところ、代金が 2280 円になりました。１本 120 円のジュースは何本買いましたか。

（４）　親子の年れいの差は 24 才です。６年後の親の年れいは、子の年れいの３倍になります。今の親の年れいは何才ですか。

（５）　今、時計の針は３時をさしています。時計の長針と短針がはじめて重なるのは、今から何分後ですか。

（６）　６％の食塩水と15％の食塩水をまぜたら、９％の食塩水 480 g ができました。６％の食塩水を何 g まぜましたか。

（７）　みかんを何人かの子どもに分けるのに、１人に３個ずつ分けると６個あまり、１人に４個ずつ分けると 12 個たりません。みかんの個数は何個ですか。

（８）　秒速 28 m で長さが 130 m の普通列車と、秒速 36 m で長さが 270 m の急行列車が、トンネルに同時に入り始め、列車全体がトンネルから同時に出ました。このトンネルの長さは何 m ですか。

（９）　ある仕事を終えるのに、ＡとＢ、ＢとＣ、ＣとＡの２人ずつで仕事をすると、それぞれ 12 日、15 日、20 日かかります。Ａ１人でこの仕事をすると、何日かかりますか。

（１０）　ある野球場で前売券を販売したところ、すでに 720 人がならんでいて、毎分 12 人の割合でならんでいる行列に人が加わっていきます。販売窓口が１つのときは、40 分で行列がなくなります。販売窓口が２つのときは、何分で行列はなくなりますか。

4 次の図のような道を、ＡからＢまで遠回りしないで行くとき、次の問いに答えなさい。

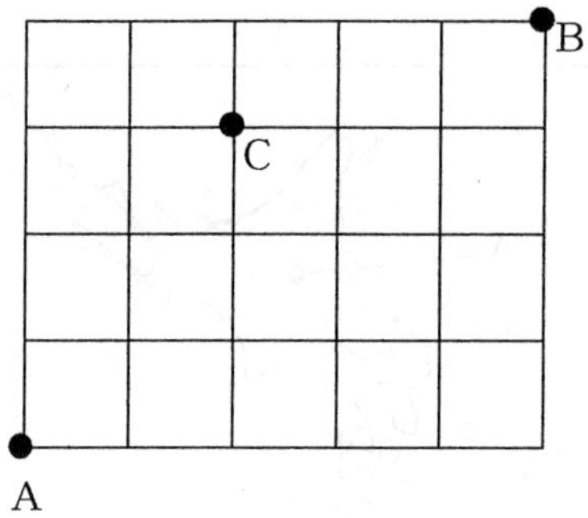

（１） ＡからＢまで行くとき、行き方は全部で何通りありますか。

（２） ＡからＣを通らないでＢまで行くとき、行き方は全部で何通りありますか。

5 次のように、ある規則にしたがって数をならべました。このとき、次の問いに答えなさい。

（１） ７段目に出てくる７個の数をかきなさい。

（２） ２段目の数をすべてたすと１＋１＝２、３段目の数をすべてたすと１＋２＋１＝４です。数をすべてたすと、512になるのは何段目ですか。

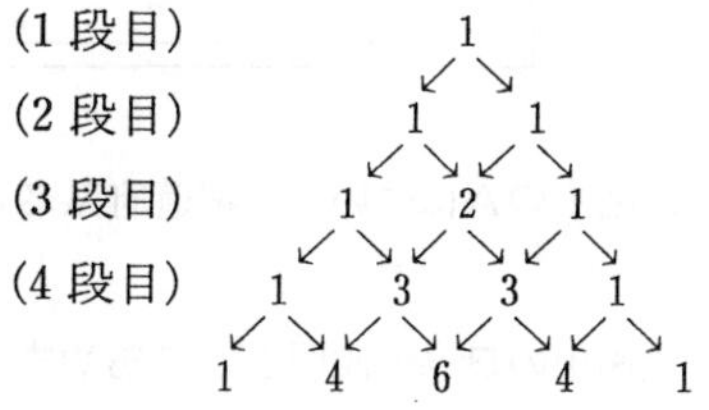

【社　会】〈第２回入試〉（理科と合わせて50分）〈満点：50点〉

1　下の地図を見て、後の問いに答えなさい。

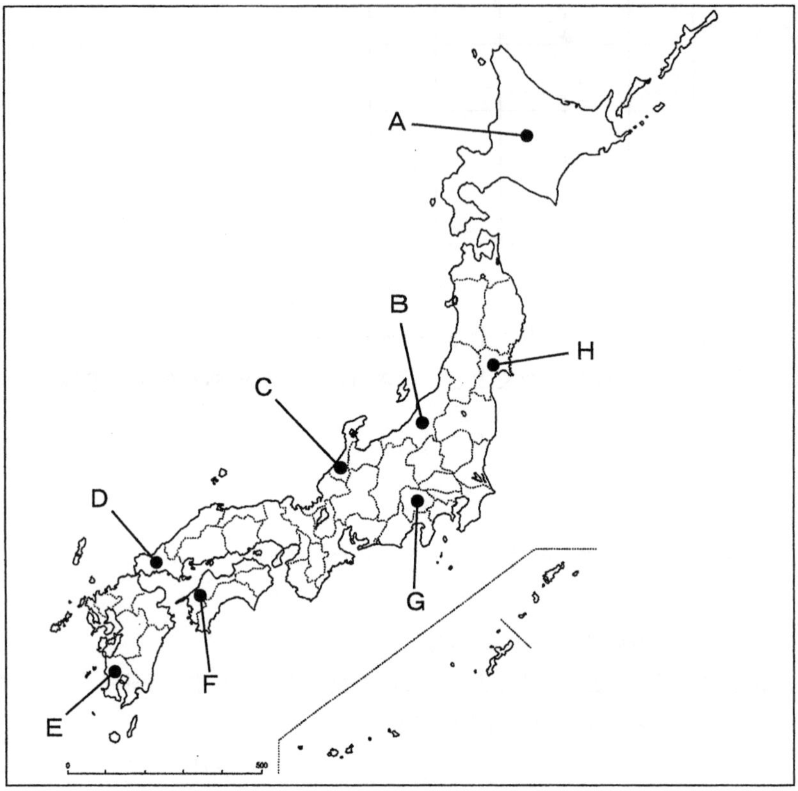

問１　地図中のＡについて、都道府県名と都道府県庁所在地名を**漢字**で答えなさい。

問２　地図中のＢ県の説明として**あやまっているもの**を**あ**～**え**から１つ選び、記号で答えなさい。

あ　この県は「コシヒカリ」の主な産地であり、コメの生産量は全国でも１位、２位を争っている。

い　この県には阿賀野川が流れており、この川の下流域で第二水俣病の発症《はっしょう》が確認された。

う　この県に属している佐渡島では、特別天然記念物に指定されているトキを飼育している。

え　この県の鯖江市はメガネフレームの生産がさかんで、国内の90％以上を占有《せんゆう》している。

問３　地図中のＣ県の自然環境について**あやまっているもの**を**あ**～**え**から１つ選び、記号で答えなさい。

あ　県の北部には日本海に面している能登半島がある。

い　県の南部には岐阜県との県境に白山がある。

う　県の西部には南北に広がる金沢平野がある。

え　県の東部には富山湾にそそぐ神通川がある。

問４　地図中のＤ県にある世界自然遺産もしくは文化遺産を**あ**～**え**から１つ選び、記号で答えなさい。

あ　萩反射炉　　**い**　日光東照宮　　**う**　厳島神社　　**え**　官営八幡製鉄所

問５　次の文はそれぞれ地図中のＥ～Ｈの各県について、いずれかを説明したものである。あてはまる説明文を**あ**～**え**からそれぞれ選び、かつ県庁所在地名を**漢字**で答えなさい。

あ　この県は、明治の文豪《ぶんごう》である夏目漱石の小説「坊ちゃん」の舞台《ぶたい》となった道後温泉がある。また、ミカンやイヨカンなどの柑橘類《かんきつるい》の栽培もさかんである。

い　この県は、戦国武将の伊達政宗の居城である青葉城があり、伊達政宗公騎馬像《きばぞう》が有名である。また、ワカメやノリ、カキなどの養殖《ようしょく》もさかんである。

う　この県は、戦国武将の武田信玄が統治しており、地域を水害から守るために作られた信玄堤《しんげんづつみ》が有名である。また、ブドウやモモなどの果物作りがさかんである。

え　この県は、幕末に活躍した西郷隆盛の生まれた地であり、活発な火山活動で有名な桜島もある。また、火山灰が積もってできたシラス台地で生産されるサツマイモや茶の栽培がさかんである。

2　下の地図を見て、後の問いに答えなさい。

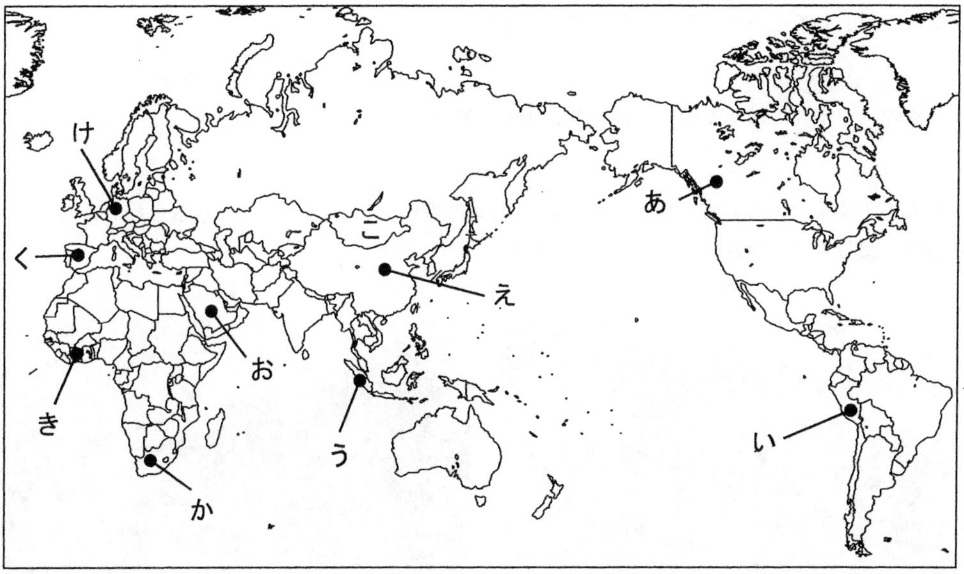

問１　インドネシアの位置を地図中の**あ**～**こ**から選び、記号で答えなさい。

問２　コートジボワールの位置を地図中の**あ**～**こ**から選び、記号で答えなさい。

問３　次の文章の内容にあてはまる国を地図中の**あ**～**こ**から記号で選び、国名を答えなさい。

この国は、「情熱の国」とよばれており、首都はマドリードである。人口第二位の都市のバルセロナには世界有数のサッカーチームや建設途中《とちゅう》にも関わらず世界遺産に登録されたサグラダファミリアがあり、観光客を楽しませている。

問４　次の文章の内容にあてはまる国を地図中の**あ**～**こ**から記号で選び、国名を答えなさい。

> この国は、メープルシロップが有名で国旗にも原料であるカエデの葉が描《えが》かれている。首都はオタワで公用語は英語とフランス語である。五大湖に位置するナイアガラの滝や、「赤毛のアン」の舞台となったプリンスエドワード島など多くの観光地がある。

３　Ａ～Ｄの文章を読んで、後の問いに答えなさい。

> Ａ　この人物は、三河の小さな大名の子に生まれ、幼いころは周辺の大名の人質《ひとじち》となり苦労を重ねましたが（　①　）の天下統一のもと、関東の有力な大名として知られるようになりました。（　①　）の死後、②関ヶ原の戦いに勝利し、全国支配を確かなものにしました。

問１　文章Ａが説明している人物名を**漢字**で答えなさい。

問２　文章Ａの（　①　）にあてはまる人物名を**漢字**で答えなさい。

問３　文章Ａの下線部②について、関ヶ原の戦いに関係の深い史料としてもっともふさわしいものを**あ**～**え**から選び、記号で答えなさい。

あ

い

う

え

問４　文章Ａの人物が開いた幕府に関する説明として**あやまっているもの**を**あ～え**から１つ選び、記号で答えなさい。

あ　この幕府は、大名を親藩《しんぱん》・譜代《ふだい》・外様《とざま》の３つに分けて全国に配置した。

い　この幕府は、はじめて刀狩り令を出し農民たちから武器をとって反抗できないようにした。

う　この幕府は、1603年から1867年までの260年あまりの間、現在の東京に開かれた。

え　この幕府は、参勤交代を制度として定め、大名の妻子を人質として常に江戸の屋敷《やしき》に住まわせた。

Ｂ　この人物は、室町幕府第８代の将軍で、政治をあまりかえりみずに1467年からはじまる（　③　）の乱をまねきました。一方で、文化人を保護するなど芸能や風流を好み、京都の東山に④銀閣を建てました。

問５　文章Ｂが説明している人物名を**漢字**で答えなさい。

問６　文章Ｂの（　③　）にあてはまる語句を**漢字**で答えなさい。

問７　文章Ｂの下線部④について、銀閣にみられる建築様式を**あ～え**から１つ選び、記号で答えなさい。

あ　寝殿造　　**い**　校倉造　　**う**　書院造　　**え**　数寄屋造

Ｃ　この人物は、ドイツへ留学し、医学者のコッホの研究所で学び、破傷風《はしょうふう》という伝染病《でんせんびょう》の治療法《ちりょうほう》などを発見しました。帰国後、伝染病研究所をつくり、⑤野口英世などの医学者を育てたほか、ペスト菌《きん》を発見するなど活躍しました。

問８　文章Ｃが説明している人物名を**漢字**で答えなさい。

問９　文章Ｃの下線部⑤について、野口英世が研究を進めたとされる伝染病としてもっともふさわしいものを**あ～え**から選び、記号で答えなさい。

あ　黒死病《こくしびょう》　　**い**　黄熱病《おうねつびょう》　　**う**　天然痘《てんねんとう》　　**え**　壊血病《かいけつびょう》

問10　文章Ｃの人物は来年度から発行される新紙幣《しんしへい》の肖像画《しょうぞうが》となるが、何円札の肖像画となるのか、**あ～え**から１つ選び、記号で答えなさい。

あ　千円札　　**い**　二千円札　　**う**　五千円札　　**え**　一万円札

D　この人物は、⑥藤原道長の長女に仕え、かな文字を使って「源氏物語」を書きました。かな文字を使うことで、日本語がそのまま自由に表現できるようになり、すぐれた⑦文学作品が数多く生まれるようになりました。

問11　文章Dが説明している人物名を**漢字**で答えなさい。

問12　文章Dの下線部⑥について、藤原氏の説明として**あやまっているもの**を**あ～え**から１つ選び、記号で答えなさい。

あ　藤原氏は、娘を天皇のきさきとし、天皇との関係を強め権力を高めた。

い　藤原氏は、摂政や関白の地位を独占《どくせん》する摂関政治を代々行っていた。

う　藤原氏は、菅原道真などの競争相手の有力貴族を追放し、勢力を強めていった。

え　藤原氏は、朝廷から代々征夷大将軍に任命され、武士中心の政治を進めた。

問13　文章Dの下線部⑦について、同じ時代に「枕草子」を書いた人物名を**漢字**で答えなさい。

問14　文章Dの人物が活躍した平安時代の文化に関する説明として**あやまっているもの**を**あ～え**から１つ選び、記号で答えなさい。

あ　屏風《びょうぶ》や絵巻物にかかれた大和絵とよばれる日本風の絵が流行した。

い　京都に建てられた「平等院」は死後に極楽浄土《ごくらくじょうど》に行くことを願う浄土教の影響を受けている。

う　歌舞伎役者の似顔絵や美人画などを題材にした色刷《いろず》りの浮世絵の技術が広まった。

え　貴族の女性の服装も十二単にみられるような日本風のものに変わった。

問15　文章A～Dを古い順に並べたものを**あ～か**から１つ選び、記号で答えなさい。

あ　A → B → C → D　　**い**　B → A → D → C　　**う**　B → D → C → A

え　D → A → B → C　　**お**　D → B → A → C　　**か**　A → C → D → B

4　次の文章A、Bを読んで、後の問いに答えなさい。

A　日本国憲法では、一部の政治権力が行きすぎないように、①国家権力を三つに分けて、それぞれ国会、内閣、裁判所に担当させている。これらの機関は、②たがいにチェックしあいながらバランスをとりあって、（　③　）、基本的人権の尊重、平和主義という三つの基本原則にもとづいた政治を行う。また、憲法は④国民に保障《ほしょう》する権利をあげている。これらの権利が守られるためにも、政治権力は適切に使われなければならない。

問１　下線部①のしくみを**漢字４字**で答えなさい。

問２　下線部②について、「内閣不信任決議」は、どの機関がチェックするしくみか、**あ**～**え**から１つ選び、記号で答えなさい。

あ　国会が内閣をチェックする。

い　内閣が裁判所をチェックする。

う　国会が裁判所をチェックする。

え　内閣が国会をチェックする。

問３　（　③　）にあてはまる語句を答えなさい。

問４　下線部④について、憲法で守られている権利として**あやまっているもの**を**あ**～**え**から１つ選び、記号で答えなさい。

あ　勤　労　　**い**　表　現　　**う**　教　育　　**え**　納　税

B　近年、限りある資源を大切にするために、捨てられたものを資源として再利用するなどの動きが広まっている。環境を大切にして、私たちの生活様式、⑤会社や工場の生産活動を見直すことが必要になったからである。限りある資源を大切にして、地球の環境を守っていくには、⑥リサイクルなどを通して、資源を有効活用する（　⑦　）型社会にかえていく必要がある。

問５　下線部⑤のような動きのきっかけは、1960 年代から 70 年代にあらわになった４大公害病にあるともいえるが、そのうちの一つ、イタイイタイ病の被害が特に見られたもっともふさわしい地域を**あ**～**え**から選び、記号で答えなさい。

あ　熊本県　　**い**　三重県　　**う**　富山県　　**え**　新潟県

問６　下線部⑥について、「リサイクル」の説明としてもっともふさわしいものを**あ**～**う**から選び、記号で答えなさい。

あ　リサイクルとは原材料にもどして再生して利用することである。

い　リサイクルとは捨てるものをできるだけ減らすことである。

う　リサイクルとはできるだけ物をくり返して使うことである。

問７　（　⑦　）にあてはまる語句を**漢字２字**で答えなさい。

【理　科】〈第２回入試〉（社会と合わせて50分）〈満点：50点〉

1　食べ物の消化についての【実験】を行いました。次の各問いに答えなさい。

【実験】

1　ご飯と水を乳ばちに入れて、乳ぼうですりつぶしました。

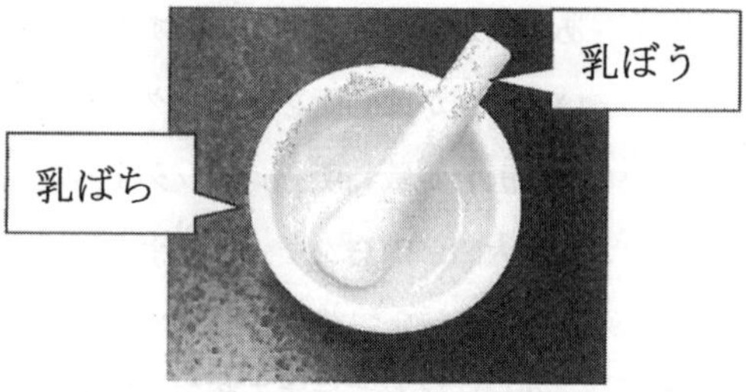

2　1の上ずみ液を試験管Aには6㎤、試験管B、Cには5㎤ずつ入れました。その後、試験管Bにはヒトのだ液を1㎤、試験管Cには水を1㎤ずつ加えました。

3　口の中と同じくらいの温度になるように、約35℃の湯に3本の試験管を入れて、10分間温めました。

4　3本の試験管を湯から取り出して、試験管の中にヨウ素液を加えました。

問1　ヨウ素液の説明として正しくなるように、次の文の(　　)に言葉を入れなさい。

ヨウ素液は、(　①　)があれば色が変わって、(　②　)色になる。

問2　ヨウ素液と反応し色が変わったのは試験管 A ～ C のどれですか。すべて選び、記号で答えなさい。

問3　この実験から、だ液のはたらきについてどのようなことがいえますか。簡単に答えなさい。

問4　口からこう門までつながっている食べ物の通り道を消化管といいます。
食べ物の正しい通り道になるように、次の あ ～ こ より選んでならべなさい。
（例）口 → け →・・・・・・・→ こう門

あ	気管	い	すい臓	う	心臓	え	胃	お	肺
か	肝臓	き	大腸	く	じん臓	け	小腸	こ	食道

問5　ヒトの腹の中心にあり、約 6m の曲がりくねった管で養分を吸収するところを、問4の **あ** ～ **こ** から1つ選び、記号で答えなさい。

2　電池にはプラス極から出てマイナス極にもどってくる向きに電流を流そうとするはたらきがあります。電池と豆電球、発光ダイオードなどを使用して、【実験】を行いました。次の各問いに答えなさい。

【実験1】

図1のように、電池と豆電球または、電池と発光ダイオードをつないだところ、AとBとCは点灯したが、Dは点灯しませんでした。このとき、電流計を使って電流を測定するとDは電流計の値が0のままでした。

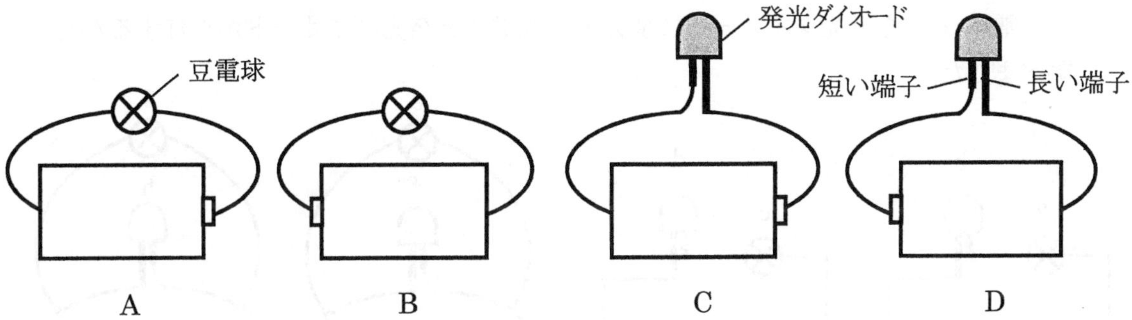

図1

問1　発光ダイオードには長い端子《たんし》と短い端子があります。長い端子はプラス極かマイナス極のどちらですか。答えなさい。

問2【実験1】の結果から、発光ダイオードの電流の流れについてどのような性質が分かりますか。次の文の（　　　）に適することばを入れて答えなさい。

発光ダイオードの（　　　　　　　　　　　　　　　）という性質がある。

【実験 2】

図 2 のように電池と豆電球 2 つをつないで豆電球を点灯させせることができます。

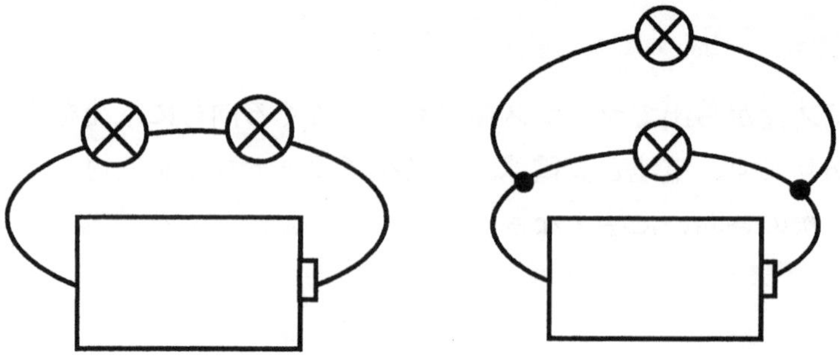

図 2

豆電球 1 つを発光ダイオードに変えて、豆電球と発光ダイオードが点灯するかを調べました。

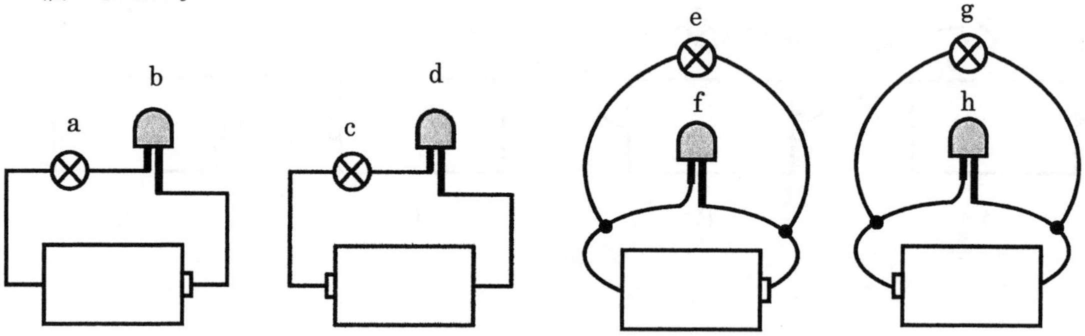

図 3

問3　図 3 の a ～ h の豆電球および発光ダイオードのなかで、点灯したものはどれだと考えられますか。点灯したものをすべて選び、記号で答えなさい。

【実験 3】

図 4 のように、手回し発電機と豆電球、手回し発電機と発光ダイオードをつなぎ、手回し発電機のハンドルをそれぞれ A と C は時計まわり、B と D は反時計まわりに回転させました。すると A、B、C は点灯しましたが、D は点灯しませんでした。

手回し発電機から出ている 2 本の導線を区別するために、一方を実線(―――)、他方を点線 (- - - - - -) で示しています。

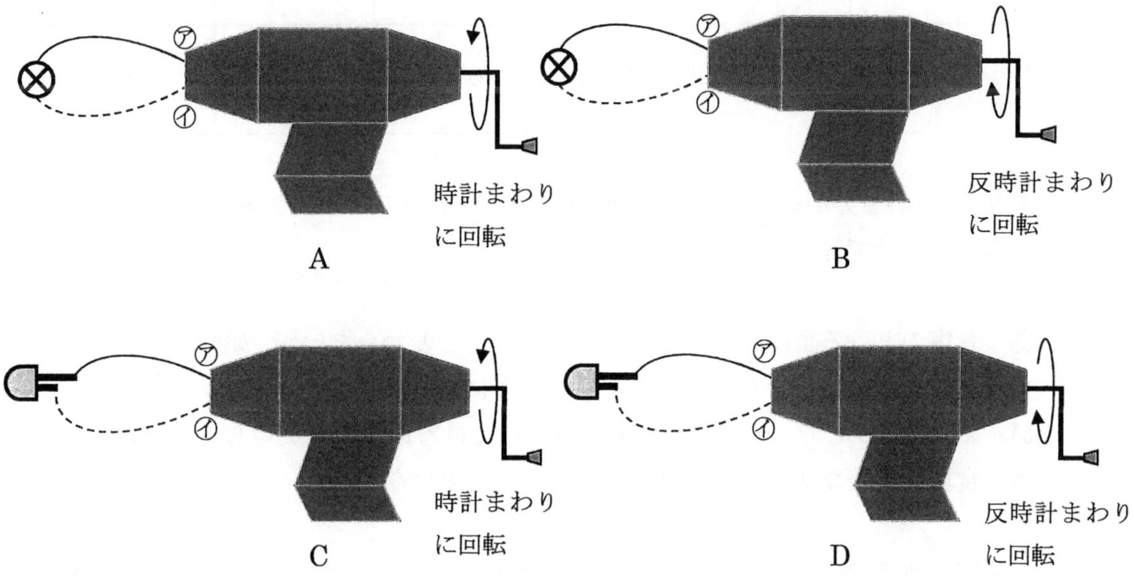

図 4

問4　手回し発電機 A ～ D の実線でかかれた導線が出ている側を㋐、点線の導線が出ている側を㋑とすると、手回し発電機のハンドルを図 4 のように回転させたときに、㋐、㋑のどちらが電池のプラス極になりますか。手回し発電機 A ～ D のそれぞれについて㋐、㋑の記号で答えなさい。

3 食塩、硝酸《しょうさん》カリウムの2種類について、100gの水にどれだけとかすことができるかを、温度を変えて調べました。下の表は、その結果を表したものです。なお、水の重さと食塩、硝酸《しょうさん》カリウムがとける量は比例することが分かっています。

表

温度（℃）	0	20	40	60	80
食塩（g）	35.6	35.9	36.7	37.0	37.9
硝酸カリウム（g）	13.9	31.6	61.3	106	167

問1　表の結果から分かることとして、最も適しているものを、次の **あ** ～ **う** から1つ選び、記号で答えなさい。

あ　食塩のとける量は温度を高くしてもほとんど変わらないが、硝酸カリウムは温度を高くするほどたくさんとけるようになる。
い　およそ50℃で、食塩と硝酸カリウムのとける最大の量が等しくなる。
う　食塩も硝酸カリウムも水をあたためないととけない。

問2　20℃の水200gを用意しました。この水に硝酸カリウムは何gまでとけますか。

問3　40℃の水100gを用意し、硝酸カリウムを60gとかしました。あと、何gまで硝酸カリウムをとかすことができますか。

問4　20℃の水100gをビーカーに入れ、食塩25gを加えてとかして食塩水をつくりました。

(1)　この食塩水の重さは何gになるか答えなさい。

(2)　この食塩水を10gだけとって別のビーカーにいれました。この食塩水の中にとけている食塩をすべて取り出すためには、どうすればよいですか。簡単に説明しなさい。

(3)　食塩水10gの中にとけていた食塩をすべて取り出しました。このときの食塩の重さは何gになるか答えなさい。

4 物体のあたたまりやすさについて、次の各問いに答えなさい。

問1　金属でできた球をアルコールランプで加熱し、図1のように同じ金属でできた輪の中に入れたところ、加熱する前は通っていた球が、加熱した後は通らなくなっていました。このことから、どのようなことがいえますか。「金属の球は、」に続けて、簡単に答えなさい。

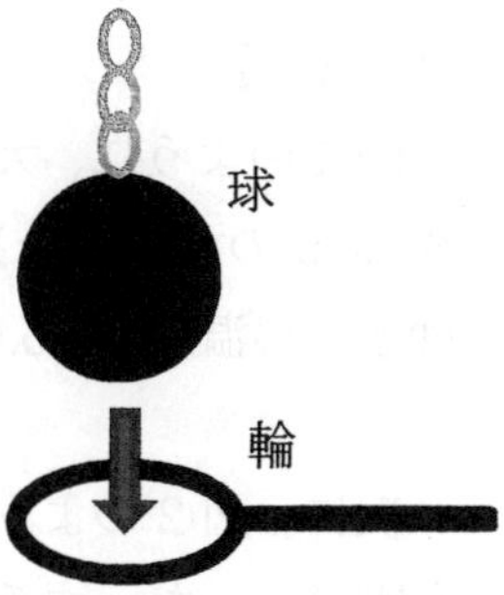

図1

問2　ビーカーに水と植木ばちのかけらを入れて、アルコールランプであたためると、やがて水がわきたち、植木ばちのかけらから小さな空気のあわがでてきました。

(1) 水が熱せられて、わきたつことを何といいますか。

(2) あたためる前と比べて、ビーカーの中の水の量はどのようになりますか。次の **あ** ～ **う** から1つ選び、記号で答えなさい。

あ　あたためる前と比べて、水の量は増える。
い　あたためる前と水の量は変わらない。
う　あたためる前と比べて、水の量は減少する。

問3　同じ量の水を入れたビーカーを4つ用意しました。そのうち2つのビーカーはラップでおおい、残りの2つのビーカーはラップをせずにそのままにしました。これらのビーカーを日なたと日かげにおいて、水の量の変わり方を調べました。水の量の変化が大きかったものから順番に2つ選び、**あ** ～ **え**の記号で答えなさい。

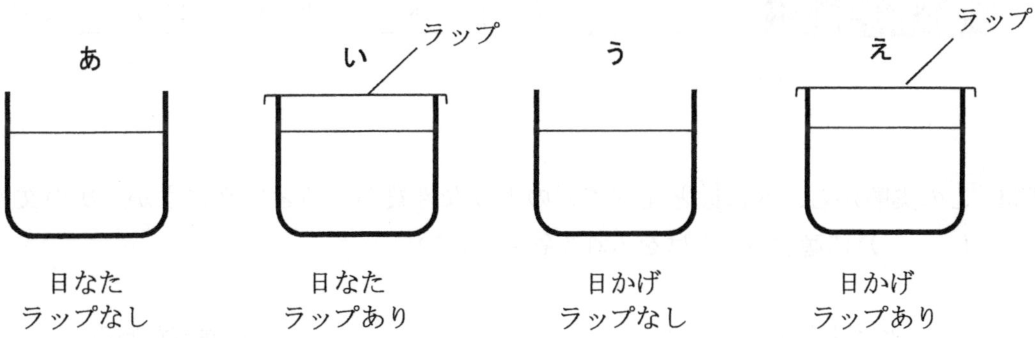

水と砂のあたたまりやすさと冷めやすさについて、次の【実験】を行いました。

【実験 1】

図1のように、大きな水そうの底に仕切りをつけて、仕切りの右側に水、左側に砂を約2cmの深さになるように入れました。この実験を行った理科室の温度は25.0℃で、砂と水の温度も25.0℃でした。

次に、図2のように、水そうの上に白熱電球を取りつけて点灯させ、2時間後の温度を調べました。すると、砂の温度は27.5℃、水の温度は26.5℃になっていました。その後すぐに、白熱電球の代わりに氷を入れたビーカーをのせて2時間後の温度を調べたところ、砂の温度は25.5℃、水の温度は26.0℃でした(図3)。表はこれらの温度の変化をまとめたものです。

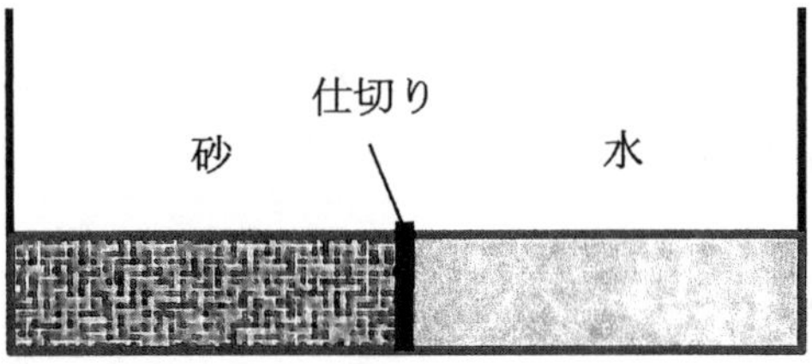

図1

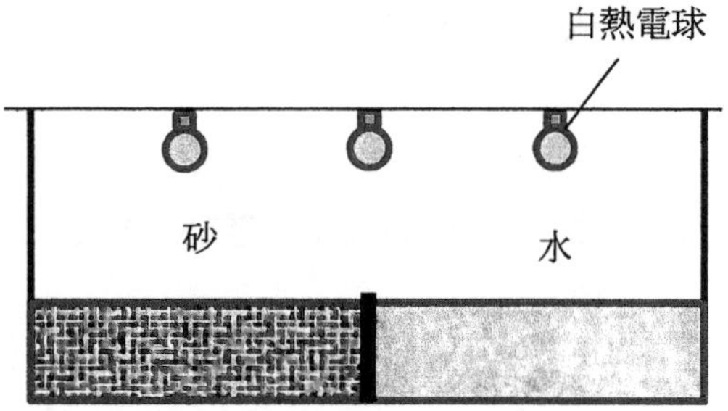

図2

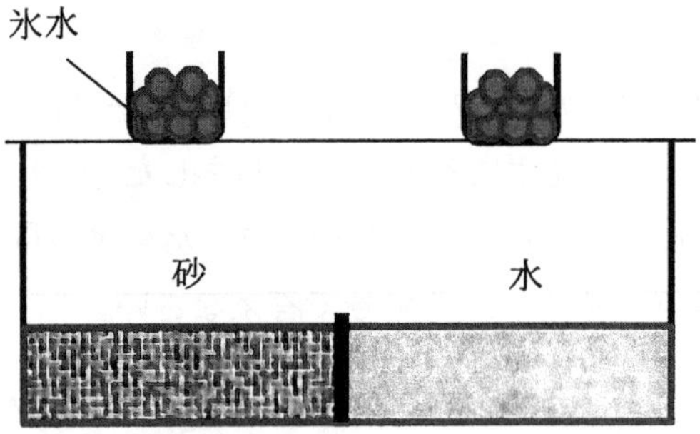

図3

表

	最初(図1)	白熱電球(図2)	氷水(図3)
砂	25.0℃	27.5℃	25.5℃
水	25.0℃	26.5℃	26.0℃

問4 この実験から、水は砂と比べてどのような性質があるといえますか。次の文の(　　)に適することばを入れて答えなさい。

水は砂より(　　　　　　　　　　　　　　　　　　)性質がある。

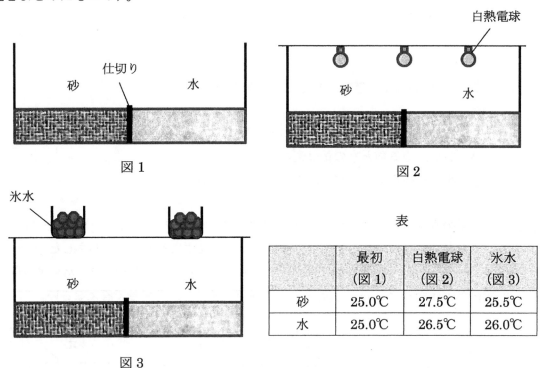

【実験 2】

実験 1 と同じ実験を、底につけた仕切りの上に火のついた線香を立てて行いました (図 4)。水そうの上の白熱電球を点灯させた 2 時間後に、線香のけむりの流れを観察しました。

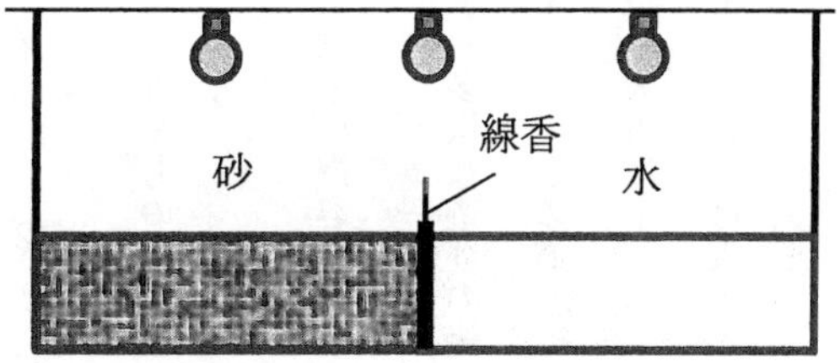

図 4

問5　線香のけむりの流れを矢印で示しました。最も適しているものを、次の **あ** ～ **え** から 1 つ選び、記号で答えなさい。

あ

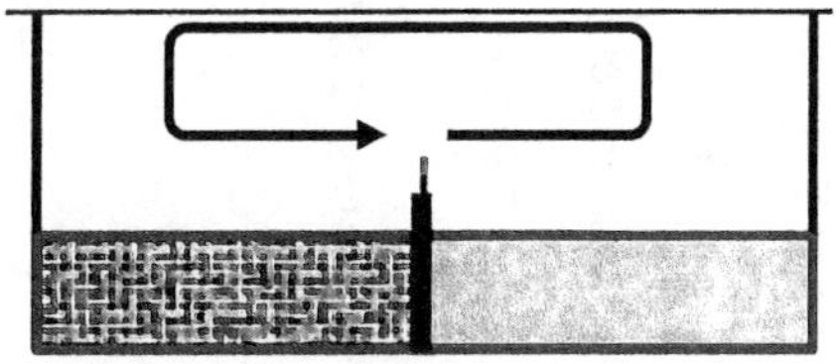

い

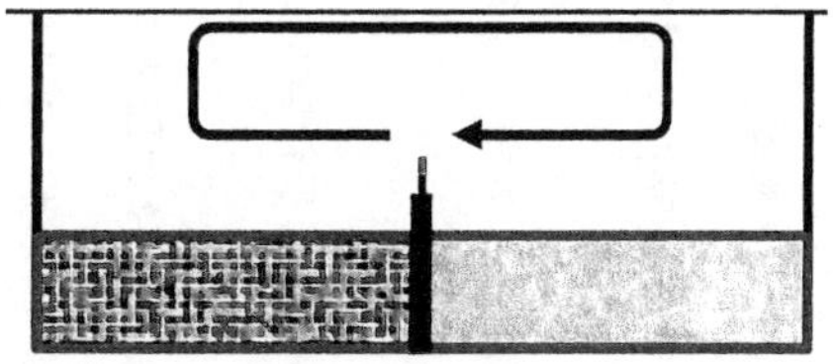

う

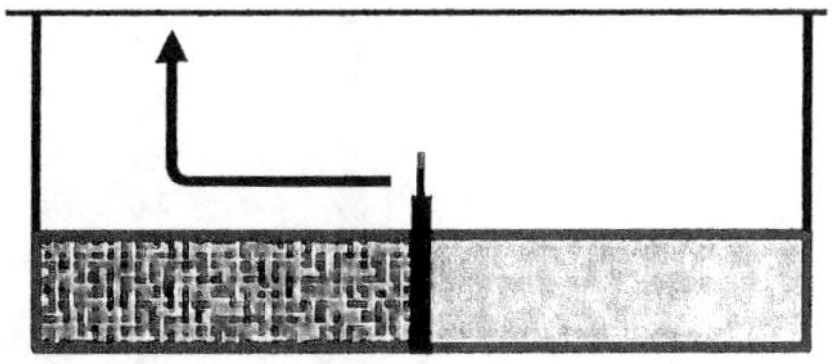

え

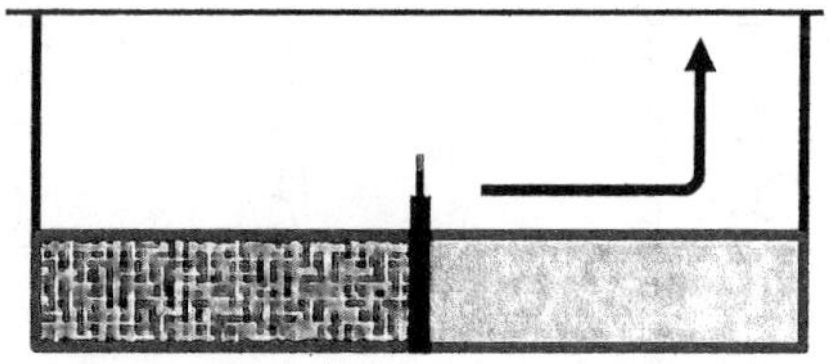

問四 ――線部①「生活の知恵」とは何か。次の中から最もふさわしいものを選び、記号で答えなさい。

ア 遊びから学習へと切り替《か》えるための精神力。　**イ** 遊びの中ではぐくまれる身体能力。

ウ 遊びを通してつくられる人間関係。　**エ** 遊びを通して得られる工夫する力。

問五 ――線部②「親の方も遊びなさいとはいわない」とあるが、その理由として最もふさわしいものを次の中から選び、記号で答えなさい。

ア 子どもに望む生活の中に「遊び」は入っていないから。

イ 子どもの勉強が忙《いそが》しいことを心配しているから。

ウ 子どもが考える遊びは危険で怖《こわ》いと感じているから。

エ 子どもが自分で考えて生活することを期待しているから。

問六 ――線部③「ほんものの遊び」とはどのような「遊び」のことか。次の文の（　１　）・（　２　）にあてはまる表現を（　１　）は漢字二字で、（　２　）は十字以内で文章中から抜き出しなさい。

◆「ほんものの遊び」とは、おとなに口出しされない、（　１　）で、学校ではない（　２　）でできる「遊び」のことである。

問七 文章の内容に合うものを次の中から一つ選び、記号で答えなさい。

ア 多様な遊びの機会を提供して、子どもの隠れた能力を引き出すのが大人の役割である。

イ 子どもの遊びは生活そのものであり、多くの経験からさまざまなことを学ぶものである。

ウ 大人は子どもと一緒に遊びながら昔のことを思い出すので、子どもの気持ちがわかる。

エ 子どもは大人の話をよく聞いて、大人の視界に入る場所で安全に遊んだほうがよい。

少し不衛生なことがあるかもしれないけれど、ショウドクしすぎないで育ったために身につく免疫《めんえき》力（＝病気に抵抗する力）もあると思います。

最近、子どもが遊ばない時間が増えているということですが、②親の方も遊びなさいとはいわない。それは、子どもの生活が、親の考える「ものさし」（B）と合っていれば安心だからです。親がこうしてもらいたい、と思っているように勉強させてくれるので、最近では塾《じゅく》に行くことが子どもの生活にくみこまれています。

子どもの遊びは「学び」そのものです。学校に行くことがあたりまえ、それが学ぶことだと思っているけれど、子どもの「勉強」を、おとなが思う「勉強」にあてはめるのは、ほとんどの場合はおとなの勘違《かんちが》いだと思っています。

おとなの目が行きとどいていることは必要ですが、行きとどきすぎると、子どもの自由がなくなります。子どもだけの時間、子どもだけの世界が必要だと思います。学校と、子どもだけの世界を比べると、学校はたてまえ（＝うわべだけ）で、子どもだけの世界はほんものです。どういうことかというと、学校で「野球をやりましょう」といわれて遊ぶのと、「野球をやろう」と仲間が集まって遊ぶのとでは、「遊び」の中味が違《ちが》ってくるのです。子どもは③ほんものの遊びの中から学んでいくのです。

（安野《あんの》　光雅《みつまさ》氏の文章による）

（注）※韻をふんだり（韻をふむ）……詩歌で文のはじめや終わりに同じようなひびきの音をおくこと。

問一　＝線部（a）「セイケツ」、（b）「ショウドク」を漢字に直しなさい。

問二　〰線部（A）「の」と同じ用法のものを次の中から一つ選び、記号で答えなさい。

ア　このペンはだれの？
イ　宿題はもう終わったの？
ウ　あなたのスピーチに感動しました。
エ　私の話したことをもう一度確認しなさい。

問三　〰線部（B）「ものさし」と同じ意味で使われているものを次の中から一つ選び、記号で答えなさい。

ア　紙にものさしをあててまっすぐな線を引く。
イ　このものさしでは短くてはかれない。
ウ　兄は普通のものさしではかれる人物ではない。
エ　となりの人からものさしを借りる。

四 次の文章を読んで、後の問いに答えなさい。

子どもの遊びは生活そのものです。そして、遊びながらいろいろなことを学んでいます。

あるとき、絵を描《か》きにいった伊勢志摩《いせしま》の道ばたで、子どもたちが数えうたを歌って遊んでいました。ちょっと聞いていたら、うたが五つくらいまでで終わってしまう。「なぜ、五つまでしか歌わないのか」とたずねたところ、「だって、五つまでしか知らないんだもん」という答えでした。

「では、十《とお》まで作ってみれば」といったところ、すぐに自分たちで考えはじめ、じょうずに※韻《いん》をふんだりしながら、ちゃんと十まで作ったのです。

それは子どもの隠《かく》れた能力だと思えます。

また、ありもしないことをほんとうらしく話したり、約束ごとの決まった野球のような遊びでも、自分の都合のよいルールを思いついて、そちらの方を正しいと考えたり、遊ぶ間に、いわゆる①「生活の知恵《ちえ》」を身につけていきます。

幼稚園《ようちえん》や保育所では、遊びが勉強ですが、小学校では机につくことも勉強になります。そして、わたしやわたしの息子《むすこ》の時代には、学校とは別に、駄菓子屋《だがしや》という世界で知ることがありました。

子どもの頃《ころ》、駄菓子屋（神戸で、ひと夏を過ごしたのですが、その頃の駄菓子屋で賭博《とばく》（＝かけごと）性のないものはありませんでした）で、くじをひきました。ところが、何度ひいても、一等や二等は出ません。

その後（わたしが親になってから）、東京・御徒町《おかちまち》のアメヤ横丁で、くじびきの「くじ」を売っている所を見つけたので、子どものおみやげに買って帰りました。そして、一日一回、そのくじをひいていいことにしました。お父さんが、一等や二等を隠しているとも知らず、子どもたちは毎日くじをひきました。むかし、駄菓子屋にあったくじは、こういうものだったのです。

駄菓子屋とは、子どもの世界そのものでした。おとなになっても、あのあやしく、不衛生ともいえる駄菓子屋を思いだし、「イカの足を売っていた」「スルメや、ニッケイがあった」「あんこ玉もあった」と懐《なつ》かしむのです。駄菓子屋は、（不衛生だということで）親が行くことを反対するような場所ではあったけれど、おとなになってしまったわたしが、むかしもいまも血の（A）騒《さわ》ぐ（＝興奮する）、忘れられない世界です。話してみると、わたしの子どももまた忘れられない世界だというのです。

話はそれますが、いまの日本は世界でも一番（a）セイケツだといいます。神経質なまでに不衛生を嫌《きら》い、いつも（b）ショウドクしています。こんな所は世界中どこにもありません。

問五　次の文章はＦの歌について説明したものである。（　１　）〜（　３　）に入る最もふさわしいものを後の中からそれぞれ選び、記号で答えなさい。

◆Ｆの歌は、「ゆらりと高し」でいったん意味合いが切れる（　１　）の歌である。「金の油を」という比喩《ひゆ》表現で、太陽のぎらぎらした熱いきらめきを示し、また「身に浴びて」という擬人法《ぎじんほう》を用いることで、太陽の日ざしに照らされた向日葵の（　２　）のようなものが表われている。さらに短歌の世界では、遠くにあるものを小さいと表現することで、手前にあるものを強調することができるので、この歌では（　３　）を存分に表現している。

（１）**ア**　初句切れ　　**イ**　二句切れ　　**ウ**　三句切れ　　**エ**　四句切れ

（２）**ア**　照れくささ　　**イ**　あこがれ　　**ウ**　ほこらしさ　　**エ**　ときめき

（３）**ア**　向日葵の大きさや存在感　　**イ**　向日葵と日の光とのつながり

ウ　日の光の大きさや力強さ　　**エ**　日の光のまぶしさと向日葵の美しさ

問六　次の①・②の説明に合う歌をＡ〜Ｆの中からそれぞれ選び、記号で答えなさい。

①死を間近に感じている作者の、生きることへのせつなる思いを表現している。

②季節の訪《おとず》れに高ぶった気持ちを、口語表現でやさしく歌っている。

問一　Aの歌の――線部「海恋し」とあるが、作者が「恋し」と詠《よ》んだ理由として最もふさわしいものを次の中から選び、記号で答えなさい。

ア　初夏になり、きらきらと輝《かがや》く海を思い出しながら、故郷の海で泳いでみたいと思ったから。

イ　年を重ねた今になって、父や母から受けた愛情とともに故郷がなつかしく思われたから。

ウ　夫や子どもたちと一緒《いっしょ》に幸せに暮らしているこの海辺の町がとても美しく思えたから。

エ　時間とともに変わっていく今の街並みを、自分の記憶《きおく》の中に留《とど》めておこうと思ったから。

問二　Bの歌の――線部「一つ夕焼けの色に染まりて」とはどのような情景を詠んだものか。その説明として最もふさわしいものを次の中から選び、記号で答えなさい。

ア　空を飛ぶつばめに負けまいと泳ぐ私だが、日が落ちるスピードには勝てずにいる。

イ　夕やみ迫《せま》る空をたくさんのつばめが飛び、夕日が映る水の中を私だけが泳いでいる。

ウ　空が夕焼け色に染まる中、空飛ぶ一羽《わ》のつばめが地上で泳ぐ私を追いかけている。

エ　空を飛ぶつばめと地上で泳ぐ私が、大きな夕焼けに一緒に包まれている。

問三　C～Fの歌の中で、詠まれていない季節を一つ答えなさい。

問四　Dの歌で用いられていない表現技法を次の中から一つ選び、記号で答えなさい。

ア　字余り　**イ**　反復法　**ウ**　擬《ぎ》人法《じんほう》　**エ**　体言止め

問十三　文章の内容に合うものとして最もふさわしいものを次の中から選び、記号で答えなさい。

ア　冷静でタフな知性を持っている人ほど、読書を通じて養われる書き言葉と話し言葉の技術が向上していく。

イ　読書によって書き言葉が修練されていくと、ものごとを客観的な広い視野で見ることができるようになる。

ウ　自分の意見を主張するには、読書で磨《みが》かれる話し言葉よりも、身ぶり手ぶりを使ったパフォーマンスが重要だ。

エ　他者の言葉から離れるという行為は、読書から得られる以上にみずからの言葉を磨くことにつながっていく。

三　次の短歌を読んで、後の問いに答えなさい。

A　海恋《こい》し潮の遠鳴りかぞへ《（え）》ては少女《おとめ》となりし父母《ちちはは》の家　　与謝野《よさの》晶子《あきこ》

B　つばくらめ空飛びわれは水泳ぐ一つ夕焼けの色に染まりて　　馬場《ばば》あき子《こ》

C　目覚めたら息まっしろでこれはもう、ほんかくてきよほんかくてき　　穂村《ほむら》　弘《ひろし》

D　いのち噴《ふ》く季《とき》の木ぐさのささやきをききてねむり合ふ《（う）》野の仏たち　　生方《うぶかた》たつゑ《（え）》

E　隣室《りんしつ》に書《ふみ》よむ子らの声聞けば心に沁《し》みて生きたかりけり　　島木《しまき》　赤彦《あかひこ》

F　向日葵《ひまわり》は金の油を身にあびてゆらりと高し日の小ささよ　　前田《まえだ》　夕暮《ゆうぐれ》

問八　――線部①「話し言葉」、②「書き言葉」についての説明として最もふさわしいものを次の中から選び、記号で答えなさい。

ア　書き言葉や話し言葉にも技術は必要だが、その良《よ》し悪《あ》しは生まれもった能力に左右される。
イ　話し言葉は意識的に訓練すると技術が向上するが、書き言葉は読書さえしていれば向上していく。
ウ　書き言葉も話し言葉もある程度の年令になれば、人に教わらなくても自然と使いこなせるようになる。
エ　話し言葉は訓練をしなくても誰もがある程度できるが、書き言葉は意識的に訓練しないと身につかない。

問九　[1]・[2]に、「ピンポン」か「卓球」のどちらかを入れなさい。

問十　[3]に入る語として最もふさわしいものを次の中から選び、記号で答えなさい。

ア　現実　　**イ**　限定　　**ウ**　人工　　**エ**　想像

問十一　――線部③「話すことと書くことを対立して考えるのは、生産的ではない」とあるが、その理由を述べた次の文の（　　）にあてはまる表現を文章中の言葉を使って、十五字以上二十字以内で答えなさい。

◆書き言葉によって、（　　　　　　）から。

問十二　――線部④「『意味の含有率』の高い話」の説明として最もふさわしいものを次の中から選び、記号で答えなさい。

ア　要点を取り上げたまとまりのある話。　　**イ**　聞き手の興味だけを意識した話。
ウ　感情を入れずにあっさりと終わる話。　　**エ**　やさしい例を使ったわかりやすい話。

問一　＝線部（ａ）「タッ」、（ｃ）「テキカク」を漢字に直し、（ｂ）「大勢」の読みをひらがなで答えなさい。

問二　～～線部（Ａ）「ポーンポーン」、（Ｂ）「カンカンカンカン」に使われている表現技法を次の中から一つ選び、記号で答えなさい。

ア　擬《ぎ》態《たい》語　　**イ**　擬《ぎ》音《おん》語　　**ウ**　直喩《ちょくゆ》法　　**エ**　対句《ついく》法

問三　～～線部（Ｃ）「打てる」を同じ意味になるように八字で言いかえなさい。

問四　～～線部（Ｄ）「タイショウ」と同じ漢字を使うものを次の中から一つ選び、記号で答えなさい。

ア　二人の性格はタイショウ的だ。　　**イ**　Ａの図形とタイショウな図形をかく。

ウ　これは小学生タイショウの本です。　　**エ**　書道展でタイショウに選ばれる。

問五　～～線部（Ｅ）「滞りなく」、（Ｇ）「円滑」は似た意味の言葉である。この二語をカタカナ語で言いかえたものを次の中から一つ選び、記号で答えなさい。

ア　ユーモア　　**イ**　ダイナミック　　**ウ**　アンバランス　　**エ**　スムーズ

問六　～～線部（Ｆ）「フォーマル」の意味として正しいものを次の中から一つ選び、記号で答えなさい。

ア　公式的　　**イ**　常識的　　**ウ**　革新的　　**エ**　意識的

問七　（　　　）に共通して入る接続詞をひらがな三字で答えなさい。

る客観的な構えが読書をするほど身につきやすい。

③話すことと書くことを対立して考えるのは、生産的ではない（＝何も生み出さない）。元来（＝もともと）、上手に書くことができる人は、ある程度話にもまとまりがある。書き言葉ができていない人の場合は、話もまた冗長《じょうちょう》に（＝むだに長く）なりがちだ。一対一でプライベートで話しているときには、話し言葉の力量差は表れにくい。書き言葉をたとえ修練していなくても、話は(E)滞《とどこお》りなくできる。

（　　）、いったん(F)フォーマルな場に出てみると、話すという行為が実は書き言葉によって精度が高められているのだということがわかる。(b)大勢を前にして、二、三分でかいつまんで意味のある話をする技術は、高度なものだ。書き言葉をまったく修練していないと、普通《ふつう》はなかなか④「意味の含有率《がんゆうりつ》」の高い話はできにくいものだ。

これからの時代は日本でも、このプレゼンテーションの技術がいっそう重要になる。そのときに大勢に向かって堂々とからだを開いて強い息で話す演劇的な感性や身体性も重要だが、それと同時に、論理を踏《ふ》まえたキレのよい話し方が求められる。この話し方を鍛《きた》えるメニューが読書なのである。

自然な環境からいったん離れること。これが、書き言葉が意識に与える効果であるなら、読書は自分を客観的に捉《とら》える視点の獲得《かくとく》につながっている。

自分自身や物事を客観的に捉えるという眼《め》は、生まれつきのものではなく、練習して身につけられる技である。コミュニケーションは、近づくことと離れることの両方ができることによって、(G)円滑《えんかつ》に行われる。(c)距離《きょり》をテキカクに保つには、離れる技も必要だ。書き言葉が修練されていれば、状況から少し身を引き離して考えることができやすい。

この「離れる」という客観的な構えの形成は、読書の重要な効果の一つだ。

（齋藤《さいとう》　孝《たかし》氏の文章による）

（注）※フォアハンド……ラケットを持つ手の側に来たボールを打つこと。

※バックハンド……ラケットを持つ手の反対側に来たボールを打つこと。

※オング……アメリカの哲学者、文化史家。

二 次の文章を読んで、後の問いに答えなさい。

私は、①話し言葉と②書き言葉の関係はピンポンと卓球《たっきゅう》の関係に似ていると考えている。温泉場には、よく卓球台がある。そこで風呂《ふろ》あがりにやるピンポンは、およそ誰《だれ》でもできるものだ。「卓球」という言葉でイメージされるのは、もう少しレベルの高いものだ。(A)ポーンポーンというリズムではなくて、(B)カンカンカンカンといった速いテンポで気持ちよくラリーが続く、そんなイメージが卓球だ。

比喩《ひゆ》として言えば、話し言葉が[1]にあたり、書き言葉が[2]にあたる。話すことは何となくできるようにもなる。(　　)、文章を読んだり書いたりすることは、練習しないとなかなかできるようにはならない。ピンポンなら誰でもがある程度できるが、卓球となると、基本を教わるかどうかで大きく差が出てくる。話し言葉ならば、小学校高学年になれば、ある程度のレベルに(a)タッする。そのままそれほどの変化なく高校生になる例もある。読書をたくさんするということは、卓球部に入るのと事情が似ている。それを経験すると、書き言葉が身につくのである。自分が文章を書くときはもちろん、話すときにも書き言葉が生かされるようになる。

卓球やテニスでは、※フォアハンドはある程度の運動神経があれば何となく(C)打てるが、※バックハンドとなると、きちんと習わないとしっかりとした球は打てない。話し言葉は、フォアハンドのようなものだ。知力に応じて、各人何となくできるようになる。

(　　)、書き言葉はバックハンドのようなもので、意識的な練習(ここで言えば読書など)を経なければ、試合で使える技《わざ》にはならない。

※オングは『声の文化と文字の文化』の中で、人類の言葉の歴史から見て、話すことと書くことには決定的な違《ちが》いがあり、「自然な口頭での話しとは(D)タイショウ的に、書くことは、完全に[3]的である」と言っている。話すことは障害がない限り、自然に話し方をどんな人間も覚える。これに対して、書くことは技術である。それは単なる技術ではなく、意識を内的に変化させるものだ。話すことが自然な行為《こうい》だとすれば、書くことは自然さから離《はな》れることでもあるとオングは言う。

「書くことは、意識を高める。自然な環境《かんきょう》からの離脱《りだつ》〔疎外《そがい》〕は、われわれにとってよいことでもあり、実際、多くの点で、人間生活を充実《じゅうじつ》させるためには不可決でさえある。十分に生き、十分に理解するためには、近づくことだけではなく、離れることも必要である。これ〔離れること〕こそ、書くことが、他のどんなものにもまして、意識にあたえるものなのである。」

書き言葉を読書を通じて身につけていくことによって、状況《じょうきょう》に巻《ま》き込《こ》まれにくい冷静でタフな(＝たくましい)知性が育てられる。読書の修練を積んだ人には、どこか冷静な知性の香りが漂《ただよ》う。もちろん気質の問題は大きいが、それでもなお冷静に自分の主観とは独立して物事を論じ

問九　**【例】**を参考にして、後の（　　）に入る表現を答えなさい。

【例】　姿が消える　→　（答え）姿を〔　消す　〕

注目が集まる　→　注目を（　　　）

問十　次の会話文の（　1　）・（　2　）に入る言葉の組み合わせとして正しいものを後の中から一つ選び、記号で答えなさい。

Aさん「『にく（肉）』が音読みだということ、知ってた？」

Bさん「知らなかった。じゃあ、訓読みでは何と読むの？」

Aさん「（　1　）辞典で調べてみて。訓読みがないことが分かるよ。」

Bさん「ほんとだね。この字は切った『にく（肉）』の形を表した（　2　）文字と説明してあったよ。」

ア　国語――会意　　**イ**　国語――形声　　**ウ**　漢和――象形　　**エ**　漢和――指示

問十一　**【　　　】**内のすべての単語を使って、意味の通る文を作りなさい。ただし、――線部「行く」は、〈例〉のように、一部形を変えて使うこと。

〈例〉走る・た　→　〈答え〉走った

【　日光・中学生・の・高校生・と・に・行く・が・ます・先ぱい　**】**

問四　〔A〕と〔B〕に同じ漢字を入れて四字の熟語が成立しないものを次の中から一つ選び、記号で答えなさい。

ア　〔　A　〕進〔　B　〕退　　**イ**　〔　A　〕信〔　B　〕疑

ウ　〔　A　〕体〔　B　〕命　　**エ**　〔　A　〕我〔　B　〕中

問五　「成功 ―― 失敗」と同じ関係にある熟語を次の中から一つ選び、記号で答えなさい。

ア　突然《とつぜん》 ―― 不意　　**イ**　安全 ―― 危険　　**ウ**　応答 ―― 返事　　**エ**　努力 ―― 苦心

問六　「かわいい子には旅をさせよ」の意味として正しいものを次の中から一つ選び、記号で答えなさい。

ア　愛する子どもほど、手もとであまやかすより苦労させるほうがよい。

イ　愛情を注いで育てた子どもは、いろいろな所でその才能を発揮できる。

ウ　幼い子どもでも、本人の望むようにいろいろな体験をさせてやるべきだ。

エ　姿の美しい子どもは、さまざまな人に接することによってより美しくなる。

問七　次の文の文節の数を漢数字で答えなさい。

◆色紙にあの人のサインをもらう。

問八　次の〈条件〉に合うように、◆の文に一か所だけ「読点（、）」をうちたい。その場所を後の **（ア）**～**（エ）** の中から選び、記号で答えなさい。

〈条件〉ずぶぬれになっているのは父である。

◆父は **（ア）** 雨の中 **（イ）** ずぶぬれになって **（ウ）** ふるえていた子猫《こねこ》を **（エ）** 拾ってきた。

2024年度

國學院大學栃木中学校

【国　語】〈第二回入試〉（五〇分）〈満点：一〇〇点〉

※設問の都合で、作品の一部に省略、変更がある。
※句読点や「」も一字として数えること。

一　次の各問いに答えなさい。

問一　↓の向きに注意して次の□に漢字一字を入れると、それぞれ二字の熟語が四つずつ成立する。□に入る漢字を答えなさい。

（1）人↓□↓調　窓→□→車

（2）直↓□↓味　前→□→半

問二　次の文には漢字の誤りが一字ある。その漢字を抜《ぬ》き出し、正しく直しなさい。

◆放課後、小学校の校庭を解放したことで、地域住民の健康への関心が高いことが分かった。

問三　「船」と画数が異なる漢字を次の中から一つ選び、記号で答えなさい。

ア　第　**イ**　鳥　**ウ**　弱　**エ**　部

2024年度

國學院大學栃木中学校 ▶解　答

※編集上の都合により，第２回試験の解説は省略させていただきました。

算　数　＜第２回入試＞（50分）＜満点：100点＞

解　答

[1] (1) 54　(2) 1　(3) 31.5　(4) 8.8　(5) $\frac{1}{8}$　(6) $\frac{1}{6}$　(7) 137　(8) 30　(9) $\frac{11}{14}$　(10) $\frac{7}{18}$　[2] (1) 18　(2) 6　(3) あ…6，い…35　[3] (1) 72度　(2) 31.4cm　(3) 7本　(4) 30才　(5) $16\frac{4}{11}$分後　(6) 320g　(7) 60個　(8) 360m　(9) 30日　(10) 15分　[4] (1) 126通り　(2) 86通り　[5] (1) 1，6，15，20，15，6，1　(2) 10段目

社　会　＜第２回入試＞（理科と合わせて50分）＜満点：50点＞

解　答

[1] **問１**　(県名，県庁所在地名の順に)　北海道，札幌(市)　**問２**　え　**問３**　え　**問４**　あ　**問５**　(記号，県庁所在地名の順に)　**E**　え，鹿児島(市)　**F**　あ，松山(市)　**G**　う，甲府(市)　**H**　い，仙台(市)　[2] **問１**　う　**問２**　き　**問３**　(記号，国名の順に)　く，スペイン　**問４**　(記号，国名の順に)　あ，カナダ　[3] **問１**　徳川家康　**問２**　豊臣秀吉　**問３**　う　**問４**　い　**問５**　足利義政　**問６**　応仁　**問７**　う　**問８**　北里柴三郎　**問９**　い　**問10**　あ　**問11**　紫式部　**問12**　え　**問13**　清少納言　**問14**　う　**問15**　お　[4] **問１**　三権分立　**問２**　あ　**問３**　国民主権　**問４**　え　**問５**　う　**問６**　あ　**問７**　循環

理　科　＜第２回入試＞（社会と合わせて50分）＜満点：50点＞

解　答

[1] **問１**　①　でんぷん　②　青むらさき　**問２**　A，C　**問３**　(例)　でんぷんを別なものに変えるはたらき。　**問４**　(口→)こ→え→け→き(→こう門)　**問５**　け　[2] **問１**　プラス極　**問２**　(例)　長い端子から短い端子に電流が流れる　**問３**　a，b，e，f，g　**問４**　**A**　㋐　**B**　㋑　**C**　㋐　**D**　㋑　[3] **問１**　あ　**問２**　63.2g　**問３**　1.3g　**問４**　(1)　125g　(2)　(例)　水をすべて蒸発させる。　(3)　2g　[4] **問１**　(例)　(金属の球は,)加熱すると体積が大きくなる。　**問２**　(1)　ふっとう　(2)　う　**問３**　あ，う　**問４**　(例)　あたたまりにくく，冷めにくい　**問５**　い

国　語　＜第２回入試＞（50分）＜満点：100点＞

解　答

一　**問１**　(1)　口　(2)　後　**問２**　解(→)開　**問３**　ウ　**問４**　エ　**問５**　イ　**問６**　ア　**問７**　五　**問８**　ウ　**問９**　集める　**問10**　ウ　**問11**　(例)　中学生が高校生の先ぱいと日光に行きます(。)　二　**問１**　a，c　下記を参照のこと。　b　おおぜい　**問２**　イ　**問３**　(例)　打つことができる　**問４**　ア　**問５**　エ　**問６**　ア　**問７**　(例)　しかし　**問８**　エ　**問９**　1　ピンポン　2　卓球　**問10**　ウ　**問11**　(書き言葉によって,)　(例)　話すという行為の精度が高められている(から。)　**問12**　ア　**問13**　イ　三　**問１**　イ　**問２**　エ　**問３**　秋　**問４**　イ　**問５**　(1)　エ　(2)　ウ　(3)　ア　**問６**　①　E　②　C　四　**問１**　下記を参照のこと。　**問２**　エ　**問３**　ウ　**問４**　エ　**問５**　ア　**問６**　1　自由　2　子どもだけの世界　**問７**　イ

●漢字の書き取り

二　**問１**　a　達　c　的確

四　**問１**　a　清潔　b　消毒

2024 年度

國學院大學栃木中学校

※編集の都合上，英語のみを掲載してあります。

【英　語】〈第２回英語入試〉（50分）〈満点：100点〉

※1，2はリスニングである。英文はすべて２度ずつ読まれる。英文を聞いている間にメモを取ってもよい。

1 対話と質問を聞き、その答えとして最も適当なものをそれぞれ１つ選び、記号で答えなさい。

1. ア Fighting.　イ A dragon.
 ウ A computer game.　エ A princess.

2. ア Michael.　イ Michael's sister.
 ウ Michael's parents.　エ Michael's family.

3. ア To the shopping mall.　イ To talk with her dad.
 ウ About five.　エ To the library.

4. ア She doesn't like candy.　イ She doesn't like parties.
 ウ She likes face paint.　エ She doesn't like wearing costumes.

5. ア Saturday.　イ Monday.
 ウ Sunday.　エ Every day.

6. ア 500 yen.　イ 400 yen.
 ウ 300 yen.　エ 700 yen.

7. ア She rode a bike.　イ She took a train.
 ウ She walked.　エ She took a bus.

8. ア Coats.　イ Sweaters.
 ウ Hats.　エ Gloves.

2 英文と質問を聞き、その答えとして最も適当なものをそれぞれ１つ選び、記号で答えなさい。

1. **ア** A ham and cheese sandwich.　**イ** Eggs and bacon.
   ウ Blueberry yogurt and toast.　**エ** Corn flakes.

2. **ア** The stars at night.　**イ** The trees in the forest.
   ウ The birds in the sky.　**エ** The fish in the ocean.

3. **ア** She likes lions and elephants.　**イ** To study English.
   ウ To Africa.　**エ** He likes anime.

4. **ア** His uncle.　**イ** His mother.
   ウ His father.　**エ** His grandmother.

5. **ア** 175.　**イ** 25.
   ウ 225.　**エ** 200.

6. **ア** Because they are cool.　**イ** Because they are fun.
   ウ Because they are fast.　**エ** Because they are big.

7. **ア** In the spring.　**イ** In the winter.
   ウ In the fall.　**エ** In the summer.

※〈リスニングテスト放送原稿〉は問題文のうしろに掲載しています。

3 次の各文の（　　）内に入る最も適当なものをそれぞれ１つ選び、記号で答えなさい。

1. I take many subjects at school, but I like math (　　　) of all.
ア good　　イ best　　ウ well　　エ better

2. Aya is a good (　　　).　She draws very well.
ア visitor　　イ farmer　　ウ waiter　　エ artist

3. My daughter left home 10 minutes ago, so she'll (　　　) at school soon.
ア arrive　　イ use　　ウ invite　　エ tell

4. I visited my aunt in Australia this summer.　I had a great time there.　I want to go (　　　) next year.
ア away　　イ out　　ウ again　　エ ago

5. Sachiko asked Ken a question about English.　It was (　　　) hard, so it took him ten minutes to answer.
ア early　　イ heavily　　ウ angrily　　エ pretty

6. I missed the train for the trip last month.　I'm (　　　) of making the same mistake this time.
ア last　　イ afraid　　ウ heavy　　エ elementary

7. My brother left me a (　　　) of cake yesterday.
ア piece　　イ peace　　ウ pair　　エ point

8. (　　　) it rains, I usually stay at home.
ア Why　　イ When　　ウ Which　　エ What

9. Mary was late for the tennis club meeting, so the members started (　　　) her.
ア since　　イ between　　ウ through　　エ without

10. A：I have two (　　　) for the concert tonight.　Do you want to go?
B：Sure.　I'd love to.
ア shoulders　　イ cards　　ウ tickets　　エ presents

11. A：Excuse me.　I'm looking for a German dictionary.
B：How about this (　　　)?　It's very popular.
ア one　　イ it　　ウ each　　エ any

12. A : I'm going to be late.
B : That's OK. I'll (　　　　) in front of the theater.
ア forget　イ hear　ウ end　エ wait

13. A : Have you ever (　　　　) to Hokkaido, Sara?
B : No, not yet. But I'm going there next month.
ア went　イ go　ウ been　エ were

14. A : Why don't you take part (　　　　) Susie's birthday party?
B : That would be very nice. We should buy a present for her.
ア in　イ on　ウ at　エ by

15. A : This movie is so exciting, (　　　　) it?
B : Yes. I saw it three times!
ア didn't　イ isn't　ウ couldn't　エ hasn't

4 次の各会話について、（　　）内に入る最も適当なものをそれぞれ１つ選び、記号で答えなさい。

1. Woman : Oh, no! I can't find my pen.
Man : (　　　　) I saw it on the living room table.
ア You look nice.　イ Let's buy a new one.
ウ Don't worry.　エ I'm tired.

2. Sister : Tomorrow is Christmas. I bought my mother this bag.
Brother : I think she'll like it.
Sister : (　　　　)
ア So do I.　イ You can use this.
ウ She will find it easily.　エ I hope not.

3. Father : How's your cold?
Daughter : (　　　　) I think I can go to school today.
ア It's my bed.　イ I feel much better.
ウ I'm sorry I'm late.　エ No, thank you.

4. Teacher : Have you cleaned the classroom yet?
Girl : No, not yet.
Teacher : (　　　　)
ア It's in your room.　イ I'm not sure.
ウ I think so.　エ Start cleaning it right away.

5. Girl：Have a nice weekend.
Boy：(　　　　　)　See you next week.
ア Let me see.　　イ I'll get it.
ウ You, too.　　エ I don't know yet.

5 次の各日本文の意味を表すように①から⑤、または⑥までを並べかえて（　　）の中に入れなさい。そして、２番目と４番目にくるものの最も適当な組み合わせをそれぞれ１つ選び、記号で答えなさい。

1. パーティは楽しかったですか。
(① at　② have　③ you　④ the party　⑤ a good time)
　　　２番目　　　４番目
Did (　　)(　　)(　　)(　　)(　　)?

ア ③－⑤　　イ ②－①　　ウ ⑤－④　　エ ①－⑤

2. 今日のミーティングに遅れてはいけません。
(① must　② late　③ be　④ not　⑤ for)
　　　２番目　　　４番目
You (　　)(　　)(　　)(　　)(　　) today's meeting.

ア ④－②　　イ ①－②　　ウ ③－⑤　　エ ②－④

3. その映画を見たい人たちが映画館の外で長い列を作っていた。
(① see　② the movie　③ to　④ who　⑤ made　⑥ wanted)
　　　２番目　　　４番目
People (　　)(　　)(　　)(　　)(　　)(　　) a long line outside the theater.

ア ⑥－③　　イ ②－④　　ウ ③－⑤　　エ ⑥－①

4. このメモが何を意味するのか分からない。
(① means　② understand　③ this　④ don't　⑤ what　⑥ note)
　　　２番目　　　４番目
I (　　)(　　)(　　)(　　)(　　)(　　).

ア ②－⑥　　イ ②－③　　ウ ①－③　　エ ⑥－①

5. 妹が英語で書かれた手紙を持ってきた。
(① a letter　② English　③ me　④ written　⑤ brought　⑥ in)
　　　２番目　　　４番目
My younger sister (　　)(　　)(　　)(　　)(　　)(　　).

ア ④－①　　イ ⑤－③　　ウ ③－④　　エ ①－④

6 次の掲示の内容について、質問に対する答えとして最も適当なもの、または文を完成させるのに最も適当なものをそれぞれ１つ選び、記号で答えなさい。

The Fall School Festival

Friday, November 13th

The School Festival will start at 9:00 a.m., and finish at 3 p.m.

Contents of School Performance

1 Presentation of School Trip
From 9:30 a.m. to 10:20 a.m.

2 Chorus Contest
From 10:40 a.m. to 12:00 a.m.

3 English Speeches and Skits
From 1:30 p.m. to 2:30 p.m.

You can see every performance from any seat.

During the performances, please be quiet.

We are looking forward to seeing you!

1. What presentation do the students give?
   ア School Festival
   イ School Trip
   ウ School Event
   エ School Outing

2. When you see the school performances, you must be
   ア kidding.
   イ kind.
   ウ tired.
   エ quiet.

7 次のＥメールの内容について、質問に対する答えとして最も適当なものをそれぞれ １ つ選び、記号で答えなさい。

From: Noda Koji
To: Sara Jones
Date: April 29, 18:50
Subject: Golden Week

Hi, Sara!
Did you do anything special today? This afternoon I went to school to practice volleyball. It was very hot in the gym today!
By the way, Golden Week is coming soon. I'm making a plan to go hiking with my family. There are some mountains in the suburbs of our city. We are going to climb Mt. Takao on Sunday, May 3. If you want to come, let's go together. In May, the flowers and new leaves are beautiful. We will also see Mt. Fuji from the top if it is clear. My mother says she'll make some rice balls and mushroom soup for you. You'll like it!
Koji

注） suburb：郊外

From: Sara Jones
To: Noda Koji
Date: April 29, 19:00
Subject: I'd love to go!

Hi, Koji,
Thank you for your e-mail. That would be great! But I don't have any shoes for hiking, so will you go shopping with me after school tomorrow? I heard Mt. Takao is one of the famous places for tourists to go to. So I want to go there during my stay in Japan. I'm looking forward to hiking with you! I can't wait.
Sara

From: Noda Koji
To: Sara Jones
Date: April 29, 19:50
Subject: No problem!

Hi, Sara,
We are happy you will come. We are going to leave home at 8:00 a.m. and get back home around 6:00 p.m. So can you come to my house at 7:50 a.m.? Of course I'll go shopping with you! It is very important to choose good shoes. I know some nice shops and I'll take you to them.
See you tomorrow.
Koji

1. What is Koji going to do on May 3?
　ア Practice volleyball at the school gym.
　イ Go hiking with his family.
　ウ Enjoy shopping with Sara.
　エ Climb to the top of Mt. Fuji.

2. Why does Sara want to visit the mountain?
   ア She will see Mt. Fuji from the top.
   イ Koji's mother will make mushroom soup for her.
   ウ It is known by many tourists.
   エ She has loved hiking since she came to Japan.

3. What time does Koji want Sara to come to his house?
   ア At 7:00 a.m.
   イ At 7:50 a.m.
   ウ At 8:00 a.m.
   エ At 8:50 a.m.

8 次の英文の内容について、各質問に対する答えとして最も適当なもの、または文を完成させるのに最も適当なものをそれぞれ１つ選び、記号で答えなさい。

India's Sport with Sound

India has an interesting sport called kabaddi. It is played between two teams of seven players. The field is divided into two parts.

One player called "the raider" enters the other team's side and tries to touch players. The raider must go back to his side in 30 seconds after touching the players. During the 30 seconds, the raider must keep saying "kabaddi" loud and clear. He mustn't breathe. This is called "can't." The other team tries to tackle the raider so that the raider can't go back to his side.

There are two ways to get points. The raider has to touch players from the other team to get points. However, if the raider doesn't come back safely, his team gets no points. The other team gets a point when they tackle and catch the other team's raider in their area.

This sport is loud and fast. Players run everywhere. Balls are not used. It is simple: it is just fast running, touching and sound.

Both men and women can play kabaddi, but the rules are a little different. Men and women do not play kabaddi together. In the men's game, the area for playing is a little bigger than in the women's. Also, the time is different. The men's game is 40 minutes. They play for 20 minutes in the first half. After a five-minute break, they play the second half. The women's game is 30 minutes. Each half is 15 minutes.

Kabaddi is a traditional Indian sport, but it is also played in other countries such as Bangladesh, Nepal and the Maldives.

注） Bangladesh：バングラデシュ　　Maldives：モルディブ

1. In the other teams' area, the raider should
   ア tackle everyone.
   イ be very quiet.
   ウ stay more than 30 seconds.
   エ try to touch other players.

2. What is the special rule?
   ア Keep shouting on the other team's side.
   イ Always stay on your side.
   ウ Do not move during the game.
   エ Never touch other people.

3. How long do women play in a kabaddi game?
   ア For 15 minutes.
   イ For 20 minutes.
   ウ For 30 minutes.
   エ For 40 minutes.

4. Where did the game begin?
   ア In Nepal.
   イ In Bangladesh.
   ウ In the Maldives.
   エ In India.

5. What is this story about?
   ア Traveling around India.
   イ How people watch sports in India.
   ウ A game with running and sound.
   エ The best way to say "kabaddi."

〈リスニングテスト放送原稿〉

1

No. 1

Male Voice: I played a new computer game last night! It was so much fun!

Female Voice: Really? What was it about?

M: You have to fight a dragon! And if you win, you get to marry a princess!

F: That's so cool! I love fantasy games.

M: Question: What are they talking about?

ア Fighting.
イ A dragon.
ウ A computer game.
エ A princess.

No. 2

F: What kind of sports does your family like, Michael?

M: Well, my parents like baseball, but my sister likes table tennis.

F: How about you?

M: Me? I like everything, but I'm crazy about basketball!

F: Question: Who likes table tennis?

ア Michael.
イ Michael's sister.
ウ Michael's parents.
エ Michael's family.

No. 3

M: Tomoko, are you going to the library now?

F: No, I'm not, Dad. I'm going to the shopping mall with my friends.

M: Oh, okay. What time will you be home?

F: About five.

M: Question: Where is Tomoko going?

ア To the shopping mall.
イ To talk with her dad.
ウ About five.
エ To the library.

No. 4

F: I'm not going to the Halloween party this year!

M: Why not?

F: I like the candy, but I don't like wearing costumes or face paint.

M: Well, I'm going for sure. I love to dress up as my favorite character!

F: Question: Why is she not going to the Halloween Party?

ア She doesn't like candy. イ She doesn't like parties.

ウ She likes face paint. エ She doesn't like wearing costumes.

No. 5

M: Oh, Susan, I just love Sundays. No school!

F: No way, Kenji! Saturday is much better. You can just relax and not worry about the next day.

M: Yeah, Saturdays are good, too. But I hate Mondays!

F: I understand. I don't really like Mondays, either.

M: Question: When is Susan's favorite day?

ア Saturday. イ Monday. ウ Sunday. エ Every day.

No. 6

F: Yesterday, I bought some new school supplies and it was so expensive.

M: I know. I bought five pencils and it cost 300 yen.

F: You're lucky! I bought three pencils and it cost 400 yen. And a notebook cost 200 yen.

M: That's too much! My notebook was only 100 yen.

F: Question: How much did all of their pencils cost?

ア 500 yen. イ 400 yen. ウ 300 yen. エ 700 yen.

No. 7

M: Hey, Mom, when you were a girl, how did you go to school?

F: In elementary school, I just walked. In junior high school, I rode a bike.

M: What about high school?

F: I took a train and a bus.

M: Question: How did she get to elementary school?

ア She rode a bike. イ She took a train.

ウ She walked. エ She took a bus.

No. 8

F: Oh, it's so cold! That's why I'm wearing a sweater!

M: Me, too! But I don't need a coat. It's too heavy.

F: Really? I'm definitely wearing a coat today.

M: You don't need it. Just put on some gloves and a hat.

F: Question: What are they both going to wear?

ア Coats.　イ Sweaters.

ウ Hats.　エ Gloves.

2

No. 1

M: David likes to eat corn flakes for breakfast every day, but this week, he ate eggs and bacon on Monday. On Thursday, he ate blueberry yogurt and toast. On Friday, he ate a ham and cheese sandwich.

F: Question: What did David eat on Monday?

ア A ham and cheese sandwich.　イ Eggs and bacon.

ウ Blueberry yogurt and toast.　エ Corn flakes.

No. 2

F: Emiko loves nature. She likes the trees in the forest, she loves the birds in the sky, and she likes the fish in the ocean, but her favorite is the stars at night.

M: Question: What does Emiko like best in nature?

ア The stars at night.　イ The trees in the forest.

ウ The birds in the sky.　エ The fish in the ocean.

No. 3

M: Hiroko wants to go to Italy because she likes pizza. Bob wants to go to Japan because he likes anime. Lisa wants to go to Africa because she likes lions and elephants. Naoki wants to go to Australia to study English.

F: Question: Where does Lisa want to go?

ア She likes lions and elephants.　イ To study English.

ウ To Africa.　エ He likes anime.

No. 4

F: Nick doesn't know what he wants to do in the future. His mother is a doctor, his father is a teacher, his uncle is a chef, and his grandmother is a police officer. But he still doesn't know what he wants to do!

M: Question: Who is the police officer?

ア His uncle.
イ His mother.
ウ His father.
エ His grandmother.

No. 5

M: My cooking club sold ice cream cones at the school festival yesterday. We made 200 ice cream cones, but we only sold 175. No problem! We ate the other 25 by ourselves! They were so good!

F: Question: How many ice cream cones did the cooking club eat?

ア 175.
イ 25.
ウ 225.
エ 200.

No. 6

F: Kazuya likes things that move! He likes skateboards because they are cool, he likes airplanes because they are big, he likes boats because they are fun, and he really likes rockets because they are so fast! Zoom!

M: Question: Why does Kazuya like skateboards?

ア Because they are cool.
イ Because they are fun.
ウ Because they are fast.
エ Because they are big.

No. 7

M: Last winter, Alice went to Hawaii with her family. This spring, she will just stay home, but she will go to France in the summer and then Okinawa in the fall.

F: Question: When will Alice go to France?

ア In the spring.
イ In the winter.
ウ In the fall.
エ In the summer.

2024年度

國學院大學栃木中学校　▶解　答

※編集上の都合により，第２回・英語試験の解説は省略させていただきました。

英　語　＜第２回・英語入試＞（50分）＜満点：100点＞

解　答

[1] 1 ウ　2 イ　3 ア　4 エ　5 ア　6 エ　7 ウ　8 イ

[2] 1 イ　2 ア　3 ウ　4 エ　5 イ　6 ア　7 エ

[3] 1 イ　2 エ　3 ア　4 ウ　5 エ　6 イ　7 ア　8 イ　9 エ　10 ウ　11 ア　12 エ　13 ウ　14 ア　15 イ

[4] 1 ウ　2 ア　3 イ　4 エ　5 ウ

[5] 1 イ　2 ア　3 エ　4 イ　5 ウ

[6] 1 イ　2 エ

[7] 1 イ　2 ウ　3 イ

[8] 1 エ　2 ア　3 ウ　4 エ　5 ウ

2023年度 國學院大學栃木中学校

【算　数】〈第１回入試〉（50分）〈満点：100点〉

※4，5は考え方も書きなさい。

1　次の計算をしなさい。

（1）　$288 \div 24 \times 8$

（2）　$234 \div 9 - 5 \times 5$

（3）　2.25×31.7

（4）　$23.2 - 4.3 \times 3.8$

（5）　$\dfrac{1}{2} + \dfrac{2}{3} - \dfrac{3}{4}$

（6）　$\left(2\dfrac{3}{5} - \dfrac{1}{3}\right) \div 1\dfrac{2}{15}$

（7）　$20.22 \times 32.5 - 202.2 \times 1.25 + 2022 \times 0.8$

（8）　$8 + 16 + 24 + 32 + 40 - 7 - 14 - 21 - 28 - 35$

（9）　$\left(0.1 + \dfrac{1}{2} \div \dfrac{1}{3}\right) \div 0.4 - \dfrac{1}{5}$

（10）　$\left\{\left(\dfrac{4}{5} - 0.125\right) \times \dfrac{5}{4} \div \left(\dfrac{5}{4} - 1\dfrac{1}{8}\right) - 0.75\right\} \div \dfrac{1}{6}$

2 次の□にあてはまる数や式を求めなさい。

（1） $\frac{8}{5}:2.4=$ □ $:1$

（2） 240 円の 3 割増しの値段は、□円の 2 割引きの値段と同じです。

（3） 縮尺が $\frac{1}{1000}$ の地図上で a cm の長さについて、文字を使った式で実際の長さを表すと□ m です。

3 次の各問いに答えなさい。

（1） 次の図は、正三角形を折り曲げてできた図形です。㋐の角の大きさを求めなさい。

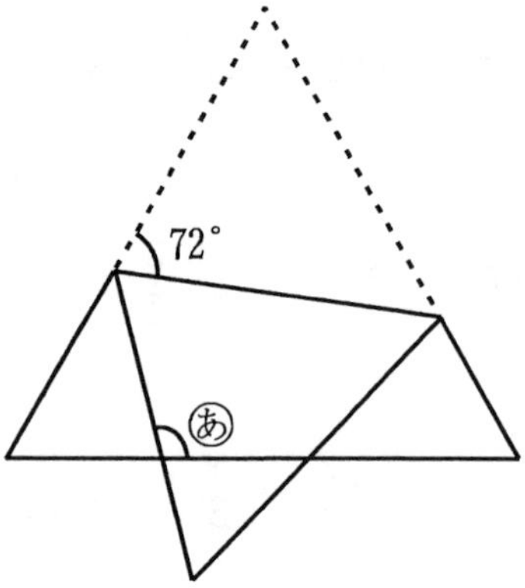

（2） 次の図は、面積が $30\ cm^2$ の 3 つの正三角形を横一列に並べたものです。色のついた部分の面積を求めなさい。

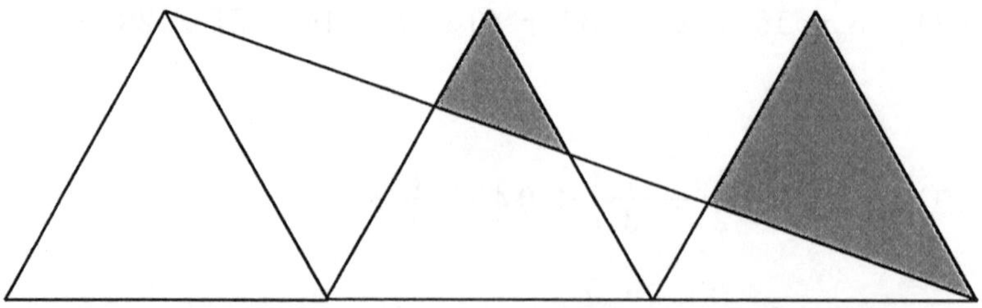

（３）　１個 60 円のミカンと１個 100 円のリンゴを合わせて 20 個買ったところ、合計の代金が 1400 円でした。このとき買ったリンゴの個数を求めなさい。

（４）　兄弟の年の差は５才です。７年後の兄の年れいは、今の弟の年れいの２倍になります。今の兄の年れいは何才ですか。

（５）　４時と５時の間で時計の長針と短針が反対方向に一直線になるときの時刻を答えなさい。

（６）　家から山の上の神社へ自転車で向かったところ、上りは平均時速 17 km 、下りは平均時速 33 km であった。上りと下りでかかった時間の差が８分だったとき、上りと下りでかかった時間の合計は何分ですか。

（７）　25 ％の食塩水 640 g に水を加えて20 ％の食塩水をつくるには、何 g の水を加えればよいですか。

（８）　タロウさん、ハナコさん、サトルさんの３人で折り紙のツルをたくさん作ることにしました。タロウさんは１羽作るのに４分かかります。ハナコさんとサトルさんは２人で 10 羽作るのに 10 分かかります。３人で 100 羽作るのにかかる時間は何分ですか。

（９）　タロウさん、ハナコさん、サトルさんの３人がテストを受けたところ、３人の平均点は 82 点でした。タロウさんの点数はハナコさんの点数より８点高く、サトルさんの点数はハナコさんの点数より５点低かったそうです。このとき、タロウさんの点数は何点ですか。

（10）　映画館の入口では、入場開始の午前９時にはすでに長い行列ができています。その後も毎分 10 人の割合で増えます。窓口を２つ使うと 50 分で行列がなくなり、窓口を３つ使うと、30 分で行列がなくなります。午前９時には何人の行列ができていましたか。

4 次のように、数をある規則にしたがってならべました。このとき、次の問いに答えなさい。

1，2，2，3，3，3，4，4，4，4，5，5，5，5，5，……

（1） 最初に出てくる 8 は、左から数えて何番目ですか。

（2） 左から数えて 100 番目の数はいくつですか。

5 タロウさんは家族で登山をすることになり、［　　］のような計画を立てました。このとき、次の問いに答えなさい。

> 山のふもとを 9 時 30 分に出発し、山頂まで 6 km の道のりを上り、山頂で 40 分休憩し、その後、同じ道を上りの 2 倍の速さで下り、 14 時 40 分に、ふもとに戻ってくる。

（1） 山頂には、何時何分に到着できますか。

（2） この計画を予定通り行うためには、下りの速さを時速何 km にすればよいですか。

【社　会】〈第１回入試〉（理科と合わせて50分）〈満点：50点〉

1　下の地図を見て、後の問いに答えなさい。

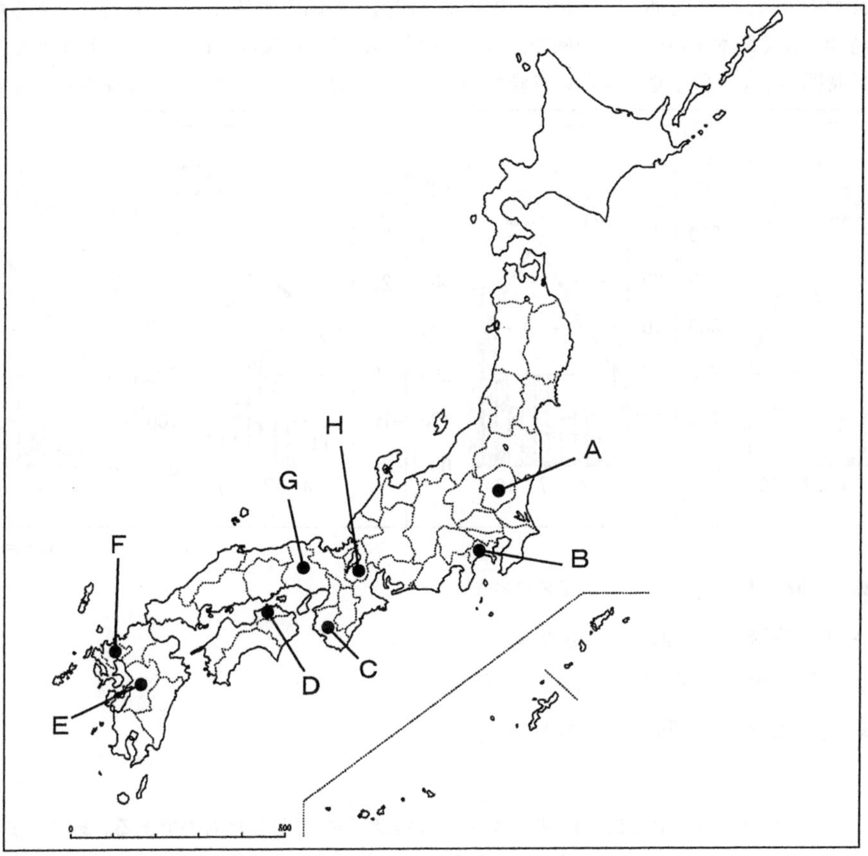

問１　地図中のＡ県について、県名と県庁所在地名を**漢字**で答えなさい。

問２　地図中のＢ県の説明としてもっともふさわしいものを**あ～え**から１つ選び、記号で答えなさい。

あ　この県は、東京湾アクアラインで千葉県木更津市《きさらづし》とつながっている。

い　この県は、川崎市・鎌倉市・相模原市など複数の政令指定都市をもっている。

う　この県の東部にある三浦半島では、キャベツやレタスなど高原野菜の栽培がさかんである。

え　この県の西部にある箱根町では、こけしが伝統工芸品としてもっとも有名である。

問３　地図中のＣ県の農業の説明としてもっともふさわしいものを**あ～え**から１つ選び、記号で答えなさい。

あ　日本最大級の規模《きぼ》の砂丘のきめ細かい土をいかして、ラッキョウの栽培をしている。

い　水はけのよい土壌《どじょう》と沖合《おきあい》を流れる黒潮がもたらす温暖な気候をいかし、ウメの栽培をしている。

う　真冬でも温暖な気候をいかし、サトウキビやパイナップルの栽培をしている。

え　米を収穫《しゅうかく》した後の水田を使った裏作《うらさく》として、チューリップの球根の栽培をしている。

問４　次の文章は地図中のＤ県の気候と農業の説明である。文章中の（　①　）～（　③　）にあてはまる語句の組み合わせとしてもっともふさわしいものを**あ～え**から１つ選び、記号で答えなさい。

> 瀬戸内では、一年を通し、本州の中国山地と四国の四国山地が（　①　）をさえぎるため、日照時間が長く降水量が少ない地域である。そのため、下の雨温図では（　②　）である。また、日照時間が長く、降水量が少ない気候をいかし、小豆島では（　③　）の生産がさかんである。

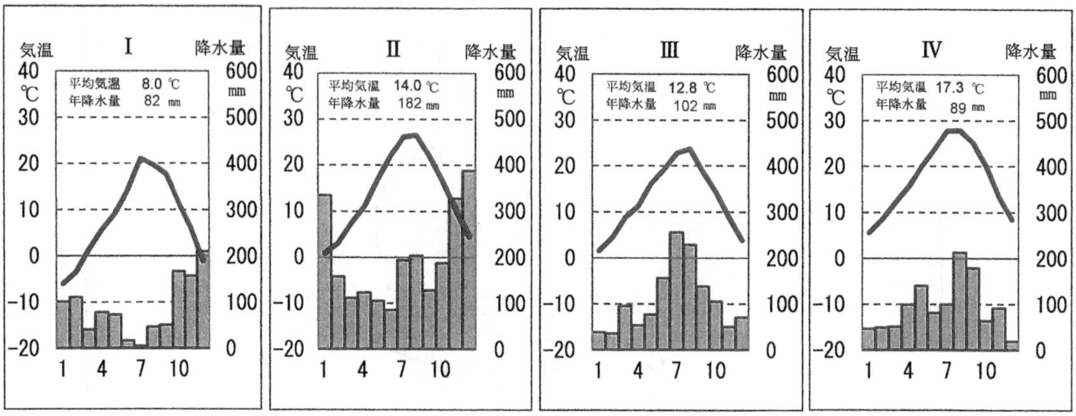

（2022年気象庁より）

あ　①偏西風《へんせいふう》　②Ⅰ　③タマネギ

い　①季節風《きせつふう》　②Ⅱ　③キュウリ

う　①偏西風　②Ⅲ　③ラ・フランス

え　①季節風　②Ⅳ　③オリーブ

問５　次の文はそれぞれ地図中のＥ～Ｈ県について、いずれかを説明したものである。あてはまる説明文を**あ～え**からそれぞれ選び、かつ県庁所在地名を**漢字**で答えなさい。

あ　県の南東部に広がる筑紫平野では稲作がさかんであり、県の東部に位置する有田市では白地にあざやかな色で絵付けされる伝統工芸品の有田焼が全国的に有名である。

い　県の南部に広がる阪神工業地帯では重化学工業がさかんであり、その西部にある姫路市には日本で最初に世界文化遺産に登録された姫路城がある。

う　県の西部に広がる八代平野ではいぐさの生産がさかんであり、県の北東部にあるカルデラは世界最大級の規模である。

え　県のほぼ中央に位置する琵琶湖では淡水魚や甲殻《こうかく》類・貝類などの漁業がおこなわれており、県南部で生産される伝統工芸品の信楽焼《しがらきやき》はタヌキの置物《おきもの》で有名である。

2　下の地図を見て、後の問いに答えなさい。

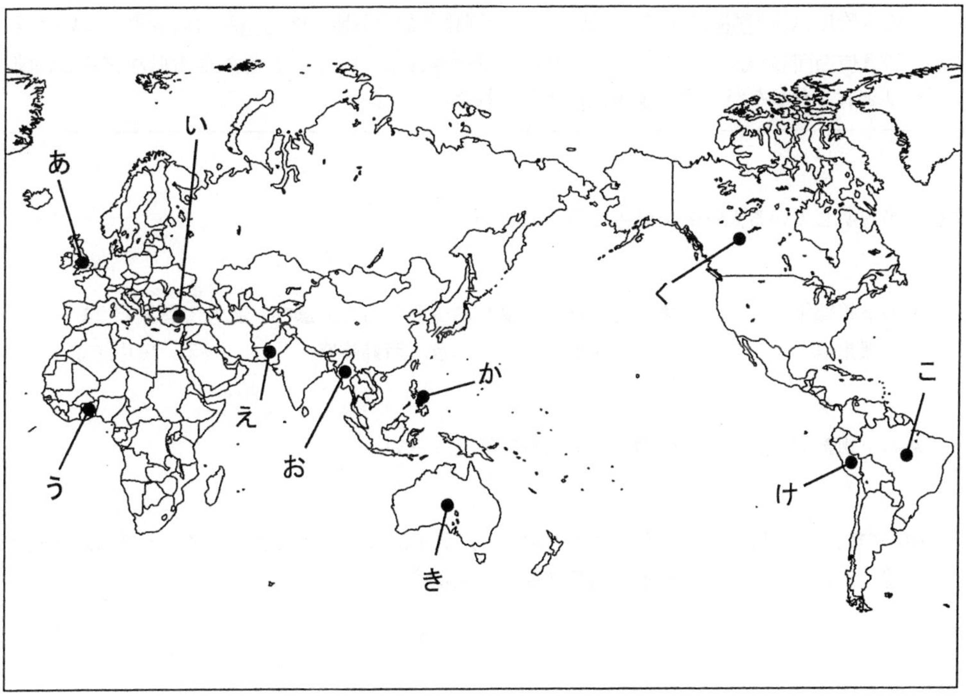

問１　トルコの位置を地図中の**あ〜こ**から選び、記号で答えなさい。

問２　フィリピンの位置を地図中の**あ〜こ**から選び、記号で答えなさい。

問３　次の文章の内容にあてはまる国を地図中の**あ〜こ**から記号で選び、国名を**カタカナ**で答えなさい。

> 日本人にも人気の観光地であるマチュピチュ遺跡やナスカの地上絵などで知られる観光立国である。1800 年代末には、日本からの移民が始まり、多くの日系人が住んでいる。1990 年には日系人のフジモリ氏が大統領になった。

問４　次の文章の内容にあてはまる国を地図中の**あ〜こ**から記号で選び、国名を**カタカナ**で答えなさい。

> 世界有数のカカオ豆の生産地であり、カカオの輸出によって経済が成り立っている。近年、金やダイヤモンドの産出もされておりこの国の経済を支えている。また、首都アクラには黄熱病の研究中に自らが感染《かんせん》し亡くなった野口英世の記念館がある。

3　Ａ～Ｄの文章を読んで、後の問いに答えなさい。

Ａ　この人物は、①薩摩藩に生まれ、藩の改革や倒幕運動で活躍し②明治政府の要職についたほか、岩倉使節団の一人としてヨーロッパにも派遣《はけん》された。（　③　）や廃藩置県など新しい国づくりをおこなったが、西南戦争後に暗殺された。

問１　文章Ａが説明している人物名を**漢字**で答えなさい。

問２　文章Ａの下線部①について、薩摩藩出身の人物を**あ**～**え**から１人選び、記号で答えなさい。

あ　大隈重信　　**い**　坂本龍馬　　**う**　西郷隆盛　　**え**　田中正造

問３　文章Ａの下線部②について、明治元年を西暦で答えなさい。

問４　天皇中心の政治を全国にゆきわたらせるために、大名が治めていた領地と領民を天皇に返させた、文章Ａの（　③　）にあてはまる語句を、**漢字４字**で答えなさい。

Ｂ　この人物は、尾張国の小さな大名であったが、④桶狭間の戦いで今川義元を破って勢いを強めた。その後たくみな戦法でまわりの大名を打ち破り、ついには将軍の（　⑤　）を京都から追放して室町幕府をほろぼした。

問５　文章Ｂが説明している人物名を**漢字**で答えなさい。

問６　文章Ｂの下線部④について、この戦いがおこなわれた場所を、次の地図中の**あ**～**え**から１つ選び、記号で答えなさい。

問７　文章**Ｂ**の（　⑤　）にあてはまる人物名を**漢字**で答えなさい。

問８　文章**Ｂ**の説明している人物のおこなったこととして**あやまっているもの**を**あ**～**え**から１つ選び、記号で答えなさい。

あ　一向宗信者と対立し、その中心地である石山本願寺を10年もの戦いのすえ降伏《こうふく》させた。
い　琵琶湖のほとりに安土城をきずき、天下統一の本拠地《ほんきょち》とした。
う　城下町では楽市・楽座をおこない、自由に商工業を営めるようにした。
え　農民への支配を高めるために、全国各地で検地や刀狩をおこなった。

Ｃ　この人物は、娘を天皇のきさきとし、天皇との関係を深め、競争相手の有力貴族を追放し勢力を強めた。⑥11世紀前半のこの人物とその子である頼通のとき、その勢いはもっともさかんになった。

問９　文章**Ｃ**が説明している人物名を**漢字**で答えなさい。

問10　文章**Ｃ**が説明している人物と同じ時代に活躍した人物としてもっともふさわしいものを**あ**～**え**から１人選び、記号で答えなさい。

あ　清少納言　　**い**　小野妹子　　**う**　卑弥呼　　**え**　北条政子

問11　文章**Ｃ**の下線部⑥について、この時代の文化の説明として**あやまっているもの**を**あ**～**え**から１つ選び、記号で答えなさい。

あ　びょうぶやふすま、絵巻物などにかかれた、日本風の絵である大和絵がはやった。
い　貴族の女性の服装では、中国風のものから十二単が着られるようになった。
う　かな文字が発明され、和歌や物語、日記文などの文学作品に使われた。
え　墨《すみ》の濃淡《のうたん》を使い分けて、雄大《ゆうだい》な自然をえがいた日本独自の水墨画が確立した。

Ｄ　この人物は、江戸幕府の３代将軍であり、生まれながらの将軍として政治をおこなった。大名に経済的な負担を負わせることを目的に（　⑦　）の制度を定め、キリスト教を禁止し、鎖国を完成するなどその後の幕府のあり方を決める政策を進めた。

問12　文章**Ｄ**が説明している人物名を**漢字**で答えなさい。

問13　文章**Ｄ**が説明している人物の肖像画《しょうぞうが》として、もっともふさわしいものを**あ～え**から１つ選び、記号で答えなさい。

あ

い

う

え

問14　文章**Ｄ**の（　⑦　）にあてはまる、大名を一年おきに江戸に住まわせる制度名を**漢字４字**で答えなさい。

問15　文章**Ａ～Ｄ**を古い順に並べたものを**あ～か**から１つ選び、記号で答えなさい。

あ　Ａ → Ｂ → Ｃ → Ｄ　　い　Ａ → Ｃ → Ｄ → Ｂ　　う　Ｂ → Ａ → Ｄ → Ｃ

え　Ｂ → Ｃ → Ａ → Ｄ　　お　Ｃ → Ｂ → Ｄ → Ａ　　か　Ｃ → Ｄ → Ｂ → Ａ

4 下の文章を読んで、後の問いに答えなさい。

国会で決められた予算や法律《ほうりつ》にもとづいて、国全体のためにいろいろな仕事を、責任をもっておこなうのが内閣である。内閣は国会で選ばれた（　①　）が、その中心になる。（　①　）は首相《しゅしょう》ともよばれ、それぞれ専門《せんもん》的な仕事を担当《たんとう》する国務大臣を任命し、大臣たちなどと会議（閣議《かくぎ》）を開いて政治の進め方を相談している。内閣のもとで実際の仕事を受けもつのは、②省や庁、委員会である。国務大臣は、担当する省の大臣として、分担《ぶんたん》された仕事を進めている。

一方、国の政治の方向を決めるのが、国会の重要な仕事である。国会には衆議院《しゅうぎいん》と（　③　）という二つの話し合いの場があり、国民生活にかかわる法律や政治を進めるための④予算などを多数決で決めている。二つの議院で話し合うのは、それの重要なことがらを（　⑤　）に決めていくからである。国会での話し合いは、国民の代表として選挙で選ばれた国会議員によって進められている。選挙で投票することは、満（　⑥　）才以上の国民に認められており、国民が政治に参加するための重要な権利である。

問１　（　①　）にあてはまる語句を**漢字６字**で答えなさい。

問２　下線部②について、この説明としてもっともふさわしいものを**あ～え**から１つ選び、記号で答えなさい。

あ　防衛省《ぼうえいしょう》は主に国土の整備や交通に関する仕事をおこなう。

い　総務省《そうむしょう》は主に教育や科学・文化・スポーツなどに関する仕事をおこなう。

う　宮内庁《くないちょう》は主に金融《きんゆう》機関の監督などの金融制度に関する仕事をおこなう。

え　国家公安委員会は主に警察の最高機関で、社会の安全に関する仕事をおこなう。

問３　（　③　）にあてはまる語句を**漢字３字**で答えなさい。

問４　下線部④について、予算を決めるときに重要なのは国の収入（歳入《さいにゅう》という）とその支出（歳出《さいしゅつ》という）の中身である。次の円グラフ、資料からわかることとして、もっともふさわしいものをあとの**あ～え**から１つ選び、記号で答えなさい。

平成２年度の国の予算

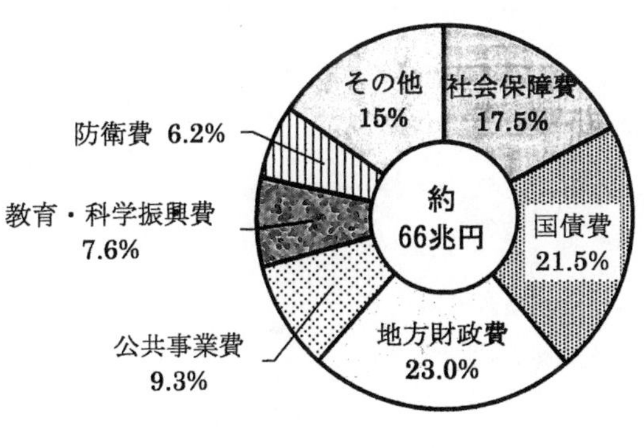

令和４年度の国の予算

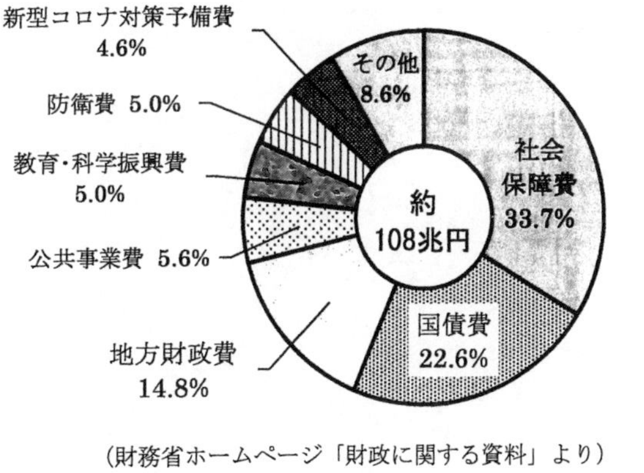

（財務省ホームページ「財政に関する資料」より）

1980～2019年の日本の出生数の変化

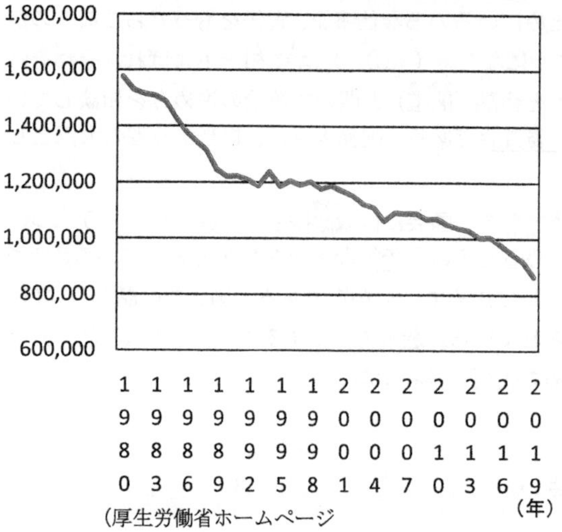

(厚生労働省ホームページ
「出生数、合計特殊出生率の推移」より)

2020 年の世界の軍事費国別ランキング

順位	国名	軍事費（百万アメリカドル）
1	米国	778,232
2	中国	252,304
3	インド	72,887
4	ロシア	61,713
5	イギリス	59,238
6	サウジアラビア	57,519
7	ドイツ	52,765
8	フランス	52,747
9	日本	49,149
10	韓国	45,735

(グローバルノート・国際統計・国別統計専門サイトより)

あ　生まれる子供の人数が増え、子育てを助けるために、社会保障費の割合が平成２年度にくらべて令和４年度は２倍近くになった。

い　地方財政費と公共事業費とを合わせた金額は平成２年度と令和４年度では大きな変化はない。

う　日本の周りには軍事的に心配される国がまったくないことから、防衛費にあてられる金額は平成２年度にくらべて令和４年度は大きく減らされた。

え　国の予算額が平成２年度にくらべて令和４年度は約 1.6 倍に増えたもっとも大きな理由は新型コロナウイルス対策予備費が予算の内容に加わったからである。

問５　（ ⑤ ）にあてはまる語句としてもっともふさわしいものを**あ**～**え**から１つ選び、記号で答えなさい。

あ　軽率《けいそつ》　　**い**　円滑《えんかつ》　　**う**　連続的　　**え**　慎重《しんちょう》

問６　（ ⑥ ）にあてはまる語句としてもっともふさわしいものを**あ**～**え**から１つ選び、記号で答えなさい。

あ　１６　　**い**　１８　　**う**　２０　　**え**　２５

【理　科】〈第１回入試〉（社会と合わせて50分）〈満点：50点〉

1　鉄しんにコイルを巻いた装置と方位磁針について答えなさい。

問１　　図１のように、コイルの中に鉄しんがある装置があります。この装置は、コイルに電流を流したり、流さなかったりすることで鉄を引き付けたり、引き付けた鉄をはなしたりすることができます。この装置の名前を答えなさい。

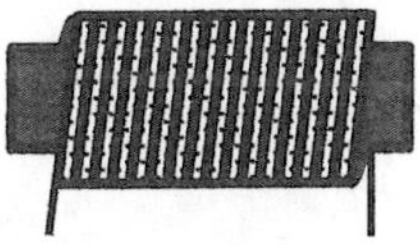

図１

問２　　問１の装置に電流を流し、方位磁針を置くと図２のようになりました。電流を逆向きに流すと方位磁針はどの向きになりますか。（あ）～（え）から１つ選び、記号で答えなさい。

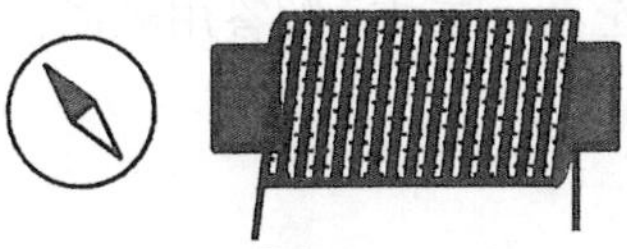

図２

（あ）

（い）

（う）

（え）

問３　　問２と同じように装置と方位磁針を置き、色々な大きさで電流を流し、その角度の変化を測ると、電流の大きさと方位磁針の角度の変化は表１のようになりました。角度の大きさは、図３のように、上から見たときに元の向きから左側に何度かたむいたかを表しています。あとの各問いに答えなさい。

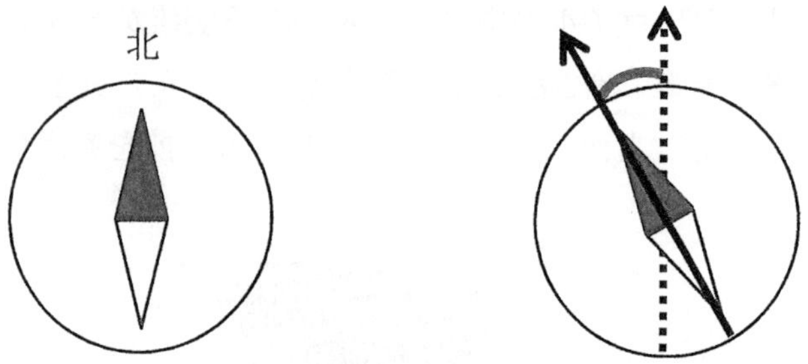

図３

表１

電流の大きさ	10	20	30	40	50
角度（度）	37	57	66	72	75

①　電流と角度の関係を考えます。解答用紙に、表１が示す点を５か所●で記入しなさい。

②　電流の大きさが 0 になったとき、角度はいくつになりますか。もっとも正しいものを、次の（あ）～（う）から１つ選び、記号で答えなさい。

（あ）0°　　（い）15°　　（う）30°

問４　　次の文の（　　）に当てはまる言葉を答えなさい。

方位磁針は地球のどこにいても、Ｎ極が（　①　）を指します。このことから地球は大きな（　②　）であり、方位磁針のＮ極が（　①　）側に引かれていると考えられます。したがって、地球は（　①　）側が（　③　）極の大きな（　②　）であるといえます。

2 砂糖や食塩を水にとかし、砂糖水や食塩水をつくる実験をしました。次の各問いに答えなさい。

【 実験１ 】

砂糖水をつくるときに、砂糖を入れすぎたので、砂糖はすべてとけませんでした。

問１ 実験１でとけきれなかった砂糖は、このあとどうなりますか。もっとも正しいものを、次の（あ）～（う）から１つ選び、記号で答えなさい。

（あ） 水面にうかぶ。

（い） 全体に広がり、砂糖水はにごる。

（う） 底にしずむ。

問２ 実験１で、このあと何をすれば砂糖をすべてとかすことができますか。簡単に答えなさい。

問３ 実験１でとけ残った砂糖を図のような道具を使って取り出す方法を何といいますか。

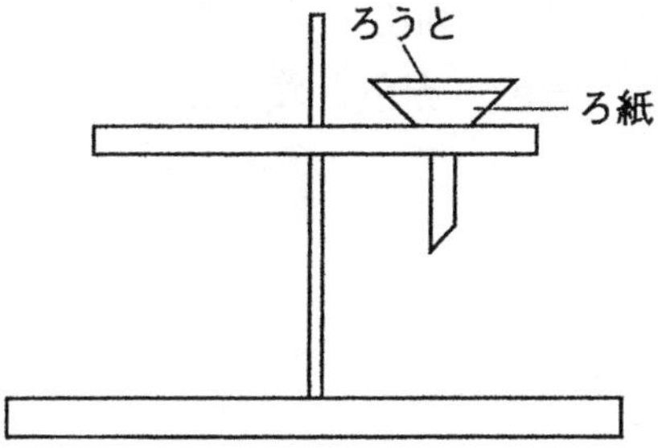

問４ 問３の道具の使い方としてもっとも正しいものを、次の（あ）～（え）から１つ選び、記号で答えなさい。

（あ）

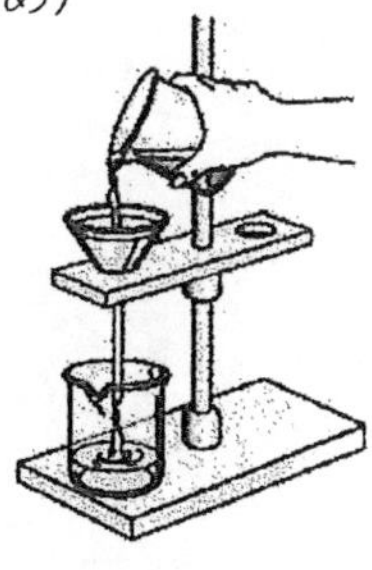

（い）

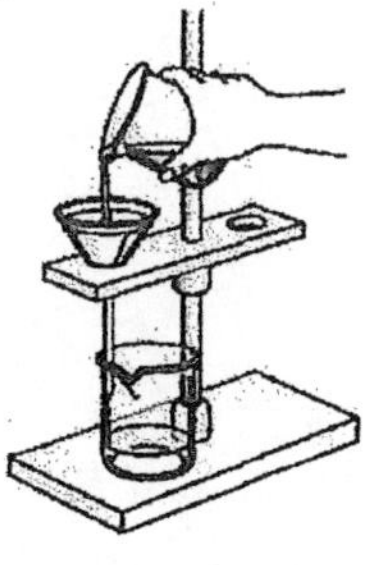

（う）

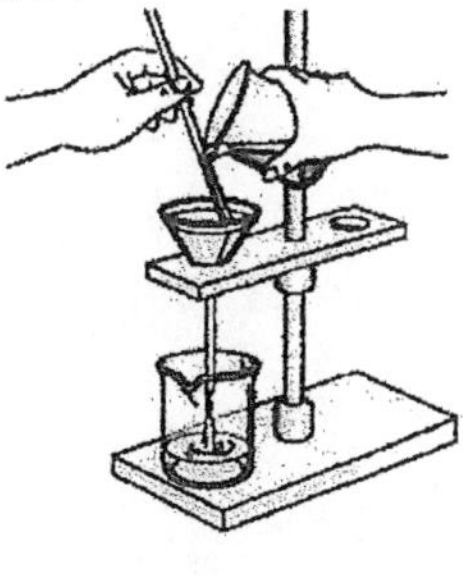

（え）

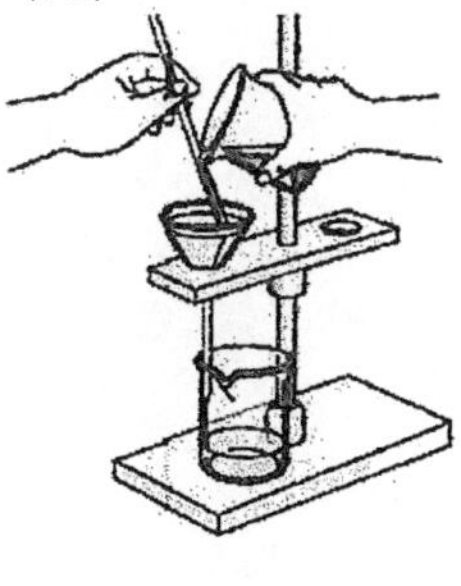

【　実験２　】

20℃の水に食塩をとかして、表のような濃《こ》さの食塩水をビーカーにつくりました。ただし、食塩は20℃の水100gに36gまでとけます。

	食塩水Ａ	食塩水Ｂ	食塩水Ｃ
濃さ	10%	15%	20%

問５　　食塩水Ａを100g取り出しました。この食塩水には、あと何gの食塩をとかすことができますか。

問６　　食塩水Ａ、Ｂ、Ｃの入ったビーカーに、食用色素でそれぞれ赤、緑、黄の色をつけました。このあと試験管にスポイトを使って、Ｃ、Ｂ、Ａの順に5gずつゆっくり注ぐと、どのようになりますか。もっとも正しいものを、次の（あ）～（え）から１つ選び、記号で答えなさい。

（あ）　すべての色がまざった。
（い）　上から赤色、緑色、黄色となった。
（う）　上から黄色、緑色、赤色となった。
（え）　上から緑色、黄色、赤色となった。

3 こん虫について、次の各問いに答えなさい。

問１　モンシロチョウの成虫をあみでつかまえて、体のつくりを調べました。調べて分かったことをまとめた次の文の（　①　）～（　③　）にあてはまる言葉を答えなさい。

モンシロチョウの体は、どれも（　①　）、（　②　）、（　③　）の３つの部分からできていて、（　①　）にあしがあり、（　②　）に目や口があります。

問２　モンシロチョウは体のつくりからこん虫とよばれています。次の（あ）～（け）からこん虫をすべて選び、記号で答えなさい。

（あ）ムカデ　（い）アリ　（う）ダンゴムシ
（え）クワガタムシ　（お）クモ　（か）ミミズ
（き）カナヘビ　（く）カマキリ　（け）トンボ

問３　モンシロチョウの足を解答欄《らん》の図に簡単にかきなさい。図は腹側から見たものです。

問４　モンシロチョウのたまごの色は何色ですか。次の（あ）～（え）から１つ選び、記号で答えなさい。

（あ）白色　（い）赤色　（う）黄色　（え）緑色

問５　モンシロチョウの卵はどのような形ですか。その形を簡単にかきなさい。

問６　モンシロチョウは、「卵 → よう虫 →（　①　）→ せい虫」の順に育ちます。（　①　）にあてはまる言葉を答えなさい。

問７　問６のように育つこん虫を１つ答えなさい。ただし、チョウやガ、問２の選択肢《し》以外のこん虫を答えること。

4　水のすがたについて、次の各問いに答えなさい。

問１　　図のようにビーカーの中に水を入れて、水面の位置にペンでしるしをつけました。そのあと、外へ水が出ていかないようにラップでふたをして日なたに置きました。しばらくするとビーカー内に変化が見られました。ビーカー内の変化を解答欄の図の中にかき入れなさい。

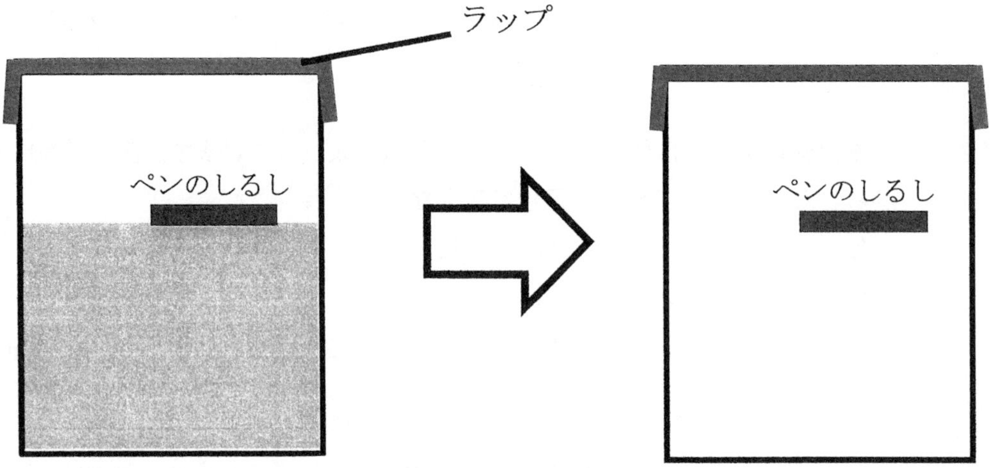

問２　　ビーカーに氷を入れて、加熱しました。温度の変化を調べると下のグラフのようになりました。あとの各問いに答えなさい。

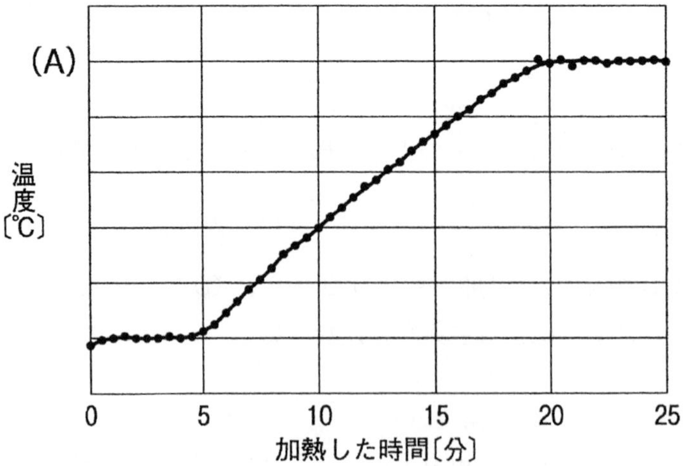

① (A) の温度は何℃ですか。

② 0分から5分のビーカーの中の水のすがたとして、もっとも正しいものを、次の（あ）～（え）から１つ選び、記号で答えなさい。

（あ）　固体
（い）　固体と液体
（う）　液体
（え）　液体と気体

③ 水がわきたって、中からさかんにあわが出ることを何といいますか。

④ あわが一番激しく出ているのはどの時間ですか。次の（あ）～（え）から１つ選び、記号で答えなさい。

（あ）　5分　　（い）　10分　　（う）　15分　　（え）　20分

問３　冷たいジュースをコップに入れると、コップのまわりに水てきがつきました。寒い外からあたたかい部屋に入るとかけていたメガネがくもりました。この２つのことは同じ理由でおこる現象です。この現象の名前を答えなさい。

また、次の文の（　　　）に言葉を入れて、この現象の説明として正しい文を完成させなさい。

（　①　）中にふくまれていた水蒸気が、冷たくなって（　②　）になったから。

問４　冬の早朝に霧《きり》が見られました。この霧は昼になると消えてしまいました。霧が消えた理由を簡単に説明しなさい。

問五　――線部②「少年は、はらはらしながら後を追った」とあるが、その理由として最もふさわしいものを次の中から一つ選び、記号で答えなさい。

ア　老人が山をどんどん登っていき、道に迷うのではないかと不安だから。
イ　老人に呼び出され、新聞を投げ出したことを怒られると思っているから。
ウ　老人の山を登るスピードに、このまま自分がついて行く自信がないから。
エ　老人が前日転んでしまい、今日も同じことになることを心配しているから。

問六　――線部③「そう思う」の説明として最もふさわしいものを次の中から選び、記号で答えなさい。

ア　自分だけが知っているすばらしいものの存在が、自分に何でもできるような自信を与えてくれる気がしていたということ。
イ　すばらしいものが自分の住んでいる地域にあることが誇らしく、多くの人たちにもぜひ知ってほしいと思ったということ。
ウ　偶然見つけたすばらしい景色を見ることによって、自分自身をふるいたたせることができるような気がしていたということ。
エ　自分しか知らないすばらしい景色のことを誰かに伝えなければ、自分が受け取った役目を終えられないと思ったということ。

問七　文章の内容としてふさわしくないものを次の中から一つ選び、記号で答えなさい。

ア　老人は、少年と昔の自分自身を重ね、自分だけが知っている特別なものを引き継ぎたいと考えた。
イ　老人は、自分が転んだところを少年に見られ、はずかしそうな様子でベンチに座り直した。
ウ　少年は、新聞配達の仕事でつかれ果て、もう辞めたいと思って山を登りひと休みしていた。
エ　少年は、前日の場所に一人で登り、老人が大切にしてきたものを確かに受け取ったと感じていた。

問一　〰〰線部（Ａ）「無造作」について、次の問いに答えなさい。

（１）読み方をひらがなで答えなさい。

（２）同じように「無」をつけて三字熟語が成立するものを次の中から一つ選び、記号で答えなさい。

ア　完成　　イ　関心　　ウ　自由　　エ　常識

問二　〰〰線部（Ｂ）「息を□で」は「おどろく様子」を表す慣用表現である。□に入る語を次の中から一つ選び、ふさわしい形に変えて答えなさい。

・むすぶ　　・のむ　　・あそぶ　　・はさむ

問三　（　Ⅰ　）～（　Ⅲ　）に入る語の組み合わせとして最もふさわしいものを次の中から選び、記号で答えなさい。

ア　どっかりと ― ぎょっと ― よろっと　　イ　べたと ― ころと ― がくりと

ウ　どっかりと ― ちらと ― がくりと　　エ　ちょっと ― ちらと ― ぎゅっと

問四　――線部①「老人が、ふと思いついたように、こちらを見上げる」とあるが、この時の「老人」を具体的に説明した次の文の（　　）にあてはまる表現を、文章中の語句を使って、十字以上十五字以内で答えなさい。

◆老人は少年に、朝日に輝いている（　　　　）を見せようと思いついた。

り抜け、やがて大きな岩陰《いわかげ》にたどり着いた。

「さあ、ここだ。ここから、向こうをのぞいてごらん。」

言われるままに、老人と位置を替《か》わって、岩の後ろから、指し示される方向を見た少年は、突然《とつぜん》、まばゆい白光《びゃっこう》に目を射られて立ちすくんだ。

遠い山脈の、山と山との間から、今まで見たこともなかった一つの峰《みね》が、真っ白な雪を頂いた美しい姿を、真正面に見せていたのである。

少年は息を（B）□で、初めて見るその峰に目を注いだ。今昇《のぼ》ろうとしている朝日の光を受けて、彼《かれ》に、彼だけに語りかけているような、その純白の山頂を。

「あれは、ここからだけしか見えんのだよ。」

つぶやくような老人の声に、少年は我に返って、二、三歩ずつ、体を左右にずらしてみた。なるほど、どちらへ動いても、雪の頂は、たちまち隣《となり》の峰に隠《かく》れてしまう。

この大きな岩のほとりの、一定の角度の所だけしか、その頂を望むことはできないのだった。

老人は、静かに言った。

「実は、私も、君くらいのとき、新聞配達をしていたんだよ。そして、君と同じように、毎朝、あそこの坂の上で、ひと休みしていた。ところがある日、ひどく疲《つか》れていたもんだから、ついうっかりして、一軒《けん》の家へ新聞を入れるのを忘れてね。あいにく、そこのおやじさんがやかましやだったから、うんと油を絞《しぼ》られた。わざとやったわけじゃない、あんなに怒《おこ》らなくてもいいじゃないか、と思ってね。もう新聞配達なんか辞《や》めちまおうと、腹立ち紛《まぎ》れにここまでのぼってきて、偶然《ぐうぜん》に、あの山を見つけたんだよ。

不思議な話だが、あれを見つけたとたん、もう、新聞配達を辞めるの、辞めないのなんてことは、どうでもよくなった。あんな美しいものが世の中にあって、それを自分だけが知っている。そのことが、何とも言えず、うれしくて、誇《ほこ》らしくてね。それからは、あの山が見ててくれる限り、何でもできるような気がしてきた。いや、それは、③そう思うばかりで、実際には、たいしたこともできなかったがね。

そうこうしているうちに、私も年を取った。このごろしきりに、あの山のことを誰《だれ》かに引き継《つ》がなくては、死ねないような気がしてきてね。それで、今朝は、君にここまで来てもらったのさ。」

老人と少年は、岩のほとりにたたずんで、いつまでも、朝日に輝《かがや》く遠い山を見つめていた。

明くる日、老人の姿はベンチになかった。少年は、昨日の場所に駆けのぼり、岩陰の僅《わず》かな隙間《すきま》から、白い神のような遠い山が浮《う》かび上がるのに見とれながら、あの老人が一生かけて心に温め続けてきたものを、自分が今、はっきりと心に受け継いだのを感じていた。

（杉《すぎ》　みき子《こ》氏の文章による）

四　次の文章を読んで、後の問いに答えなさい。

その坂は、かなり深い崖《がけ》の中腹にあった。片側は、草木の茂《しげ》るに任せた山の斜面《しゃめん》で、それでもさほど険しくはなく、ところどころ、人の歩いたらしい跡《あと》も見える。もう片側は、眼下に広がる田畑と村落を隔《へだ》てて、国境《くにざかい》の山脈を遠く望むことができた。

　坂をのぼり終わった所が、小さな広場になっていて、崖の縁《ふち》に、古びたベンチが二つ三つ置いてある。少年は、そこまでのぼってくると、汗《あせ》を拭《ぬぐ》って、（　Ⅰ　）ベンチに腰《こし》を下ろした。慣れてはいても、新聞配達の仕事はけっこうくたびれる。この坂をのぼりきった所で、山を見ながらひと休みするのが、少年の日課だった。

　今朝は、ベンチに先客がある。薄手《うすで》のカーディガンを(A)無造作に羽織った白髪《はくはつ》の老人で、ときどき、ここで見かける顔だった。老人は、少年の方を（　Ⅱ　）見返って、ベンチに投げ出された新聞の束に目を留めると、何か言いたそうな顔をしたが、そのまま黙《だま》って遠い山を眺《なが》めている。少年は気にも留めず、今日から新しく配達する得意先のことを忘れまいと、心に確かめていた。

　間もなく、老人は立ち上がって、静かに歩きだそうとしたが、何かにつまずいたものか、急に（　Ⅲ　）膝《ひざ》を折る。一瞬《いっしゅん》、起き上がれないのを見てとって、少年がすばやく手を貸した。

「大丈夫《だいじょうぶ》ですか。」

「大丈夫、大丈夫。」

老人はむしろ照れくさそうに、何度もうなずいてベンチにかけ直した。

「いや、年を取るとこれだからかなわん。ありがとう、ちょっと筋を違えたかと思ったが、ほら、もう何ともない。」

　ベンチにかけたまま足踏《あしぶ》みしてみせる老人に、少年は安心して、新聞の束を抱《かか》え直した。

　すると、①老人が、ふと思いついたように、こちらを見上げる。

「あした、ちょっと早く来て、付き合ってもらえないかな。君に見せたいものがあるんだよ。」

　何のことか分からず、ためらったものの、老人の優《やさ》しい目がふと懐《なつ》かしくなり、少年はうなずいて、町の方へと駆《か》けだしていった。

　明くる朝、早めに家を出た少年が、ひととおりの配達を済ませて坂の上へ出ると、老人はもう来ていて、すぐさまベンチから立ち上がってくる。

「やあ、勝手を言ってすまなかったね。早速《さっそく》だが、ちょっとこっちへ来てごらん。」

　老人は先に立って、山の斜面をずんずんのぼってゆく。②少年は、はらはらしながら後を追ったが、老人の足取りは意外に確かだった。

「もう少しだ。あ、こっち、こっち。」

　老人は、茂った木々の間を、迷路《めいろ》でもくぐるように慎重に選んで通

問七　――線部④「ばかり」と同じ用法のものを次の中から一つ選び、記号で答えなさい。

ア　それは十日ばかり前の事だった。　　イ　かがやくばかりの笑顔。

ウ　今、バスが到着したばかりだ。　　エ　子どもばかりのグループ。

問八　Ｂの詩の第二連の説明として最もふさわしいものを次の中から選び、記号で答えなさい。

ア　いつまでも手を振りつづける様子から、「わたし」のまじめさが感じられる。

イ　馬車から手を振る「わたし」にこたえる人がいないむなしさが表れている。

ウ　寂しく思う「わたし」の気持ちが、笛の音の聞こえ方にも影響している。

エ　ほろ馬車の笛の音によって、「わたし」の寂しい気持ちがまぎれている。

問九　――線部⑤「摘んだは」の意味として最もふさわしいものを次の中から選び、記号で答えなさい。

ア　摘んだので　　イ　摘んだのは　　ウ　摘んだが　　エ　摘んだならば

問十　Ａ・Ｂの詩の説明として最もふさわしいものを次の中から選び、記号で答えなさい。

ア　Ａ・Ｂどちらも花が咲く丘をきっかけに思い出がよみがえり、大切な人に思いをはせる様子をえがいている。

イ　Ａは「海」「船」「島」という言葉を並べることで、遠くへ旅をしてみたいという作者の願いを表している。

ウ　Ｂは「ゆられて」という言葉を二回使うことで、喜びと悲しみにゆれる「わたし」の思いを伝えている。

エ　Ａ・Ｂどちらもやわらかい口調で語りかけ、今はとりもどせない家族との時間の大切さを読者に教えている。

問一　Ａ・Ｂの詩の形式を次の中から一つ選び、記号で答えなさい。

ア　文語定型詩　**イ**　文語自由詩　**ウ**　口語定型詩　**エ**　口語自由詩

問二　Ａの詩に使われている表現技法を次の中から一つ選び、記号で答えなさい。

ア　擬態《ぎたい》語　**イ**　直喩《ちょくゆ》法　**ウ**　反復法　**エ**　体言止め

問三　——線部①「思い出」とはいつの「思い出」か。次の中から最もふさわしいものを選び、記号で答えなさい。

ア　母と景色をながめたとき　**イ**　母とみかんを収穫《しゅうかく》したとき

ウ　母と船で遠くへ旅をしたとき　**エ**　母と島で暮らしていたとき

問四　Ａの詩から読み取れないものを次の中からすべて選び、記号で答えなさい。

ア　手触《てざわ》り　**イ**　音　**ウ**　におい　**エ**　味　**オ**　色

問五　——線部②「れる」と同じ用法のものを次の中から一つ選び、記号で答えなさい。

ア　後ろの選手に抜かれる。　**イ**　あと一点が悔やまれる。

ウ　校長先生が話される。　**エ**　クラス委員に選ばれる。

問六　——線部③「お別れ惜しんで」とあるが、何との「お別れ」を「惜し」むのか。詩の中から抜き出しなさい。

三　次の加《か》藤《とう》省《しょう》吾《ご》氏の二つの詩を読んで、後の問いに答えなさい。

A　みかんの花咲《さ》く丘《おか》

みかんの花が　咲いている
①思い出の道　丘の道
はるかに見える　青い海
お船が遠く　かすんでる

黒い煙《けむり》を　はきながら
お船は　どこへ行くのでしょう
波に揺《ゆ》られて　島のかげ
汽笛が　ぼうと　鳴りました

何時《いつ》か来た丘　母さんと
一緒《いっしょ》にながめた　あの島よ
今日も　一人で　見ていると
やさしい母さん　②思われる

B　すずらんの花咲く丘

すずらん咲いてる　丘の上
お馬車にゆられて　はるばると
ねえさまお嫁《よめ》に　行きました
お花の咲く道　行きました

③お別れ惜《お》しんで　いつまでも
わたしはおててを　振《ふ》りました
聞こえてくるのは　ほろ馬車の
寂《さび》しいお笛の　④音ばかり

すずらん咲いてる　丘の上
ふたりで⑤摘《つ》んだは　いつのこと
月夜にゃリンリン　銀の鈴《すず》
ゆられてお夢を　見るでしょう

問八　――線部②「過ぎたるは及ばざるが如し」を、――線部③「『過ぎたるは及ばざるに如かず』と覚えていた」ことでどのようなことになるのか。次の中から最もふさわしいものを選び、記号で答えなさい。

ア　やらないよりも、やり過ぎるくらいの方がうまくいくという孔子の考えが否定されることになる。

イ　やりたいことよりも、やるべきことを優先すべきだという孔子の考えが否定されることになる。

ウ　がんばることと休むことは、交互《こうご》にやった方がよいという孔子の考えがくずれることになる。

エ　何かをするときには、ほどよく行うことが大切だという孔子の考えがくずれることになる。

問九　――線部④「母まで当然のように『過ぎたるは及ばざるに如かず、でしょ』と言う」とあるが、母が「過ぎたるは及ばざるに如かず」と言う理由を筆者はどのように考えているか。次の文の（　　　）にあてはまる表現を、文章中から十三字で抜《ぬ》き出しなさい。

◆母が「過ぎたるは及ばざるに如かず」と言うのは、幸田家がつながる徳川家康の（　　　）という考えが影響《えいきょう》しているのではないか。

問十　――線部⑤「『過ぎるか、及ばないか』を分かつ一線」とは何か。文章中から四十字以内で抜き出し、初めと終わりの三字ずつを答えなさい。

問十一　文章に表れている筆者の思いとして最もふさわしいものを次の中から選び、記号で答えなさい。

ア　口ぐせは家族を通してつながっていくことを心に留めておき、今、その口ぐせをそれぞれの家庭の子どもたちに伝えていくべきだ。

イ　自分の中で生きていることばは過去からのつながりの中で生きてきたものであり、これからもなくさず未来へとつながってほしい。

ウ　代々受けつがれてきたことばが時代を超えて自分の中に生きていることに気づき、その経緯をこれからもさぐっていくべきだ。

エ　ことばを使って他者とのコミュニケーションを図るためには、知らないことがあったり覚え違いがあったりしてはならない。

問二 〰〰線部（A）「詰めが□」が「最後の段階で台無しになること」という意味になるように□に入る言葉を次の中から一つ選び、記号で答えなさい。

ア あらい　**イ** つらい　**ウ** うすい　**エ** あまい

問三 〰〰線部（B）「つい」が直接係っている部分を次の中から一つ選び、記号で答えなさい。

つい **ア**三年ほど 前、格言を **イ**ひとつ、**ウ**間違って 覚えている ことに **エ**気づいた。

問四 〰〰線部（C）「□聞は□見に如かず」のそれぞれの□と同じ漢数字が入るものを次の中から一つ選び、記号で答えなさい。

ア □寸の虫にも□分の魂《たましい》　**イ** □度あることは□度ある
ウ □害あって□利なし　**エ** □里の道も□歩から

問五 〰〰線部（D）「武」の太字の部分は何画目か。算用数字で答えなさい。

問六（ Ⅰ ）～（ Ⅲ ）に入る語の組み合わせとして最もふさわしいものを次の中から選び、記号で答えなさい。

ア さらに ― もし ― まるで　**イ** たぶん ― どうして ― まさか
ウ ただ ― なぜ ― 決して　**エ** しかも ― さて ― まったく

問七 ――線部①「ことば」とはどのようなものだと言っているか。次の中から最もふさわしいものを選び、記号で答えなさい。

ア 意識してことばの数を増やしたり能力を磨かなくても、年齢《ねんれい》を重ねていけばおのずと身につくもの。
イ 生活の中に当然のようにあって意識して使ってはいないが、いいかげんに考えてはいけないもの。
ウ 人生には必要だと大切に残しておくこともあれば、必要ないとして捨ててしまうこともあるもの。
エ 自分の気持ちを相手に伝えたり物事を考えるときに使い、日常生活の中で最も役に立つもの。

（一八六七）年、二百五十年余の徳川幕府が瓦解《がかい》し（＝くずれ落ち）、明治新政府へと移り変わる年に生まれている。露伴の父母にとって明治維新《いしん》は世の中がひっくり返るほどの価値観の変化だったという。露伴は明治という新しい時代を生きており、もとより万事《ばんじ》控えめに忠勤に励《はげ》むというタイプではないが、大きく打って出るべきときの見極《みきわ》めは厳しかったという印象を受ける。自分を客観視し、自前の尺度（＝基準）に照らして物ごとを判断している。

　こうした見方は露伴の母・猷《ゆう》の家事全般《ぜんぱん》の教えの中にも色濃《こ》い。出しゃばりもせず、かといってめり込《こ》みもしない丁度のことを指す「出ず入らず」や、ほぼ同義だが、やんわりと上品さが醸《かも》し出される（＝それとなく作り出される）「程がいい」という表現にも現れている。いずれも、分相応か不相応かの基準の上に成り立つ価値観であり、分相応の「分」、つまり前述の⑤「過ぎるか、及ばないか」を分かつ一線がどこにあるのかといえば、それは家族やお互《たが》いよく理解しあっているコミュニティ※の中で長年培《つちか》われてきた内々の感覚なのだろう。

　「出ず入らず」や「程がいい」ということばは、時を経て今の私の日常にも生きている。日々、あたりまえと思って使っていることばが自分の語彙となるまでの経緯《けいい》をさぐろうとしてもわからないことが多い。だが、ふとしたきっかけで手がかりを得ることがある。過去からのつながりを体感し、今を生きる自分を介《かい》し（＝通して）、ことばの命がこの先もつながることを願っている。

（青木《あおき》　奈緒《なお》氏の文章による）

（注）※骨粗鬆症……骨の量が減って弱くなり、骨折しやすくなる病気。
※断捨離……不要なものを断《た》ち、捨て、物へのこだわりから離《はな》れること。
※「論語」、孔子……「論語」は孔子と弟子《でし》たちとのやりとりをまとめたもの。「孔子」は、中国の思想家。
※三十六計逃げるに如かず……計略には様々なものがあるが、困ったときは逃げるのが最良策であるということ。
※曾祖父・露伴……「曾祖父」はひいおじいさん。「露伴」は、明治から昭和期の小説家、幸田露伴のこと。
※十徳……男子の衣服の一つ。
※コミュニティ……地域社会・共同体。

問一　═線部（ａ）・（ｂ）のカタカナを、（ａ）は漢字に、（ｂ）は漢字とひらがなに直しなさい。

という。何かをし過ぎることは足りないことと同様、よろしくないという意味で、原典は※「論語」、孔子《こうし》の教えである。

これを私はどうしたことか、③「過ぎたるは及ばざるに如《し》かず」と覚えていた。「如し」を「如かず」とすれば、過ぎるのも足りないのも両方ともよろしくないとした孔子の均衡《きんこう》（＝バランス）は破られ、物足りないのはまだマシで、度を越《こ》せばより悪いこととなる。

意識してそう覚えたつもりもない。（　Ⅰ　）、なんとなくそんな口調で覚えていただけである。会話の中では「過ぎたるはなんとやらって言うからねぇ」などと、ぼかした使い方をすることもあるし、もしかしたら(C)「□聞は□見に如かず」や※「三十六計逃《に》げるに如かず」と混同したのかもしれない。

私にはありそうなことだと一応納得《なっとく》したものの、念のためと思って母の青木玉に尋《たず》ねると、なんと④母まで当然のように「過ぎたるは及ばざるに如かず、でしょ」と言う。私はあっけなく、責任回避《かいひ》の安堵《あんど》を覚えた。母がそう言い習わしてきたなら、瓜《うり》の蔓《つる》にやっぱり茄子《なす》はならない（＝平凡《へいぼん》な人間からは平凡な人間しか生まれない）のだ。

（　Ⅱ　）母が思い違いをしたかはわからない。母は戦後の混乱期とはいえ大学の国文科を出ており、性格も私よりはるかに慎重《しんちょう》である。間違えて覚えたというより、母方の幸田《こうだ》家の気質が出過ぎることを嫌《きら》ったのではないかという気がした。実際、「過ぎたるはなんとやら」という言い方は、母や祖母・幸田文《あや》の口調でも私の耳に残っていた。原典である「論語」は※曾祖父《そうそふ》・露伴《ろはん》の十八番《おはこ》（＝口ぐせ）のようなもので、いつのまにか自己流に変化させたのだろうと、そのときはそれ以上気に留めずに過ごしていた。

それから一年か一年半が過ぎたころ、何気なくテレビをつけていて、はっと目が吸い寄せられた。歴史を扱った番組で、江戸《えど》時代を治めた徳川将軍家の話だった。それ自体、（　Ⅲ　）めずらしいものではなかったが、徳川家康の遺訓が紹介《しょうかい》されていた。「人の一生は」で始まるさほど長くない文章で、その最後が「及ばざるは過ぎたるよりまされり」となっているのだ。

なるほど、さもありなん（＝そうなのだろう）、という気がした。幸田の家は代々徳川幕府に表坊主《ぼうず》として(b)ツカエており、身分は(D)武士だが、剃髪《ていはつ》して（＝髪《かみ》をそって）黒の※十徳を身につけていた。歌舞伎《かぶき》や時代劇でも時折見かける、登城した大名の世話役であり、早い話が城内の雑用係である。当時の先祖が何を考えていたか知る由《よし》もない（＝知るための手がかりはない）が、そうした身分にあれば、ピラミッドの頂点に君臨する（＝主君として国を治める）家康公の遺訓は絶対であろう。出過ぎるよりは控《ひか》えめを尊ぶ精神は、臣下の生活の隅々《すみずみ》にまで行き届いていたのではないだろうか。

祖母や母の話を聞き、書かれたものを通じて、私がわずかなりとも家の中の雰囲気《ふんいき》を想像できるのは曾祖父・露伴のころまでで、露伴は慶応《けいおう》三

問九　外来語と意味の組み合わせとして正しくないものを次の中から一つ選び、記号で答えなさい。

ア　プラン　――　計画　　**イ**　ユニーク　――　愉快《ゆかい》

ウ　タイトル　――　題名　　**エ**　スピーチ　――　演説

問十　◆の文の（　）内の敬語を、【例】を参考にして、敬語ではない普通の表現に直しなさい。

【例】どうぞ遠慮《えんりょ》なく（　めし上がっ　）てください。　→　（答え）食べる

◆「もうすぐお客様がこちらに（　いらっしゃる　）ので、急いで準備を終わらせてください。」

二

次の文章を読んで、後の問いに答えなさい。

普段《ふだん》、何気なく①ことばを使って人と会話し、自分の(a)イトは伝わったと信じ、自らもことばを使ってものごとを考えている。空気や水と同様、大切だが、在ることがあたりまえで、ことばの意味をひとつひとつ確認していたら、日常生活は立ち行かない。

だからといって、ことばを粗末《そまつ》に扱《あつか》って構わないなどとは思っていない。自分の持っている語彙《ごい》力、ことばを使う能力は意識して磨《みが》かねば気づかぬうちに失われ、歳《とし》を重ねるごとに円熟味を増すどころか、※骨粗鬆症《こつそしょうしょう》のようにすかすかになってしまう。ことばに関する限り、※断捨離《だんしゃり》しても風通しがよくなるわけでも、身軽にもなるまい。

ことばは、そのことばを使う人たちと共有する財産なのだが、自分では共有しているつもりで、できていないことがある。大抵《たいてい》は無知か、覚え違《ちが》いである。中学生になって、「凡例《はんれい》」を「ぼんれい」と読んで失敗したことがある。大人になる過程で、その程度の恥《は》ずかしい思いは何度したことか。直せば済むこと、調べればわかることと思っているから、なかなか身につかず、肝心《かんじん》な（＝最も重要な）ところで自分は(A)詰《つ》めが□ということもよく承知している。それを自覚しているだけ、まるで考えないよりは希望があると思って自らを慰《なぐさ》めている。

(B)つい三年ほど前、格言をひとつ、間違って覚えていることに気づいた。②「過ぎたるは及《およ》ばざるが如《ごと》し」とか、「過ぎたるは猶《なお》及ばざるが如し」

問四 対義語の組み合わせとして正しくないものを次の中から一つ選び、記号で答えなさい。

ア 消費 ― 生産　**イ** 進化 ― 後退　**ウ** 簡単 ― 複雑　**エ** 自然 ― 人工

問五 慣用句と意味の組み合わせとして正しいものを次の中から一つ選び、記号で答えなさい。

ア 耳打ちする ― 熱心に話を聞く　**イ** 耳が痛い ― 同じ事ばかり言われてうんざりする

ウ 小耳にはさむ ― ちらっと聞く　**エ** 耳を貸す ― 聞こうとして注意を集中する

問六 □に共通して入る体の部分を漢字で答えなさい。

・□を出す　・良薬は□ににがし　・異□同音

問七 意味が似ていることわざの組み合わせとして正しいものを次の中から一つ選び、記号で答えなさい。

ア 焼け石に水 ― 泣き面にはち　**イ** たなからぼたもち ― 二階から目薬

ウ うそも方便 ― けがの功名　**エ** のれんにうで押《お》し ― ぬかにくぎ

問八 作者と作品名の組み合わせとして正しいものを次の中から一つ選び、記号で答えなさい。

ア 川端《かわばた》 康成《やすなり》 ― 『伊豆《いず》の踊子《おどりこ》』　**イ** 太宰《だざい》 治《おさむ》 ― 『蜘蛛《くも》の糸』

ウ 芥川《あくたがわ》龍《りゅう》之《の》介《すけ》 ― 『銀河鉄道の夜』　**エ** 夏目《なつめ》漱石《そうせき》 ― 『走れメロス』

2023年度

國學院大學栃木中学校

【国　語】〈第一回入試〉（五〇分）〈満点：一〇〇点〉

※設問の都合で、作品の一部に省略、変更がある。
※句読点も一字として数えること。

一

次の各問いに答えなさい。

問一 送りがなが正しいものを次の中から一つ選び、記号で答えなさい。

ア 費やす　**イ** 営なむ　**ウ** 快よい　**エ** 商なう

問二 漢字の誤りがないものを次の中から一つ選び、記号で答えなさい。

ア 左右対照の図形をかく。
イ 厚いかべを敗る。
ウ よい成績を収める。
エ 学校を市民に解放する。

問三 ↓の向きに注意して次の□に漢字一字を入れると、それぞれ二字の熟語が四つずつ成立する。それぞれの□に入る漢字を考え、組み合わせて完成する熟語を答えなさい。

首
↓
人 → □ → 手
↓
性

見
↓
本 → □ → 時
↓
然

2023年度

國學院大栃木中学校　▶解説と解答

算　数　＜第１回試験＞（50分）＜満点：100点＞

解　答

1 (1) 96　(2) 1　(3) 71.325　(4) 6.86　(5) $\frac{5}{12}$　(6) 2　(7) 2022　(8) 15　(9) $3\frac{4}{5}$　(10) 36　2 (1) $\frac{2}{3}$　(2) 390円　(3) $10\times a$（m）　3 (1) 96度　(2) 25cm^2　(3) ５個　(4) 17才　(5) ４時$54\frac{6}{11}$分　(6) 25分　(7) 160 g　(8) 80分　(9) 89点　(10) 1500人　4 (1) 29番目　(2) 14　5 (1) 12時30分　(2) 時速４km

解　説

1 四則計算，計算のくふう

(1) $288\div24\times8=12\times8=96$

(2) $234\div9-5\times5=26-25=1$

(3) $2.25\times31.7=71.325$

(4) $23.2-4.3\times3.8=23.2-16.34=6.86$

(5) $\frac{1}{2}+\frac{2}{3}-\frac{3}{4}=\frac{6}{12}+\frac{8}{12}-\frac{9}{12}=\frac{5}{12}$

(6) $\left(2\frac{3}{5}-\frac{1}{3}\right)\div1\frac{2}{15}=\left(\frac{13}{5}-\frac{1}{3}\right)\div\frac{17}{15}=\left(\frac{39}{15}-\frac{5}{15}\right)\div\frac{17}{15}=\frac{34}{15}\div\frac{17}{15}=\frac{34}{15}\times\frac{15}{17}=2$

(7) $20.22\times32.5-202.2\times1.25+2022\times0.8=20.22\times32.5-20.22\times10\times1.25+20.22\times100\times0.8=20.22\times32.5-20.22\times12.5+20.22\times80=20.22\times(32.5-12.5+80)=20.22\times100=2022$

(8) $8+16+24+32+40-7-14-21-28-35=8\times1+8\times2+8\times3+8\times4+8\times5-7\times1-7\times2-7\times3-7\times4-7\times5=8\times(1+2+3+4+5)-7\times(1+2+3+4+5)=(8-7)\times(1+2+3+4+5)=1\times15=15$

(9) $\left(0.1+\frac{1}{2}\div\frac{1}{3}\right)\div0.4-\frac{1}{5}=\left(0.1+\frac{1}{2}\times\frac{3}{1}\right)\div0.4-\frac{1}{5}=\left(0.1+\frac{3}{2}\right)\div0.4-\frac{1}{5}=(0.1+1.5)\div0.4-\frac{1}{5}=1.6\div0.4-\frac{1}{5}=4-\frac{1}{5}=3\frac{4}{5}$

(10) $\left\{\left(\frac{4}{5}-0.125\right)\times\frac{5}{4}\div\left(\frac{5}{4}-1\frac{1}{8}\right)-0.75\right\}\div\frac{1}{6}=\left\{\left(\frac{4}{5}-\frac{1}{8}\right)\times\frac{5}{4}\div\left(\frac{5}{4}-\frac{9}{8}\right)-\frac{3}{4}\right\}\div\frac{1}{6}=\left\{\left(\frac{32}{40}-\frac{5}{40}\right)\times\frac{5}{4}\div\left(\frac{10}{8}-\frac{9}{8}\right)-\frac{3}{4}\right\}\div\frac{1}{6}=\left(\frac{27}{40}\times\frac{5}{4}\div\frac{1}{8}-\frac{3}{4}\right)\div\frac{1}{6}=\left(\frac{27}{40}\times\frac{5}{4}\times\frac{8}{1}-\frac{3}{4}\right)\div\frac{1}{6}=\left(\frac{27}{4}-\frac{3}{4}\right)\div\frac{1}{6}=6\div\frac{1}{6}=6\times\frac{6}{1}=36$

2 比，売買損益，文字式

(1) A：B＝C：DのときA×D＝B×Cより，$\frac{8}{5}:2.4=\square:1$ のとき，$2.4\times\square=\frac{8}{5}\times1=\frac{8}{5}$　よって，$\square=\frac{8}{5}\div2.4=\frac{8}{5}\div\frac{12}{5}=\frac{8}{5}\times\frac{5}{12}=\frac{2}{3}$である。

(2) 240円の３割増しの値段は，$240\times(1+0.3)=312$(円)である。これが，□円の２割引きの値段と同じだから，□円の，１－0.2＝0.8(倍)が312円である。よって，312÷0.8＝390(円)。

(3)　100cm＝１mより，縮尺が$\frac{1}{1000}$の地図上で$a$cmの長さについて，文字を使った式で実際の長さを表すと，a×1000÷100＝10×a(m)となる。

3　平面図形―角度，平面図形―辺の比と面積の比・相似，つるかめ算，相当算，時計算，速さ，濃度，仕事算，和差算，ニュートン算

(1)　右の図１で，もとの三角形は正三角形なので，●をつけた角の大きさはいずれも60度である。また，正三角形を折り曲げてできた図形なので，(い)の角の大きさは72度，(う)の角の大きさは，180－72×２＝36(度)となる。よって，(え)の角の大きさは，180－(36＋60)＝84(度)だから，(あ)の角の大きさは，180－84＝96(度)とわかる。

図１
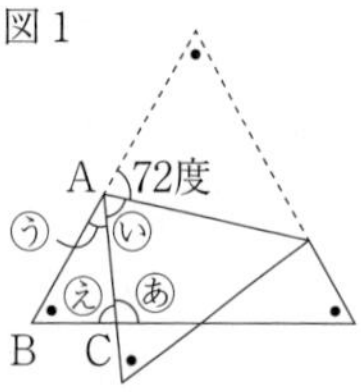

(2)　右の図２で，三角形ACPと三角形EFPは相似で，AP：EP＝AC：EF＝２：１なので，三角形APFの面積は，30×$\frac{2}{2+1}$＝20(cm^2)である。また，三角形BCQと三角形EFQは相似で，BQ：EQ＝BC：EF＝１：１，同様に，三角形BCRと三角形DFRは相似で，BR：DR＝BC：DF＝１：２なので，三角形BRQの面積は，30×$\frac{1}{1+1}$×$\frac{1}{1+2}$＝５(cm^2)となる。以上より，色のついた部分の面積は，20＋５＝25(cm^2)である。

図２
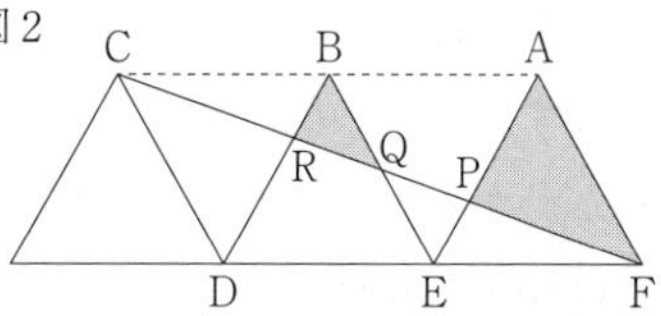

(3)　ミカンだけを20個買ったとすると，合計の代金は，60×20＝1200(円)になるが，実際の代金は1400円なので，1400－1200＝200(円)の差がある。ミカン１個をリンゴ１個に置きかえるごとに，代金が，100－60＝40(円)ずつ増えるので，リンゴは，200÷40＝５(個)買った。

(4)　今の弟の年れいを①才として，兄と弟の年れいを線分図で表すと，右の図３のようになる。②－①＝①が，５＋７＝12にあたるので，今の兄の年れいは，12＋５＝17(才)である。

図３
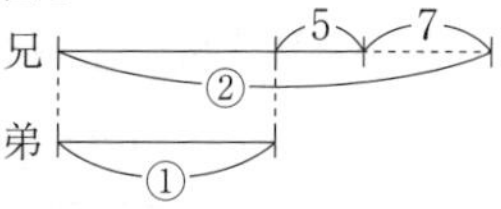

(5)　時計の数字と数字は，360÷12＝30(度)ずつ離れている。また，長針は，毎分，360÷60＝６(度)，短針は，毎分，30÷60＝0.5(度)動く。４時ちょうどに，長針は12，短針は４を指していて，両針は，30×４＝120(度)離れている。つまり，長針が短針よりも120度多く動くと，両針は重なり，さらに長針が短針よりも180度多く動くと，長針と短針が反対方向に一直線になる。そのためには，長針が短針よりも，120＋180＝300(度)多く動く必要がある。長針は短針よりも，１分につき，６－0.5＝5.5(度)だけ多く動くから，300÷5.5＝300÷$\frac{11}{2}$＝300×$\frac{2}{11}$＝$\frac{600}{11}$＝54$\frac{6}{11}$(分後)より，４時54$\frac{6}{11}$分に長針と短針が反対方向に一直線になる。

(6)　上りの平均時速が17km，下りの平均時速が33kmなので，上りと下りでかかった時間の比は，$\frac{1}{17}$：$\frac{1}{33}$＝33：17である。この比の差の，33－17＝16が８分にあたるから，比の１の値は，８÷16＝0.5(分)で，上りと下りでかかった時間の合計は，0.5×(33＋17)＝25(分)となる。

(7)　25％の食塩水640gには，食塩が，640×0.25＝160(g)ふくまれていて，この食塩の重さは，食塩水に水を加えても変わらない。食塩が160gふくまれている食塩水の濃さを20％にするには，食塩水の重さを，160÷0.2＝800(g)にすればよいから，水を，800－640＝160(g)加えればよい。

(8)　ハナコさんとサトルさんは，２人で10羽作るのに10分かかるので，２人で１羽作るのに，10÷10＝１(分)かかる。一方，タロウさんは１羽作るのに４分かかるから，４分につき，３人で，１＋１×４＝５(羽)作れることになる。これを，100÷５＝20(回)くり返せばよいから，３人で100羽作るのにかかる時間は，４×20＝80(分)である。

⑼　３人の平均点が82点だから，合計点は，82×３＝246(点)である。３人の点数を線分図で表すと，右の図４のようになる。タロウさんの点数は，ハナコさんの点数より８点高く，サトルさんの点数より，５＋８＝13(点)高いので，タロウさんの点数は，(246＋８＋13)÷３＝89(点)とわかる。

図４

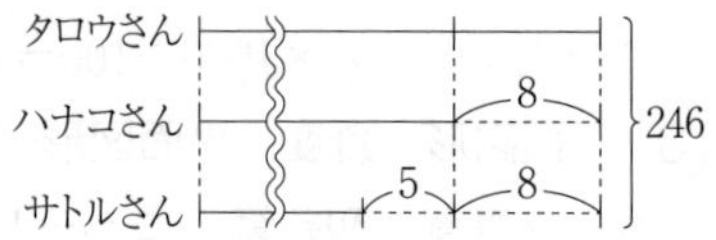

⑽　午前９時の行列に並んでいた人の数を□人とし，１つの窓口から減る人の数を，毎分①人とする。窓口を２つ使うと，はじめの□人に加えて，10×50＝500(人)が増え，②×50＝⑩⓪(人)が減る。同様に，３つ使うと，はじめの□人に加えて，10×30＝300(人)が増え，③×30＝⑨⓪(人)が減る。これを線分図で表すと，右の図５のようになる。この図５から，⑩⓪－⑨⓪＝⑩(人)が，500－300＝200(人)にあたるとわかる。つまり，①＝200÷10＝20(人)なので，□＝20×100－500＝1500(人)より，午前９時には1500人の行列ができていた。

図５

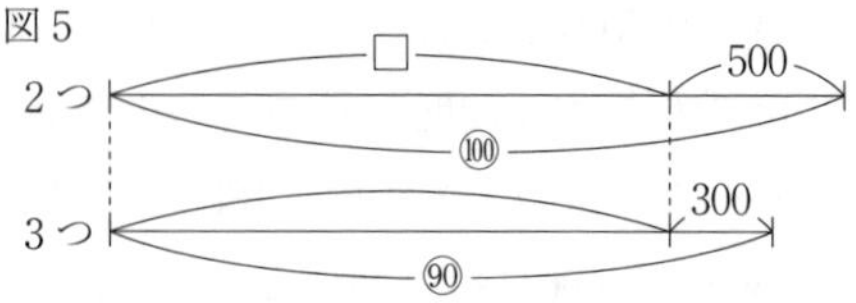

4　数列

⑴　右の図のように，数列に並んでいる数を，１個，２個，３個，…の組に分け，それぞれの数字の組を，順に第１組，第２組，第３組，…とする。このとき，第Ｎ組には，数のＮがＮ個並んでいる。つまり，最初の８が出てくるのは，第８組の１番目である。第１組には１個，第２組には２個，…，第７組には７個の数が並んでいるから，最初に出てくる８は，左から数えて，１＋２＋３＋４＋５＋６＋７＋１＝(１＋７)×７÷２＋１＝29(番目)となる。

１／２，２／３，３，３／４，４，４，４／５，５，５，５，５／…
第１組　第２組　第３組　第４組　第５組

⑵　１＋２＋３＋…＋13＝91，１＋２＋３＋…＋14＝105より，左から数えて91番目の数で第13組が終わり，105番目の数で第14組が終わる。左から数えて100番目の数は第14組にふくまれるから，その数は14である。

5　速さと比

⑴　山のふもとを９時30分に出発してから，14時40分にふもとに戻ってくるまでにかかる時間は，14時40分－９時30分＝５時間10分である。このうち，山を上り下りしている時間は，５時間10分－40分＝４時間30分，つまり，60×４＋30＝270(分)である。下りの速さが上りの２倍ということは，上りと下りの速さの比は１：２で，かかる時間の比は，$\frac{1}{1}:\frac{1}{2}=2:1$である。上りには，270×$\frac{2}{2+1}$＝180(分)，つまり，180÷60＝３より，３時間かかる予定だから，山頂には，９時30分＋３時間＝12時30分に到着できる。

⑵　⑴より，下るときは，６kmの道のりを，270－180＝90(分)，つまり，90÷60＝1.5より，1.5時間で下る必要があるから，下りの速さを，時速，６÷1.5＝４(km)にすればよい。

社会　＜第１回試験＞（理科と合わせて50分）＜満点：50点＞

解答

1　**問１**　(県名，県庁所在地名の順に)栃木(県)，宇都宮(市)　**問２**　あ　**問３**　い　**問**

４　え　**問５**　(記号，県庁所在地名の順に)Ｅ　う，熊本(市)　Ｆ　あ，佐賀(市)　Ｇ　い，神戸(市)　Ｈ　え，大津(市)　**2**　**問１**　い　**問２**　か　**問３**　(記号，国名の順に)け，ペルー　**問４**　(記号，国名の順に)う，ガーナ　**3**　**問１**　大久保利通　**問２**　う　**問３**　1868(年)　**問４**　版籍奉還　**問５**　織田信長　**問６**　う　**問７**　足利義昭　**問８**　え　**問９**　藤原道長　**問10**　あ　**問11**　え　**問12**　徳川家光　**問13**　う　**問14**　参勤交代　**問15**　お　**4**　**問１**　内閣総理大臣　**問２**　え　**問３**　参議院　**問４**　い　**問５**　え　**問６**　い

解　説

1　都道府県についての問題

問１　Ａは北関東の内陸部の栃木《とちぎ》県を示している。栃木県の県庁所在地は宇都宮《うつのみや》市である。

問２　Ｂは関東地方南部に位置しており，神奈川《かながわ》県を示している。東京湾《わん》アクアラインは神奈川県川崎《かわさき》市と千葉県木更津《きさらづ》市を結んでいるので，あが正しい。神奈川県にある政令指定都市は，横浜《よこはま》市・川崎市・相模原《さがみはら》市の３市で，鎌倉《かまくら》市は政令指定都市ではないので，いは誤り。三浦《みうら》半島は神奈川県南東部に位置しており，温暖な気候をいかしたキャベツやダイコンなどの露地栽培《ろじさいばい》が盛んであり，抑制《よくせい》栽培による高原野菜の栽培は盛んではないので，うは誤り。箱根町は神奈川県西部に位置しており，寄木細工が伝統工芸品として知られているが，こけしは箱根町の伝統工芸品ではないので，えは誤り。

問３　Ｃは近畿《きんき》地方南部の和歌山県を示している。和歌山県の沖合には黒潮が流れており，温暖な気候をいかしたウメの栽培が盛んなことから，いがＣ県(和歌山県)の農業の説明として正しい。あは「日本最大級の規模の砂丘《さきゅう》」が鳥取砂丘と考えられることや「ラッキョウの栽培」から鳥取県について説明している。うについて，「サトウキビやパイナップルの栽培」は沖縄県で盛んである。えについて，「チューリップの球根の栽培」は富山県で盛んである。

問４　Ｄは四国地方の香川県を示している。瀬戸内《せとうち》では，一年を通して本州の中国山地と四国の四国山地によって季節風がさえぎられるため，日照時間が長く降水量が少ない瀬戸内の気候がみられる。Ⅰ～Ⅳの雨温図のなかで，瀬戸内の気候にあてはまるのはⅣである。また，小豆《しょうど》島ではオリーブの栽培が盛んである。よって，えの組み合わせが正しい。

問５　Ｅは九州地方の熊本県を示しており，熊本県の県庁所在地は熊本市である。Ｆは九州地方の佐賀《さが》県を示しており，佐賀県の県庁所在地は佐賀市である。Ｇは近畿地方の兵庫県を示しており，兵庫県の県庁所在地は神戸市である。Ｈは近畿地方の滋賀《しが》県を示しており，滋賀県の県庁所在地は大津《おおつ》市である。あは，「筑紫《つくし》平野では稲作がさかん」「有田焼」などから佐賀県についての説明である。いは，「阪神工業地帯」「姫路《ひめじ》城」などから兵庫県についての説明である。うは，「八代《やつしろ》平野」などから熊本県についての説明である。熊本県の北東部には，阿蘇《あそ》山のカルデラがみられる。えは，「琵琶湖《びわこ》」「信楽《しがらき》焼」などから滋賀県についての説明である。

2　世界地理についての問題

問１　トルコはアジアとヨーロッパの領域にまたがっており，地中海や黒海に面していることから，いが正しい。なお，あはイギリス，うはガーナ，えはパキスタン，おはミャンマー，かはフィリピン，きはオーストラリア，くはカナダ，けはペルー，こはブラジルを示している。

問２　フィリピンは東南アジアに位置する島国であることから，かが正しい。

問３　「マチュピチュ遺跡《いせき》」や「ナスカの地上絵」はペルーにある。ペルーは南米の太平洋側に位置しているので，けが正しい。

問４　「世界有数のカカオ豆の生産地」であることや，野口英世《のぐちひでよ》が亡くなった地であることなどから，ガーナについての説明である。ガーナはアフリカのギニア湾に面した位置にあることから，うが正しい。

3 歴史上の人物と関連するできごとについての問題

問１　薩摩藩《さつまはん》(鹿児島《かごしま》県)出身で，岩倉使節団の一人としてヨーロッパに派遣《はけん》され，西南戦争後に暗殺された人物は，大久保利通《おおくぼとしみち》である。

問２　薩摩藩出身の人物は，うの西郷隆盛《さいごうたかもり》である。西郷隆盛は，戊辰《ぼしん》戦争の際に勝海舟《かつかいしゅう》と江戸《えど》城の明けわたしについて話し合ったことや，1877年に西南戦争を起こしたことなどで知られる。あの大隈重信《おおくましげのぶ》は肥前《ひぜん》藩(佐賀県)出身，いの坂本龍馬《さかもとりょうま》は土佐《とさ》藩(高知県)出身である。えの田中正造《たなかしょうぞう》は足《あし》尾銅山鉱毒《おどうざんこうどく》事件の解決に取り組んだ人物である。

問３　明治元年は1868年である。

問４　大名が治めていた領地と領民を天皇に返上させたできごとを，版籍奉還《はんせきほうかん》という。版籍奉還は1869年に行われた。

問５　尾張《おわり》国の大名で，桶狭間《おけはざま》の戦いで今川義元《いまがわよしもと》を破り，室町幕府をほろぼした人物は，織田信長《おだのぶなが》である。

問６　桶狭間は尾張国(現在の愛知県西部)に位置しているので，うが正しい。

問７　織田信長は，室町幕府15代将軍足利義昭《あしかがよしあき》を1573年に京都から追放して，室町幕府をほろぼした。

問８　農民への支配を高めるために全国各地で検地や刀狩《かたながり》をおこなったのは織田信長ではなく豊《とよ》臣秀吉《とみひでよし》なので，えが織田信長のおこなったこととして誤っている。織田信長は石山本願寺を10年もの戦いのすえ降伏《こうふく》させた。また，琵琶湖のほとりに安土城をきずいて，城下町で楽市・楽座をおこない，自由に商工業を営めるようにした。

問９　「娘を天皇のきさきとし，天皇との関係を深め，競争相手の有力貴族を追放し勢力を強めた」のは藤原《ふじわら》氏である。「子である頼通《よりみち》」とは藤原頼通のことだとわかるので，Ｃが説明している人物は藤原道長《みちなが》である。

問10　藤原道長は平安時代の人物であり，清少納言《せいしょうなごん》は平安時代の女流作家なので，あの清少納言が正しい。いの小野妹子《おののいもこ》は飛鳥時代に遣隋使《けんずいし》として派遣された人物である。うの卑弥呼《ひみこ》は弥生《やよい》時代の邪馬台国《やまたいこく》の女王である。えの北条政子《ほうじょうまさこ》は鎌倉幕府を開いた源頼朝《みなもとのよりとも》の妻である。

問11　藤原道長のころには国風文化が栄えていた。日本独自の水墨画《すいぼくが》は，室町時代に雪舟《せっしゅう》が大成したので，えが国風文化の説明として誤っている。国風文化のころには日本風の絵である大和《やまと》絵がはやり，貴族の女性の服装では十二単《じゅうにひとえ》が着られるようになり，かな文字が発明され和歌や物語，日記文などの文学作品に使われた。

問12　江戸幕府３代将軍は，徳川家光《とくがわいえみつ》である。

問13　うが徳川家光の肖像画《しょうぞうが》である。なお，あは源頼朝，いは豊臣秀吉，えは聖徳太子《しょうとくたいし》の肖像画である。

問14　徳川家光が1635年に制度化した，大名を一年おきに江戸に住まわせる制度は，参勤交代である。

問15　Ａの大久保利通は幕末から明治初期にかけて活躍《かつやく》した人物，Ｂの織田信長は安土桃山《ももやま》時代に活躍した人物，Ｃの藤原道長は平安時代に活躍した人物，Ｄの徳川家光は江戸時代に活躍した人物である。したがって，Ｃ→Ｂ→Ｄ→Ａの順となる。

４　国会・内閣・選挙についての問題

問１　内閣は，国会が指名する内閣総理大臣がその中心となる。内閣総理大臣は国会の指名にもとづいて天皇が任命する。

問２　国家公安委員会は警察の最高機関で，社会の安全に関する仕事をおこなうので，えが正しい。なお，主に国土の整備や交通に関する仕事をおこなうのは防衛省ではなく国土交通省なので，あは誤り。防衛省は自衛隊の管理・運営などをおこなう。主に教育や科学・文化・スポーツなどに関する仕事をおこなうのは総務省ではなく文部科学省なので，いは誤り。総務省は行政組織や地方自治，情報通信，統計，選挙などを所管している。主に金融《きんゆう》機関の監督《かんとく》などの金融制度に関する仕事をおこなうのは宮内《くない》庁ではなく金融庁なので，うは誤り。宮内庁は皇室に関することを所管している。

問３　日本の国会は二院制で，衆議院と参議院がある。

問４　地方財政費と公共事業費を合わせた金額は，平成２年度は約66兆円×（23.0％＋9.3％）で約21兆円なのに対して，令和４年度は約108兆円×（14.8％＋5.6％）で約22兆円なので，大きな変化はないといえるため，いが正しい。なお，日本の出生数は1980年から2019年まで減少傾向にあることから，「生まれる子供の人数が増え」というあは誤り。防衛費は，平成２年度は約66兆円×6.2％で約4.1兆円なのに対して，令和４年度は約108兆円×5.0％で約5.4兆円と約1.3倍に増加している。また，日本の周辺には軍事的に心配される国があることから，うは誤り。平成２年度と令和４年度の国の予算を比較《ひかく》すると，社会保障費の占《し》める割合が大幅《おおはば》に増加しており，国の予算額が平成２年度にくらべて令和４年度は約1.6倍に増えたもっとも大きな理由は社会保障関係費の増加であり新型コロナウイルス対策予備費が予算の内容に加わったからではないので，えは誤り。

問５　二つの議院で話し合うことによって，重要なことがらを慎重《しんちょう》に決めていくことができるので，えの慎重があてはまる。

問６　選挙で投票する権利は，満18歳《さい》以上の国民に認められている。

理　科　＜第１回試験＞（社会と合わせて50分）＜満点：50点＞

解　答

１　**問１**　電磁石　**問２**　(あ)　**問３**　①　解説の図を参照のこと。　②　(あ)　**問４**　①　北　②　磁石　③　Ｓ　**２**　**問１**　(う)　**問２**　（例）　水の温度を上げる。（水を増やす。）　**問３**　ろ過　**問４**　(え)　**問５**　22.4ｇ　**問６**　(い)　**３**　**問１**　①　胸　②　頭　③　腹　**問２**　(い)，(え)，(く)，(け)

図１

図２

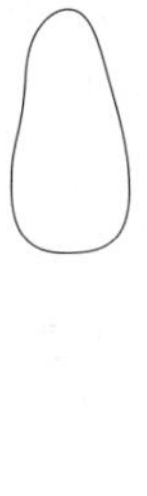

図３

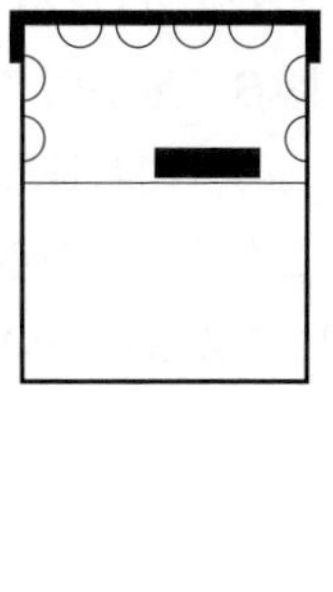

問３　上の図１　**問４**　(う)　**問５**　上の図２　**問６**　さなぎ　**問７**　(例)　テントウムシ　[4] **問１**　上の図３　**問２**　①　100℃　②　(い)　③　ふっとう　④　(え)
問３　**現象**…結ろ　①　空気　②　水　**問４**　(例)　気温が上がって，水が水蒸気になったから。

解　説

[1] 磁石についての問題

問１　導線を同じ向きに何回も巻いたものをコイルという。コイルに鉄しんを入れて電流を流すと，磁石のように，鉄を引きつけることができる。このような装置を電磁石という。

問２　電磁石にはＮ極とＳ極があり，コイルに流れる電流の向きが逆向きになると電磁石のＮ極とＳ極が逆になる。電流を流したときに方位磁針のＳ極が引きつけられていることから，鉄しんの左側はＮ極になっていることがわかる。電流を逆向きに流すと，鉄しんの左側はＳ極になるので，方位磁針のＮ極が図２の状態からそちらに引きつけられるように針がふれる。

問３　①　グラフのたての１目盛りは２°を表しているので，右の図のように●をかく。　②　電磁石は，コイルに電流が流れているときだけ，磁石の性質がある。電流の大きさが０のときは，磁石の性質はないので，方位磁針はＮ極が北を指したままで，角度の変化は０°となる。

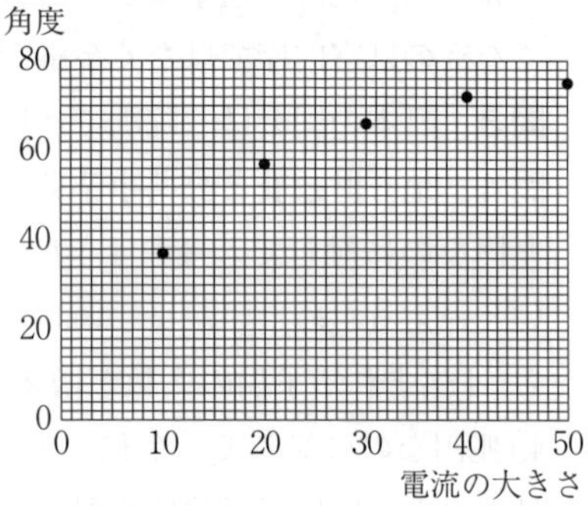

問４　方位磁針は，地球上で磁石のはたらきがないところではＮ極が北を指すことから，地球は，北側がＳ極となった大きな磁石であるといえる。

[2] 水よう液についての問題

問１　砂糖を水に入れると，砂糖は底にしずんだあととけていく。とけきれなかった砂糖は水の底にしずんだままである。

問２　砂糖は水の温度が高いほど，水にとける量が多くなるので，温めて水の温度を高くすると砂糖はすべてとける。また，水の量が多いほどとける砂糖の量も多くなるので，水を増やしても砂糖をすべてとかすことができる。

問３　水の中にとけ残った砂糖や食塩を，ろうとやろ紙を使って取り出す方法をろ過という。ろ過を行うと，とけ残った砂糖や食塩はろ紙の上に残る。

問４　ろ過を行うときは，水よう液をガラス棒に伝わらせてろうとに注ぐ。また，ろうとのあしのとがった方をビーカーのかべにつけて，ろうとから出てくる水よう液がはねないようにする。

問５　10％の食塩水Ａ100ｇにとけている食塩の量は，100×0.1＝10(ｇ)で，このとき，食塩をとかしている水の量は，100－10＝90(ｇ)である。20℃の水90ｇにとかすことができる食塩は，$36\times\frac{90}{100}$＝32.4(ｇ)だから，この食塩水には，あと，32.4－10＝22.4(ｇ)の食塩をとかすことができる。

問６　量が同じ食塩水では，とけている食塩の量が多いほど濃さは濃く，重さも重くなる。したがって，同じ量の濃さのちがう食塩水を，濃さが濃い方から順に試験管に注ぐと，食塩水は混ざることなく，上から順に，赤色(10％の食塩水)，緑色(15％の食塩水)，黄色(20％の食塩水)となる。

[3] こん虫についての問題

問１　モンシロチョウの体は，頭，胸，腹の３つの部分に分かれていて，頭には目や口が，胸にはあしがある。

問２　アリやクワガタムシ，カマキリ，トンボは，モンシロチョウと同じように，体が頭，胸，腹の３つの部分に分かれていて，胸に６本のあしがあるこん虫のなかまである。

問３　こん虫の胸には，３対（６本）のあしがある。

問４，**問５**　モンシロチョウのたまごは小さくて黄色く，細長いつぶのような形をしている。

問６　モンシロチョウは，よう虫から成虫になる間にえさを食べないさなぎの時期がある。さなぎの時期がある育ち方を完全変態という。

問７　モンシロチョウのほかに，テントウムシやハチ，カブトムシなども，完全変態するこん虫である。

４　水のすがたについての問題

問１　水を入れたビーカーを日なたに置いておくと，水の温度が上がって蒸発するため，ビーカーの中の水は減る。蒸発して水蒸気になった水は，ビーカーやラップについて冷やされ，ふたたび水にもどる。

問２　①　固体の氷を加熱すると，しばらく温度は変わらず，氷がすべてとけて水になると温度が上がる。その後，加熱し続けると，100℃で水は水蒸気に変化し，それ以上温度は上がらない。
②　氷がとけてすべて水になるまでは，固体の氷と液体の水が混ざった状態で，温度は０℃のままである。　③　水を加熱し続けて100℃近くになると，水の中からさかんにあわが出る。このことをふっとうという。　④　ふっとうしている間は，水の中からさかんにあわが出続けている。

問３　冷たいジュースの入ったコップのまわりに水てきがついたり，寒い外からあたたかい部屋に入ったときにメガネがくもったりするのは，空気中にふくまれていた水蒸気が冷やされて水てきとなってついたためである。このような現象を結ろという。

問４　霧《きり》は，細かい水てきが空気中にうかんでいるものである。昼になって気温が上がると，空気中にふくむことができる水蒸気の量が増えるため，霧の水てきが蒸発して水蒸気に変化し，霧が消えて見えなくなる。

国　語　＜第１回試験＞（50分）＜満点：100点＞

解　答

一　**問１**　ア　**問２**　ウ　**問３**　相当　**問４**　イ　**問５**　ウ　**問６**　口　**問７**　エ　**問８**　ア　**問９**　イ　**問10**　来る　二　**問１**　a・b　下記を参照のこと。　**問２**　エ　**問３**　ア　**問４**　ウ　**問５**　３（画目）　**問６**　ウ　**問７**　イ　**問８**　エ　**問９**　出過ぎるよりは控えめを尊ぶ　**問10**　家族や～の感覚　**問11**　イ　三　**問１**　ウ　**問２**　エ　**問３**　ア　**問４**　ア・エ　**問５**　イ　**問６**　ねえさま　**問７**　エ　**問８**　ウ　**問９**　イ　**問10**　ア　四　**問１**　(1)　むぞうさ　(2)　イ　**問２**　のん　**問３**　ウ　**問４**　（例）　真っ白な雪がつもった美しい山　**問５**　エ　**問６**　ア　**問７**　ウ

●漢字の書き取り

二　**問１**　a　意図　b　仕え

解　説

一　送りがな，漢字の訂正《ていせい》，熟語のパズル，対義語，慣用句，ことわざ，四字熟語，作者と作品，外来語，敬語

問１　イは「営《いとな》む」，ウは「快《こころよ》い」，エは「商《あきな》う」が正しい。

問２　アは「左右対称《さゆうたいしょう》」，イは「破る」，エは「開放」が正しい。

問３　１つめは，相を入れて，首相《しゅしょう》，相手，相性《あいしょう》，人相《にんそう》となる。２つめは，当を入れて，見当，当時，当然，本当となる。以上より，答えは相当である。

問４　「進化」の対義語は「退化」，「後退」の対義語は「前進」である。

問５　「耳打ちする」は，相手の耳元でこっそりささやくという意味。「耳が痛い」は，自分の欠点を指摘《してき》されて，聞くのがつらいという意味。「耳を貸す」は，相手の話を聞いてやるという意味。

問６　「口を出す」は，自分と無関係のことがらに，意見を言うという意味。「良薬は口ににがし」は，役立つ助言は聞くのがつらいということ。「異口同音」は，多くの人が同じことを言うこと。

問７　「のれんにうで押し」「ぬかにくぎ」は，手ごたえがないこと。

問８　イ『蜘蛛《くも》の糸』は芥川龍之介《あくたがわりゅうのすけ》，ウ『銀河鉄道の夜』は宮沢賢治《みやざわけんじ》，エ『走れメロス』は太宰《だざい》治《おさむ》の作品である。

問９　「ユニーク」は，他にはない特色があるようす。独特であるようす。

問10　「いらっしゃる」は「行く・来る・いる」の尊敬語。ここでは，「来る」の意味で用いられている。

二　出典は青木奈緒《あおきなお》の文章による。自分のことばの覚え間違《まちが》えが，江戸時代から続く母方の幸田《こうだ》家の価値観に由来していたのだという気づきから，ことばについての筆者の願いを述べている。

問１　**a**　どのようにしたいかという考え。　　**b**　役所などにつとめる，という意味。

問２　ここでの「詰《つ》めがあまい」は，直せば済む，調べればわかると思っているせいで，正しいことばがなかなか身につかず，「そのことばを使う人たちと共有する財産」であることばを，「自分では共有しているつもりで，できていないことがある」ということである。

問３　「つい」は，時間などが，それほどはなれていないようす。ここでは「三年ほど」に係り，格言の覚え間違えに気づいたのが，比較的《ひかくてき》最近であることを表している。

問４　空らんには「百」「一」が入り，「百聞は一見に如《し》かず」という故事成語になる。これと同様に，「百」「一」があてはまるのは，ウ「百害あって一利なし」である。アは「一寸の虫にも五分の魂《たましい》」，イは「二度あることは三度ある」，エは「千里の道も一歩から」である。

問５　該当《がいとう》の画数は３画目である。

問６　Ⅰ　意識して「過ぎたるは及《およ》ばざるに如かず」と覚えたつもりはなく，なんとなく覚えていたという限定された状況を述べているので，後に「だけ」などの語を伴って限定の意味を表す「ただ」があてはまる。　　Ⅱ　「母が思い違《ちが》いをした」理由が「わからない」のだから，どういうわけで，という意味を表す「なぜ」があてはまる。　　Ⅲ　徳川《とくがわ》将軍家の話についてのテレビ番組自体は「めずらしいものではなかった」と，打ち消しているのだから，後に打ち消しの語を伴って用いる「決して」があてはまる。

問７　「ことば」についての筆者の考えが書かれた，第一・二段落に注目。ここで筆者は，「ことば」は「何気なく」使っているものだが，「粗末《そまつ》に扱《あつか》って構わないなどとは思っていない」という見方を示している。

問８　ぼう線部③の直後の一文に注目。「過ぎたるは及ばざるが如《ごと》し」の「如し」を「如かず」としてしまうと，「過ぎるのも足りないのも両方ともよろしくないとした孔子《こうし》の均衡《きんこう》(＝バランス)は破られ」てしまうと説明されている。

問９　母方の幸田家と，徳川家康の関わりについて述べた第十段落に注目。幸田家は，代々徳川幕府に雑用係として仕えていたため「家康公の遺訓は絶対であろう」と筆者は考えている。この遺訓というのが，「出過ぎるよりは控《ひか》えめを尊ぶ精神」の大切さを説いた「及ばざるは過ぎたるよりまされり」であり，この言葉が影響して，幸田家では「過ぎたるは及ばざるに如かず」が定着していたのだと考えられるのである。

問10　ぼう線部⑤の直後「どこにあるのかといえば，それは」に着目。「それ」が指すのは，「『過ぎるか，及ばないか』を分かつ一線」で，「それ」の直後「家族やお互《たが》いよく理解しあっているコミュニティの中で長年培《つちか》われてきた内々の感覚」にあるのだと筆者は考えている。

問11　最終段落に注目。筆者が「日々，あたりまえと思って使っていることば」の中には，「時を経て今の私の日常にも生きている」ことばがある。時には，そういったことばが「自分の語彙《ごい》となるまでの経緯《けいい》」を知って，「過去からのつながりを体感」することがある。筆者にとっては，「過ぎたるは及ばざるに如かず」という言葉がそうであった。筆者は，自分の体験を通して過去から受けつがれて「今を生きる自分」に定着しているそのようなことばが「この先」つまり未来へも受けつがれていくことを願っているのである。

三　**出典は加藤《かとう》省《しょう》吾《ご》の詩による。**「みかん」や「すずらん」の花が咲《さ》く丘《おか》から，はるか遠くへと続く道をながめながら，母や姉とのなつかしい思い出を思い出している。

問１　現代の言葉(口語)で，一定のリズムを持って書かれた詩なので，「口語定型詩」になる。文語詩は昔の言葉で書かれた詩，自由詩は一定のリズムがない自由な形式で書かれた詩である。

問２　１連目に「思い出の道　丘の道」「はるかに見える　青い海」と，体言で終わる行があるので，エがふさわしい。

問３　１連目の２行目から「思い出の道」は「丘の道」だとわかる。また，３連目では，かつてこの丘に「母さん」と来たときを思い出し「やさしい母さん」に思いをはせている様子がえがかれている。

問４　作者が，五感をいかして情景を感じ取っている表現に注目。１連目は「みかんの花が　咲いている」をおさえる。目で見ただけではなく，嗅覚《きゅうかく》もいかし，みかんの花のさわやかな香りを感じていると考えられる。２連目は「黒い煙《けむり》を　はきながら」「汽笛が　ぼうと　鳴りました」をおさえる。前者からは，視覚によって「色」を，後者からは，聴覚によって「音」を感じていることが読み取れる。

問５　ぼう線部②は，自然と「母さん」を思う気持ちになるという「自発」の意味。ア・エは「受身」，イは「自発」，ウは「尊敬」の意味。

問６　１連目から２連目への展開に注目。１連目では「ねえさま」が「お馬車にゆられて」「お嫁《よめ》に」行った様子がかかれている。２連目は「聞こえてくるのは　ほろ馬車の／寂《さび》しいお笛の　音ばかり」だが，それでも「わたし」が手を振《ふ》っている様子がかかれている。ここから「わたし」は「ねえさま」との別れを惜《お》しんでいることが読み取れる。

問７　ぼう線部④は，音「しか」聞こえないと限定している。これと同じように，子ども「しか」いないと限定しているエがふさわしい。

問８　２連目は，１連目を受けて，お嫁へ行く「ねえさま」との別れを惜しんでいる「わたし」についてかかれている。「わたし」は，「ねえさま」との別れに寂しさを感じていること，また寂しい気持ちが情景に反映されていることが，「聞こえてくるのは　ほろ馬車の／寂しいお笛の　音ばかり」という表現にあらわれていることを読み取る。

問９　「摘《つ》んだは」は，直後の「いつのこと」に係っていることに注目。ぼう線部⑤直前の「ふたり」は「わたし」と「ねえさま」を指す。「丘の上」に咲いているすずらんを，「わたし」と「ねえさま」で，という内容と「いつのこと」だろう，という内容の間に入って自然な文意となるイがふさわしい。

問10　Ａは，みかんの花が咲く丘に立ち，そこから景色をながめたことで，かつて「母さん」と同じように景色をながめたことを思い出し，「母さん」に思いをはせている。Ｂは，すずらんの咲く丘で，お嫁に行く「ねえさま」との別れを惜しみ，「ねえさま」とのすずらんにまつわるできごとを思い出し，「ねえさま」に思いをはせている。アはこの両方について説明できている。

四　**出典は杉《すぎ》みき子の文章による。**新聞配達のとちゅうで，白髪《はくはつ》の老人に話しかけられた少年が，老人に導かれて美しい風景に出会い，老人が一生かけて心に温めつづけたものを受け取ったと感じる様子をかいた文章。

問１　⑴「無造作」とは注意深さがなく，手軽に行う様子。　⑵　二字熟語の前に，打ち消しの意味の漢字一字をつけて三字熟語を作る場合，アは「未完成」，ウは「不自由」，エは「非常識」となる。

問２　「息をのむ」は，おどろく様子を表す言葉で，ここでは，眼前の美しい景色に少年がおどろいている様子を表している。

問３　「ひと休みする」ために「ベンチに腰《こし》を下ろした」少年だが，新聞の束をベンチに投げ出し，しっかりと休憩《きゅうけい》していることから，Ⅰは「どっかりと」がふさわしい。Ⅱは，老人は少年のほうを見返ったものの「そのまま黙《だま》って遠い山を眺《なが》め」ていることから，「ちらと」がふさわしい。Ⅲは，静かに歩きだそうとした老人が「膝《ひざ》を折」り，「一瞬《いっしゅん》，起き上がれない」のだから，「がくりと」がふさわしい。

問４　ぼう線部①の直後「あした，ちょっと～あるんだよ。」という老人の言葉に注目し，翌日に老人と少年が会ったときがかかれた部分を読み取る。老人は，少年を「大きな岩陰《いわかげ》」へと連れて行き，「ここから，向こうをのぞいてごらん。」と，少年にすすめた。ここから老人は岩陰から見えるものを少年に見せたかったのだとわかる。そして少年が見たのは「今昇《のぼ》ろうとしている朝日の光を受けて」いる，「真っ白な雪を頂いた」峰《みね》の美しい姿であった。

問５　ぼう線部②の直後「老人の足取りは意外に確かだった」に注目。ここから，少年は老人の足取りについて「はらはら」していたとわかる。前日，少年が老人に会ったとき，老人は「がくりと膝を折」り，「一瞬，起き上がれない」状態になってしまった。少年は，そのときのことを思い，「山の斜面をずんずんのぼってゆく」老人を「はらはらしながら後を追った」のである。

問６　ぼう線部③中の「そう」に注目。この指示語が指し示すのは，「あんな美しいもの(真っ白な雪を頂いた美しい峰)が世の中に」あるということ，「それを自分だけが知っている」ということが

「うれしくて，誇《ほこ》らしくて」，「あの山が見ててくれる限り，何でもできるような気がしてきた」という内容である。この内容をまとめたアがふさわしい。

問７　アは，文章の最後の老人の言葉に合う。イは，文章の前半で老人が転んだ場面の「老人はむしろ照れくさそうに～かけ直した。」に合う。ウは，新聞配達をもう辞めたいと思っていたのは，まだ少年だったころの老人なので，合わない。エは，文章の最後の段落の内容に合う。

Memo

2023 年度

國學院大學栃木中学校

【算　数】〈第２回入試〉(50分)〈満点：100点〉

※**4**, **5**は考え方も書きなさい。

1 次の計算をしなさい。

(1) $345 \div 9 \times 3$

(2) $17 \times 4 - 112 \div 14$

(3) 5.36×32.5

(4) $48.4 - 2.4 \times 3.2$

(5) $\frac{2}{3} - \frac{1}{8} - \frac{1}{6}$

(6) $\left(5\frac{7}{8} - 2\frac{1}{3}\right) \div 3\frac{3}{16}$

(7) $0.357 \times 160 + 35.7 \times 12 - 3.57 \times 36$

(8) $60 - 55 + 50 - 45 + 40 - 35 + 30 - 25 + 20 - 15 + 10 - 5$

(9) $0.4 \div 0.28 \times \left(4.75 - 1\frac{1}{4}\right)$

(10) $\left\{1.25 - \left(0.5 - \frac{1}{6}\right)\right\} \div \left(\frac{3}{4} - 0.5\right) - 1\frac{2}{3}$

2 次の□にあてはまる数や式を求めなさい。

（１） $\left(84 \div \square - 3\right) \times \frac{5}{9} = 10$

（２） 定価□円の３割引は 210 円です。

（３） １個 a 円のみかんを８個買いました。1000 円札でしはらったときのおつりは□円です。

3 次の各問いに答えなさい。

（１）次の図において、㋐の角の大きさを求めなさい。

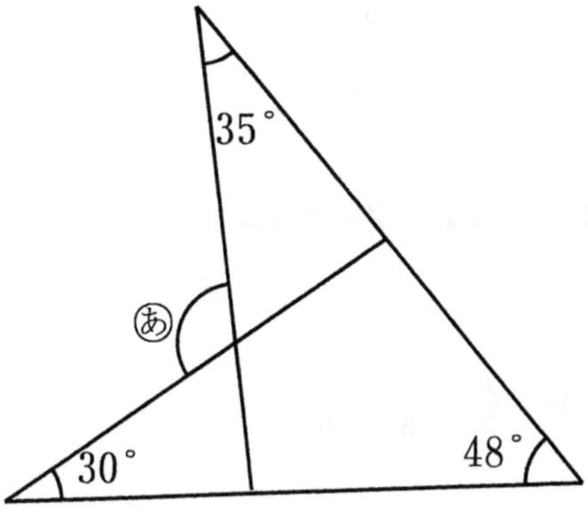

（２） 半径４cm の円に正方形が入っています。色のついた部分の面積を求めなさい。
ただし、円周率は 3.14 として計算しなさい。

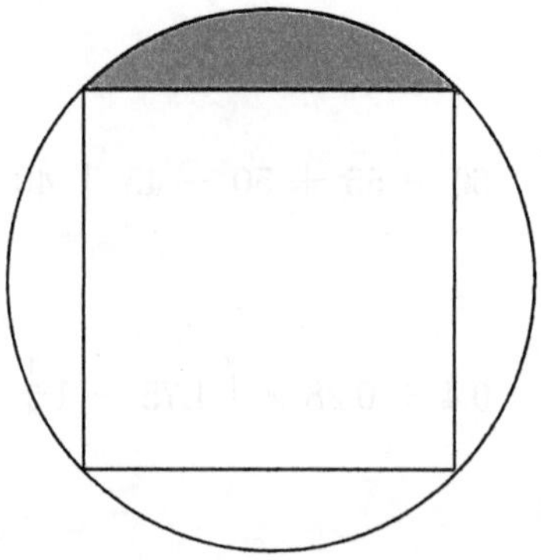

（３）　１冊 70 円のノートと、１冊 90 円のノートを合わせて 12 冊買ったところ、代金の合計は 940 円でした。70 円のノートは何冊買いましたか。

（４）　現在、お父さんとアキコさんの年れいの差は 29 才です。10 年後の２人の年れいの和は 71 才です。現在のお父さんの年れいを答えなさい。

（５）　9 時と 10 時の間で、時計の長針と短針がぴったり重なる時刻は9 時何分ですか。

（６）　ある列車が 300 m の鉄橋を渡るのに 20 秒かかり、256 m の鉄橋を渡るのに 18 秒かかります。この列車の長さは何 m ですか。

（７）　タロウさんは４％の食塩水 300 g に８％の食塩水をまぜて、５％の食塩水を作ろうとしています。８％の食塩水を何 g まぜればいいですか。

（８）　ある仕事をするのに、タケシさん１人では 20 時間かかり、ハナコさん１人では 30 時間かかります。この仕事を、ハナコさんが1 人で８時間行い、残りを２人で行うとき、始めてから終わるまでにかかった時間は何時間何分ですか。

（９）　タケルさんは算数のテストを３回受け、その3 回のテストの平均点は 78 点でした。４回目のテストを受けて、４回のテストの平均点を 80 点にするには、４回目のテストで何点とればよいですか。

（10）　ある遊園地で開園前に 300 人の行列ができています。その後も１分あたり 15 人の割合で増えます。受付係６人で対応すると 20 分で行列がなくなりました。受付係９人で対応したとき、行列がなくなるまでにかかる時間は何分ですか。

4 次のように、分数をある規則にしたがってならべました。このとき、次の問いに答えなさい。

$$\frac{1}{2}, \frac{1}{3}, \frac{2}{3}, \frac{1}{4}, \frac{2}{4}, \frac{3}{4}, \frac{1}{5}, \frac{2}{5}, \frac{3}{5}, \frac{4}{5}, \cdots\cdots\cdots$$

（１） 22 番目の分数を求めなさい。

（２） 21 番目までの分数の和を求めなさい。

5 袋Ａ には１,２,３,４,５ の５ 枚のカードが入っていて、袋Ｂ には６,７,８,９,10 の５ 枚のカードが入っています。袋Ａ と袋Ｂ からカードを１ 枚ずつ取り出すとき、次の問いに答えなさい。

（１） カードの取り出し方は全部で何通りありますか。

（２） ２ 枚のカードの和を４ で割ると３ 余るような取り出し方は全部で何通りありますか。

【社　会】〈第２回入試〉（理科と合わせて50分）〈満点：50点〉

1　下の地図を見て、後の問いに答えなさい。

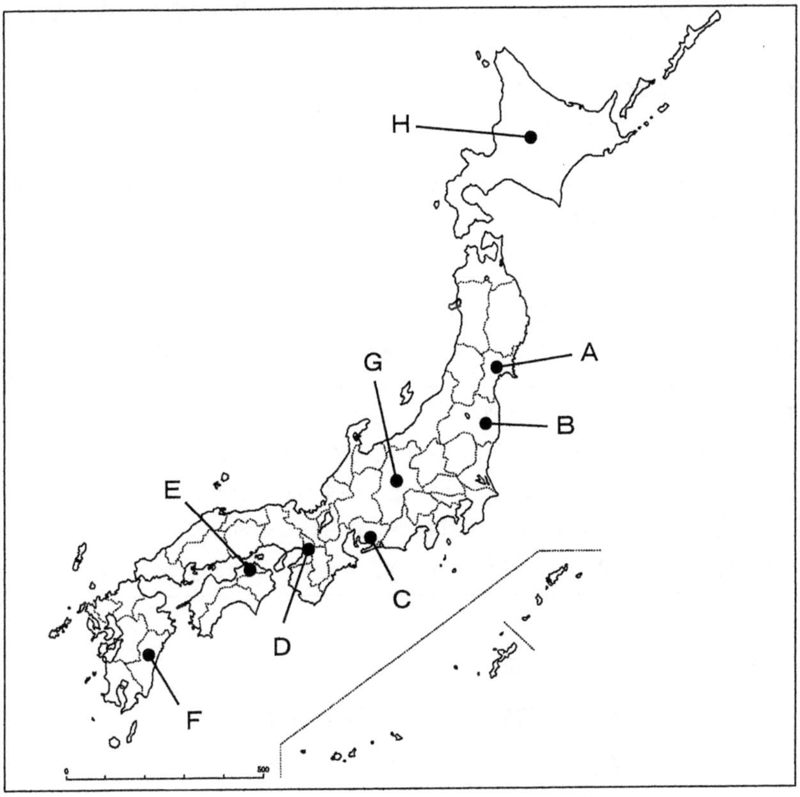

問１　地図中の**Ａ**県について、県名と県庁所在地名を**漢字**で答えなさい。

問２　地図中の**Ｂ**県ではモモの生産が全国的に有名である。下の表はそれぞれリンゴ、ナシ、ラ・フランス、モモの収穫量を示したものである。モモを示したものを**あ～え**から１つ選び、記号で答えなさい。

あ

県名	収穫量（t）	(%)
茨城	20,000	17%
千葉	19,300	16%
栃木	18,100	15%
福島	16,000	14%
鳥取	14,700	12%
長野	12,800	11%
福岡	8,420	7%
熊本	8,350	7%
全国	117,670	100%

い

県名	収穫量（t）	(%)
青森	409,800	60%
長野	127,600	19%
岩手	45,900	7%
山形	40,500	6%
福島	23,200	3%
秋田	23,100	3%
北海道	8,050	1%
群馬	8,040	1%
全国	686,190	100%

う

県名	収穫量（t）	(%)
山梨	30,700	33%
福島	27,000	29%
長野	12,000	13%
山形	9,350	10%
和歌山	7,080	8%
岡山	6,390	7%
全国	92,520	100%

え

県名	収穫量（t）	(%)
山形	18,900	75%
新潟	2,140	9%
青森	1,940	8%
長野	1,490	6%
福島	634	3%
全国	25,104	100%

「日本国勢図会 2021/22」より作成

問３　地図中の**Ｃ**県の観光地の説明として**あやまっているもの**を**あ〜え**から１つ選び、記号で答えなさい。

あ　木曽川ぞいにある犬山城は別名白帝城ともよばれており、その天守閣《てんしゅかく》は国宝に指定されている。

い　県南部にある渥美半島の先端《せんたん》に位置する伊良湖岬《いらごみさき》は、太平洋岸の恋路ヶ浜とともに恋人の聖地となっている。

う　志摩半島にある志摩スペイン村は、スペインをイメージした建築物や料理、アトラクションなどが楽しめるテーマパークである。

え　天皇の地位を示す三種の神器の一つ、草薙剣《くさなぎのつるぎ》をまつる熱田神宮は、織田信長が桶狭間の戦い前に勝利を祈ったと伝えられている。

問４　地図中の**Ｄ**府は大阪府である。大阪府についてまとめた下の文の（　①　）〜（　③　）にあてはまる語句の組み合わせとしてもっともふさわしいものを**あ〜え**から１つ選び、記号で答えなさい。

大阪府は中心部に堀川とよばれる運河がはりめぐらされ、古くから琵琶湖、淀川、瀬戸内海を利用した船の行き来や商業がさかんだったことで、水の都や（　①　）とよばれている。また、（　②　）の中心地である大阪は土地不足に悩まされたため、大阪湾の埋め立てが進められ、湾内の整備や埋め立て地への工場移転が進められている。うめ立て地のひとつである夢洲《ゆめしま》では、2025年に（　③　）の開催《かいさい》が予定されており、大きな話題になっている。

あ　①天下の台所　②京浜工業地帯　③夏季オリンピック

い　①天下の台所　②阪神工業地帯　③日本国際博覧会

う　①将軍のおひざ元　②京浜工業地帯　③日本国際博覧会

え　①将軍のおひざ元　②阪神工業地帯　③夏季オリンピック

問５　次の文はそれぞれ地図中の**Ｅ〜Ｈ**の道県について、いずれかを説明したものである。あてはまる説明文を**あ〜え**からそれぞれ選び、かつ県庁所在地名を**漢字**で答えなさい。

あ　北部に流氷が見られ、梅雨の時期がなく降水量が少ない。しかし、品種改良や客土《きゃくど》により石狩平野ではコメの生産がさかんである。

い　300m〜1,100mの標高差があり、農産物の生産品目が多い。また、八ヶ岳のふもとでは、夏でもすずしい気候をいかして、レタスやキャベツなどの高原野菜の栽培をおこなっている。

う　日照時間が長く、降水量が少ない気候のため、柑橘類《かんきつるい》の栽培がさかんである。この県にふくまれる小豆島では、乾燥《かんそう》に強いオリーブの栽培をおこなっている。

え　一年を通して温暖な気候をいかしキュウリやピーマンの栽培をおこなっている。また、日向市や日南市ではマンゴーの栽培もおこなっている。

2　下の地図を見て、後の問いに答えなさい。

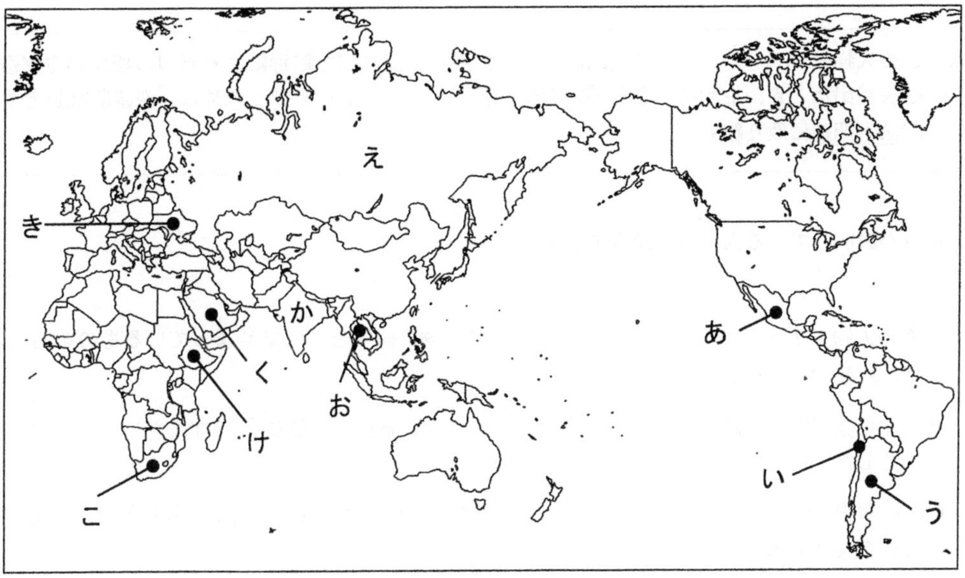

問１　タイの位置を地図中の**あ〜こ**から選び、記号で答えなさい。

問２　アルゼンチンの位置を地図中の**あ〜こ**から選び、記号で答えなさい。

問３　地図中の**か**について、この国の首都、通貨（お金の単位）、主な宗教、主な観光地の組み合わせとしてもっともふさわしいものを表中の①〜④から選び、番号で答えなさい。

	首都	通貨	主な宗教	主な観光地
①	ドーハ	ルピー	イスラム教	アンコール・ワット
②	ドーハ	ペソ	ヒンドゥー教	タージ・マハル
③	デリー	ペソ	イスラム教	アンコール・ワット
④	デリー	ルピー	ヒンドゥー教	タージ・マハル

問４　次の文章は地図中の**こ**について説明したものである。文中の（　　　）にあてはまる語句を**アルファベット７文字**で記入し、かつ国名も答えなさい。

　この国は、金・ダイヤモンドをはじめとした地下資源が豊富で、工業も発達している。かつてイギリスに支配された歴史があり、ヨーロッパ系とアフリカ系の人々で居住区や施設を区別する（　　　）という政策がおこなわれていた。1991年にはネルソン･マンデラらによって、この政策は法律上廃止され、1994 年には全人種が参加する選挙がおこなわれた。

3　Ａ～Ｄの文章を読んで、後の問いに答えなさい。

> Ａ　この人物は、（　①　）県の足尾銅山から渡良瀬川に流れ出た鉱毒《こうどく》により周辺の農作物や家畜に被害が出たとき、生活に大きな被害を受け苦しんでいた農民を救うために、衆議院議員として②公害問題に取り組んだ。

問１　文章Ａが説明している人物名を**漢字**で答えなさい。

問２　文章Ａの人物が生きていた時代に活躍したほかの人物の説明として**あやまっているもの**を**あ～え**から１つ選び、記号で答えなさい。

あ　北里柴三郎は、破傷風《はしょうふう》という病気の治療法《ちりょうほう》などを発見し、伝染病《でんせんびょう》研究所をつくり医学の発展につくした。

い　津田梅子は、7 才のときにアメリカにわたり 11 年間の勉強を終えて帰国した後、学校を開き、女性の英語教師の育成に力を注いだ。

う　前野良沢は、中津藩《なかつはん》の医者であったが、杉田玄白とともにオランダ語の人体図をほん訳し、「解体新書」を出版した。

え　平塚らいてうは、「元始、女性は太陽であった」とうったえ、女性の自由と権利の拡大を目指す運動に活躍した。

問３　文章Ａの（　①　）にあてはまる県名を**漢字**で答えなさい。

問４　文章Ａの下線部②について、日本における近代産業の発展が公害問題を生みだしたと考えられるが、この時代に日清戦争の賠償金《ばいしょうきん》の一部で北九州につくられた官営の製鉄所名を**漢字**で答えなさい。

> Ｂ　この人物は、うらないやまじないなどによって政治をおこなった③邪馬台国の女王であり、30国余りの国を支配していた。

問５　文章Ｂが説明している人物名を**漢字**で答えなさい。

問６　文章Ｂの下線部③について、邪馬台国の読み方を**ひらがな**で答えなさい。

問７　文章Ｂの人物がたびたび使いを送ったとされる中国の当時の名前を**あ～え**から１つ選び、記号で答えなさい。

あ　漢　　**い**　魏　　**う**　清　　**え**　元

Ｃ　この人物は、（　④　）の宣教師《せんきょうし》であり 1549 年に日本にはじめて⑤キリスト教を伝えた。その後も多くの宣教師が来日し、九州から近畿地方を中心にキリスト教が広まった。

問８　文章Ｃが説明している人物名を**カタカナ**で答えなさい。

問９　文章Ｃの（　④　）にあてはまる国名を**カタカナ**で答えなさい。

問10　文章Ｃの下線部⑤について、日本におけるキリスト教に関する説明として**あやまっているもの**を**あ～え**から１つ選び、記号で答えなさい。

あ　織田信長は、寺社の勢力をうばうことなどをねらって、キリスト教を保護し布教を認めた。

い　九州のキリスト教を信じた大名は、４人の少年をキリスト教の最高の位であるローマ法王に使節として派遣《はけん》した。

う　文章Ｃの人物が日本ではじめてキリスト教を伝えた場所は、現在の鹿児島県であった。

え　豊臣秀吉は、全国統一を目指す中でキリスト教の力も借りようと宣教師の来日を歓迎《かんげい》した。

Ｄ　この人物は、⑥平氏のかしらとして（　⑦　）の乱で源義朝をやぶり 1167 年、武士としてはじめて太政大臣となった。また、中国と貿易をおこなうなど平氏のもっともさかんな時代をきずいた。

問11　文章Ｄが説明している人物名を**漢字**で答えなさい。

問12　文章Ｄの下線部⑥について、平氏が滅んだ壇ノ浦の戦いがおこなわれた場所を、次の地図中の**あ～え**から１つ選び、記号で答えなさい。

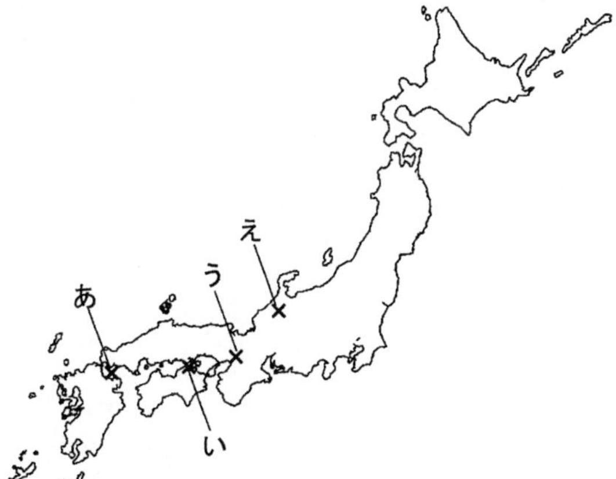

問13　文章Ｄの（　⑦　）にあてはまる語句を**漢字**で答えなさい。

問14　文章Ｄの人物が活躍した戦いに関係の深い絵としてもっともふさわしいものを**あ〜え**から１つ選び、記号で答えなさい。

あ

い

う

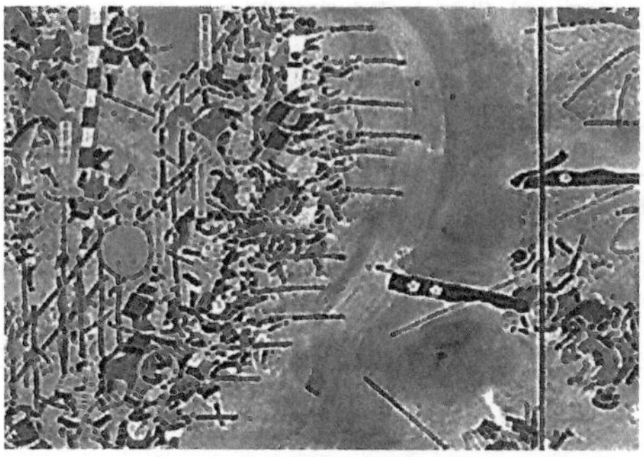

え

問15　文章Ａ〜Ｄを古い順に並べたものを**あ〜か**から１つ選び、記号で答えなさい。

あ　Ａ → Ｂ → Ｃ → Ｄ　　い　Ｂ → Ａ → Ｄ → Ｃ　　う　Ｂ → Ｄ → Ｃ → Ａ

え　Ｃ → Ｂ → Ｄ → Ａ　　お　Ｃ → Ｄ → Ｂ → Ａ　　か　Ａ → Ｃ → Ｄ → Ｂ

4 次の文章A、Bを読んで、後の問いに答えなさい。

A 日本は多くの国と貿易をおこない、さまざまなものを輸入している。たとえば、(①) はエネルギー源としてわたしたちの生活になくてはならないものだが、日本ではほとんど生産できない。そこでサウジアラビアなど、おもに②中東の国々から輸入している。また、機械製品や航空機などは③アメリカから、衣類や食料品などは④中国からその多くを輸入している。わたしたちの生活は、輸入品に依存している面が多く、資源のとぼしい日本では、こうした国々との貿易は必要不可欠のものとなっている。

問1 文章Aの(①)にあてはまる天然資源を、**漢字2字**で答えなさい。

問2 文章Aの下線部②について、中東の国々として**ふさわしくない**国を**あ**～**え**から1つ選び、記号で答えなさい。

あ サウジアラビア **い** アラブ首長国連邦 **う** ウクライナ **え** カタール

問3 文章Aの下線部③について、アメリカでは10月下旬に、子どもたちが仮装《かそう》をして近所をまわり、おかしをもらう風習があります。この風習を何といいますか、**カタカナ**で答えなさい。

問4 文章Aの下線部④について、中国の首都名を**あ**～**え**から1つ選び、記号で答えなさい。

あ ペキン **い** シャンハイ **う** ホンコン **え** チョンツー

B ⑤日本国憲法において、天皇は「日本国の(⑥)であり日本国民統合の(⑥)」とされている。したがって天皇が政治的な仕事をすることはなく、⑦内閣総理大臣の任命や栄典の授与など天皇がおこなう形式的・儀礼《ぎれい》的行為は、すべて内閣の助言と承認にもとづいておこなわれている。

問5 文章Bの下線部⑤について、日本国憲法についてのべた文として**あやまっているもの**を**あ**～**え**から1つ選び、記号で答えなさい。

あ 国民主権・基本的人権の尊重・平和主義を三大原則としている。

い 国会は憲法の内容とは関係なく、法律を制定することができる。

う 1947年5月3日に施行された。

え 国民の義務は「子供に教育を受けさせる」「働く」「税金を納める」ことである。

問6 文章Bの(⑥)にあてはまる語を、**漢字2字**で答えなさい。

問7 文章Bの下線部⑦について、現在(令和4年12月10日)の内閣総理大臣名を**漢字4字**で答えなさい。

【理　科】〈第２回入試〉(社会と合わせて50分)〈満点：50点〉

1　電気の回路について、次の各問いに答えなさい。ただし、使っている豆電球とかん電池はすべて同じものとします。

問１　　図１のようにかん電池２個と豆電球１個をつなぎました。豆電球がより明るく光るつなぎ方は（あ）、（い）のどちらですか。記号で答えなさい。

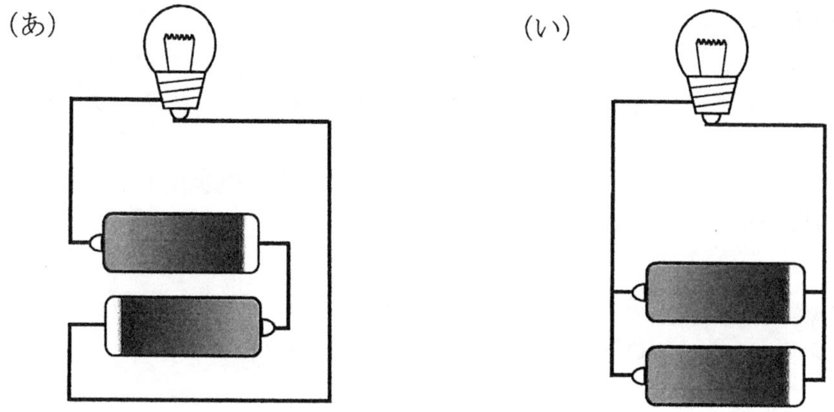

図１

問２　　図２のように、豆電球２個とかん電池１個をそれぞれつなげました。豆電球がより明るく光るつなぎ方は（う）、（え）のどちらですか。記号で答えなさい。

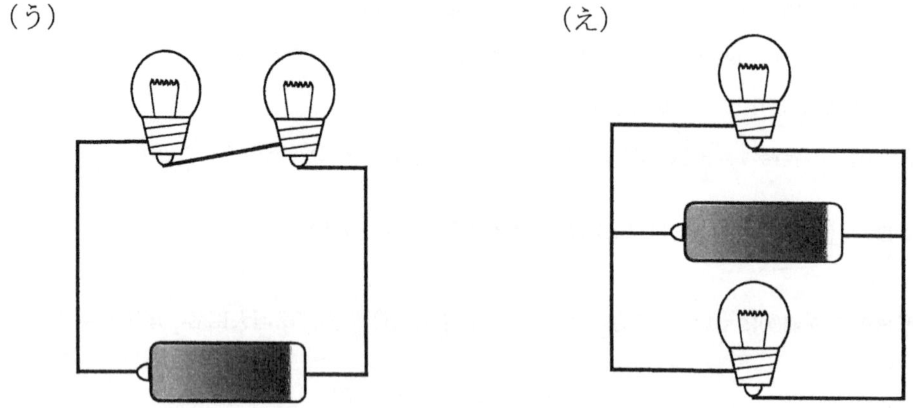

図２

問３　　図２の（う）、（え）のつなぎ方のうち、豆電球を１個外しても、豆電球が光るつなぎ方はどちらですか。記号で答えなさい。

問４　　図１、２の（あ）～（え）のつなぎ方のうち、豆電球に流れる電流が最も大きくなるつなぎ方はどれですか。（あ）～（え）から１つ選び、記号で答えなさい。

問５　　図３のようにかん電池２つと豆電球３つをつなぎました。流れる電流が最も大きい豆電球はどれですか。ア～ウから１つ選び、記号で答えなさい。

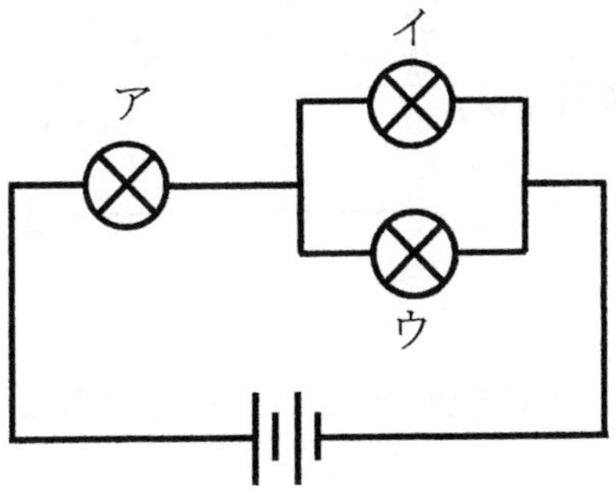

図３

問６　　図３の回路でアの豆電球に流れる電流をはかろうと思います。図４のどの●の所に電流計を入れるとはかれますか。当てはまるすべての場所を１～７で答えなさい。

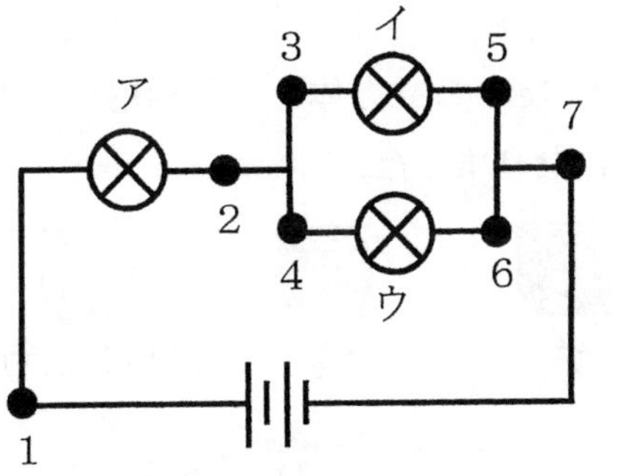

図４

問７　　問６の図４の回路のうち●を流れる電流の大きさが同じになる組み合わせを全て選び、１～７を使って答えなさい。例えば、12 と 13 を流れる電流が同じ場合には「12 と 13」、14 と 15 と 16 を流れる電流が同じ場合には「14 と 15 と 16」のように答えてください。また、12 と 13 が同じでさらに 14 と 15 と 16 が同じ場合には「12 と 13、14 と 15 と 16」のように答えます。

2 ものの形と重さについて次の各問いに答えなさい。

問１　下の図は上皿てんびんを表したものです。図中の①の名前を答えなさい。

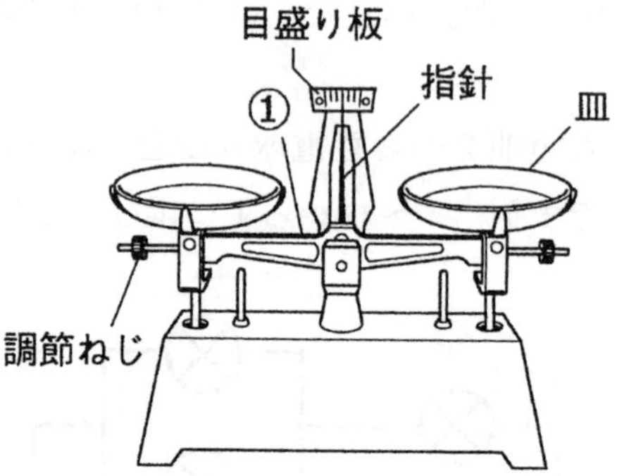

問２　上皿てんびんの使い方の説明として正しくなるように、次の文の（　　　）に言葉を入れなさい。

はかろうとするものを左の皿にのせ、それよりも（　①　）ふんどうから右の皿にのせていく。また、薬品をはかりとるときは、最初に両方の皿に（　②　）をのせておく。

問３　図のような一辺が 1cm の立方体を３種類用意しました。電子てんびんで重さをはかると表のようになりました。

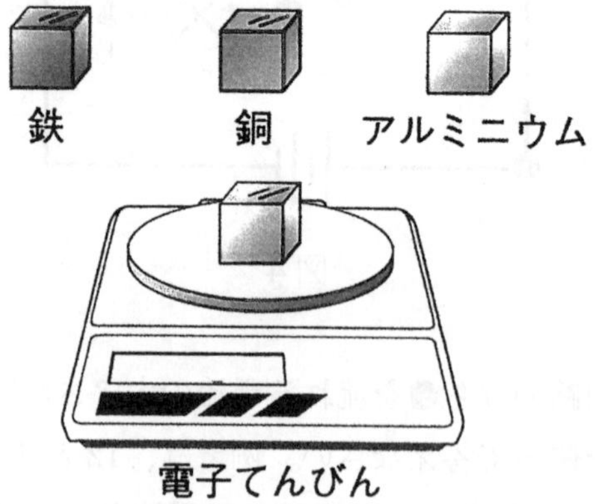

	鉄	銅	アルミニウム
重さ	7.9g	9.0g	2.7g

① 同じ重さの鉄、銅、アルミニウムを用意したときに、一番体積が大きくなるのはどの金属ですか。

② 鉄でできた直方体を用意しました。電子てんびんで重さをはかると 2765g でした。直方体のたてが 10cm、横が 5cm のとき、高さは何 cm ですか。

③ 水が $30cm^3$ 入ったメスシリンダーに、銅でできた直方体を入れました。正しく目盛りを読み取る向きを図のア～ウから１つ選び、記号で答えなさい。また、この直方体の体積を答えなさい。

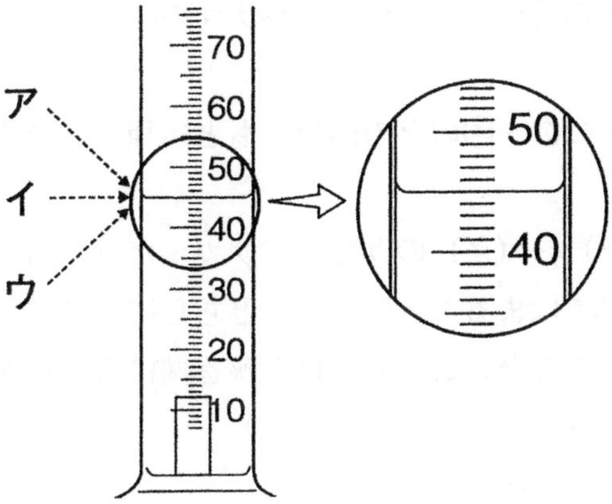

問４　体重計をつかって重さをはかりました。次の（あ）～（う）の文が正しければ○、正しくなければ×を解答欄《らん》に書きなさい。

（あ）　片足で立って体重をはかると両足で立つよりも重さが軽くなった。
（い）　しゃがんで体重をはかると重さが少し重くなった。
（う）　友達をおんぶして体重計にのると、二人の重さの和になった。

3　アサガオとヘチマの種子をまいて育て、花をさかせました。次の各問いに答えなさい。

問１　　下の図はアサガオとヘチマの花のつくりをくらべたものです。

アサガオ　　　　　　　　　ヘチマ

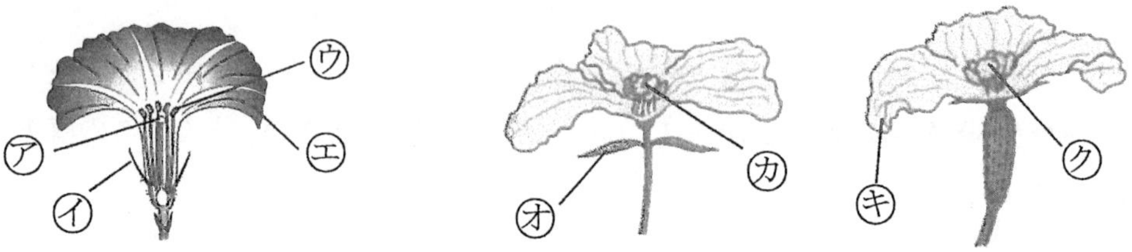

（１）　アサガオの㋐〜㋒の部分は、ヘチマの㋔〜㋗のどの部分にあたりますか。

（２）　アサガオの㋐〜㋓のどの部分のもとに種子ができますか。

（３）　次の（あ）〜（え）のうち、アサガオだけに当てはまることにはA、ヘチマだけに当てはまることにはB、どちらにも当てはまることにはC、どちらにも当てはまらないことにはDを解答欄に書きなさい。

（あ）めしべがある。
（い）おしべがある。
（う）ふつう花の色は黄色である。
（え）種子ができて生命をつないでいく。

問２　花がさきそうなヘチマの２つのつぼみに、次のようにふくろをかぶせて、口をしばりました。Ａは何もせずにそのままにして、Ｂはアのところであることをしました。その後、ヘチマに実ができるかどうかを調べました。

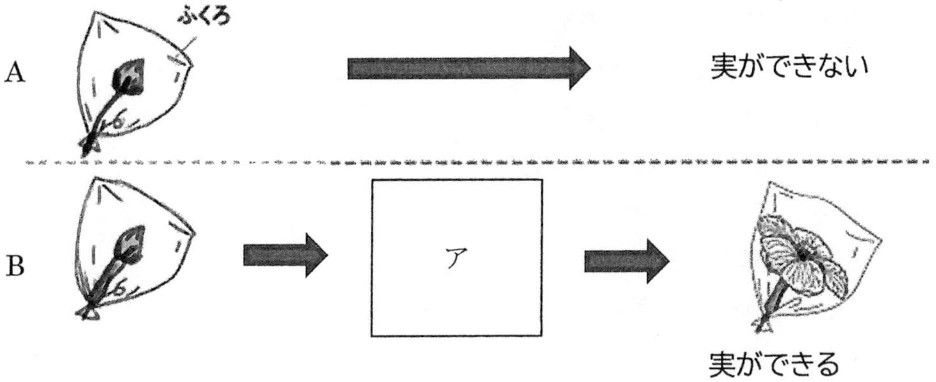

（１）Ａで実ができなかった理由を説明しなさい。

（２）Ｂに実ができる理由を説明しなさい。

（３）Ｂのアのところで何をしましたか。

（４）１つのヘチマの実にはいくつの種子ができますか。次の（あ）～（え）から最も近いものを１つ選び、記号で答えなさい。

（あ）１つ　　（い）２つ　　（う）５つ　　（え）１０より多い数

4　月について次の問いに答えなさい。

問１　みずから光を出していない月が光って見える理由を、15 字以内で答えなさい。

問２　三日月は新月から数えて３日目の月である。三日月の形をかきなさい。

問３　三日月が見える時刻と方角を、次の（あ）～（け）から１つ選び、記号で答えなさい。

（あ）　日の出前の東の空
（い）　日の出前の南の空
（う）　日の出前の西の空
（え）　日の入り後の東の空
（お）　日の入り後の南の空
（か）　日の入り後の西の空
（き）　真夜中の東の空
（く）　真夜中の南の空
（け）　真夜中の西の空

問４　同じ場所で毎日同じ時間に月を見ると、月の見える位置が変化していました。どの方角に変化していきますか。正しいものを、次の（あ）～（え）から１つ選び、記号で答えなさい。

（あ）　東　→　南　→　西
（い）　西　→　南　→　東
（う）　東　→　北　→　西
（え）　西　→　北　→　東

問５　月の形は毎日少しずつ変わります。三日月がどのように変わっていくか順番に並べました。次の（　①　）～（　④　）にあてはまる月のよび方を、あとの（あ）～（え）から選び、順番に記号で答えなさい。

三日月 →（　①　）→（　②　）→（　③　）→（　④　）→ 三日月

（あ）　新月　　（い）　満月　　（う）　上げんの月　　（え）　下げんの月

問６　三日月、新月、満月、上げんの月、下げんの月の中で、夕方から翌日の明け方まで、一晩中見えている月はどれですか。当てはまる月の名前を１つ答えなさい。

問五　――線部①「その一報」を説明した次の文の（　　　）にあてはまる表現を、文章中の言葉を使って十字以上十五字以内で答えなさい。

◆（　　　　　　）という知らせ。

問六　□には次の四つの文を並べかえたものが入る。アを一番目として、イ～エを並べかえなさい。

ア　それが中国で話題になっていると聞けば、雑技団からスカウトでもきたのかと思ったが、どうやら違《ちが》うようだ。

イ　確かに、母の動画が取り上げられていた。

ウ　中国の人たちが、動画に対して自由に感想を書き込めるようになっており、自動で翻訳《ほんやく》された日本語を恐《おそ》る恐る目で追ってみた。

エ　同僚は、スマートフォンを取り出して、中国の有名なウェブサイトの画面を見せてくれた。

問七　――線部②「私と母の涙腺は崩壊した」とあるが、その理由として最もふさわしいものを次の中から選び、記号で答えなさい。

ア　強い信仰心が人の生き方に大きな影響《えいきょう》を与えていることを知って驚き、とても感動したから。

イ　自分たちにとっての日常が、見知らぬ人の生きる勇気となったことにとても感激したから。

ウ　ミャンマーでは、障害者でも運転できる自動車が広まっていないことを気の毒に思ったから。

エ　ミャンマーの障害者の方にすぐに会いに行きたかったのに、行けなかったことが残念だったから。

問八　文章の内容に合っていないものを次の中から一つ選び、記号で答えなさい。

ア　新たなことに挑戦する母の映像が、これからも社会によい影響をおよぼすことを想像して、私は楽しく思っている。

イ　母は、生き生きと生活する自分の姿を見せることが障害を持つ人の生きやすい社会につながると思って張り切っている。

ウ　車いすに乗っている人がどうしたら生活しやすくなるかという問題を社会に投げかけるために、私は母の映像を発信した。

エ　母の映像が話題になった今の社会は、車いすで生活する人の姿を日常で目にする機会が少なく、理解が広がっていないと言える。

と、なにやら使命感を持って、意気込んでいる。行ったことの(エ)ない場所へ行こうと、なぜだか急にスペイン旅行を予約したのだが、連れて行かれる私は一体、何を撮影させられるのだろうか。〔　Ｘ　〕想像がつかないが、少しだけ、ワクワクしている。

（岸《きし》田《だ》奈美《なみ》氏の文章による）

（注）※上座部仏教……仏教の一派。
※輪廻転生……現世の行いによって来世が決定されながら、生死は無限にくり返されるとする考え。

問一　〔　Ｘ　〕に共通して入る言葉として最もふさわしいものを次の中から選び、記号で答えなさい。

ア　ちょうど　**イ**　せめて　**ウ**　たぶん　**エ**　まったく

問二　〰線部（Ａ）「コウ程」の「コウ」と同じ漢字を使うものを次の中から一つ選び、漢字に直して答えなさい。

・ギョウジ　・クフウ　・コウキョウ　・ゴゴ

問三　〰線部（Ｂ）「の」と同じ用法のものを文章中の‖線部（ア）～（エ）の中から一つ選び、記号で答えなさい。

問四　〰線部（Ｃ）「味をしめた（味をしめる）」の意味として正しいものを次の中から一つ選び、記号で答えなさい。

ア　思っていたよりも物事がうまく進んで驚くこと。
イ　自分の中だけで物事を終わらせて満足すること。
ウ　自分がそれまで努力してきた結果や成果があらわれること。
エ　一度成功した喜びが忘れられず、次も同じことを期待すること。

でやり遂《と》げる。この(A)コウ程をラクラクこなす母を、私は敬意を込めて「母ゴリラ」と呼んでいた。

私たち家族にとってはもう見慣れた光景だったが、そうではない人たちから見たらどうだろうか、と思い立って、軽い気持ちで動画を投稿したのだ。

「こんな細い腕《うで》と、華奢《きゃしゃ》な身体で、車いすを持ち上げるなんて！」

「とっても美人。女優さんかと思ったよ」

「さすが日本製の車だ、よく考えられている」

「なんてエレガントで、かわいらしい女性なんだ。感動して泣いてしまった」

およそこのようなことが書かれていた。容姿に対する賞賛を、母はしつこいほどに喜んで報告してきたので、娘《むすめ》なりに忖度《そんたく》して（＝おしはかって）、多めに書き写しておいた。

数日後、巡《めぐ》り巡って、今度はミャンマーで動画が話題になった。一体どこまで行くんだ。ミャンマーでは、中国の何倍も、母の運転に感動する人たちが続出した。ミャンマー人の約九十％は、※上座部仏教を強く信仰《しんこう》している。※輪廻転生《りんねてんしょう》という概念があり、障害者とは前世で悪いことをした人と信じられ、障害者自身に対する差別も、障害者自身の自責の念も、色濃《こ》く残っているのだ。

「私はミャンマーに住む障害者です。家から一歩も外に出られない(B)のが、当たり前だと思っていました。まさか、自分で車を運転し、こんなに楽しそうに暮らす障害者が、世界にいるなんて想像もしませんでした。いつか日本に行ってみることが、生きる希望になりました」

こんなメッセージがビルマ語で届いて、②私と母の涙腺《るいせん》は崩壊《ほうかい》した。日本が島国であることを忘れ、車に飛び乗り、ミャンマーまで運転して行きたくなった。動画の再生回数は五百万回を越《こ》えた。

実は、車いすで自動車を運転する映像は、二十年も前に、木村拓哉《きむらたくや》さんと常盤貴子《ときわたかこ》さんの人気ドラマで放送されていた。しかし、今、これだけ国内外で動画が話題になるということは、まだまだ車いすに乗っている人を、日常で見慣れない社会である証拠《しょうこ》だと思う。見慣れなければ、わからないことも多いはずだ。動画を投稿して一番嬉《うれ》しかった(ア)のは「車いす用の優先駐車場《ちゅうしゃじょう》が必要な理由が、よくわかった。車いす(イ)の積み下ろしのために、広いスペースが必要なんだね」という、気づきと理解が広がったことだ。

(C)味をしめた私は、母が駅のエスカレーターに乗る動画も投稿した。エレベーターが無い駅では、エスカレーターがリフトに変形し、車いすのまま乗り込めるのだ。この動画も、話題になった。

母は今「私がいろんなことに挑戦《ちょうせん》して、その様子をたくさん(ウ)の人に見てもらえば、車いすに乗っている人が生きやすい社会になるかも」

問六　Ｅの句の作者が活躍《かつやく》した時代を次の中から一つ選び、記号で答えなさい。

ア　平安時代　　イ　鎌倉《かまくら》時代　　ウ　室町《むろまち》時代　　エ　江戸《えど》時代

問七　Ｇの句から読み取れることとして最もふさわしいものを次の中から選び、記号で答えなさい。

ア　星の輝きと海の青さがとけ合う色彩《しきさい》のあざやかさ　　イ　天の川が空から海へとつながる景色の雄大《ゆうだい》さ

ウ　天の川に手が届きそうで届かないもどかしさ　　エ　海へと消えていく星のはかなさ

問八　次の説明にあてはまるものをＡ～Ｇの中からそれぞれ選び、記号で答えなさい。

①待ちわびていた季節の訪れを喜び、活気に満ちあふれる様子を表している。

②擬人法《ぎじんほう》を使い、人間にはどうすることもできない自然のおそろしさを表している。

③見ている景色の焦点《しょうてん》を少しずつしぼっていき、体言止めを使って過ぎ去る季節への思いを表している。

四

次の文章を読んで、後の問いに答えなさい。

出社して間もなく、同僚《どうりょう》から「あなたのお母さんが、中国で話題になってるよ」と言われた。ご想像いただけるだろうか。芸能人でも、有名人でもない母親が、海を隔《へだ》てた大陸で、話題になっていることを。そしてその①一報を、会社で突然《とつぜん》受け取る、私の動揺《どうよう》を。

話題になっているのは、私がツイッター（ＳＮＳ）に投稿《とうこう》した、二分ほどの短い動画だった。母が、車に乗り込《こ》み、運転している様子を撮影《さつえい》したものだ。一応、ただの運転ではない。母は十数年前に患《わずら》った大動脈解離《かいり》の後遺症《こういしょう》で、下半身麻痺《まひ》となり、車いすに乗っている。

［　Ｘ　］足を動かすことができないので、自動車に「手動運転装置」という、ブレーキやアクセルを手で操作できる機械をとり付けてもらい、一人で運転しているのだ。運転席に乗り込み、車いすをたたみ、ヒョイと持ち上げ、後部座席に押し込むところまで、母はすべて一人

E　雪とけて村いっぱいの子どもかな　小《こ》林《ばやし》一《いっ》茶《さ》

F　風雪にたわむアンテナの声を聴《き》く　山《やま》口《ぐち》誓《せい》子《し》

G　天の川海の南へ流れけり　正《まさ》岡《おか》子《し》規《き》

問一　倒《とう》置《ち》法が使われているものをA～Gの中から一つ選び、記号で答えなさい。

問二　Aの歌と同じ季節のものをB～Gの中から一つ選び、記号で答えなさい。

問三　Bの歌に表れている気持ちを表す慣用句として最もふさわしいものを次の中から選び、記号で答えなさい。

ア　後ろ髪《がみ》を引かれる　イ　立つ鳥あとをにごさず　ウ　しびれを切らす　エ　急がば回れ

問四　Cの歌の句切れはどこにあるか。次の中から一つ選び、記号で答えなさい。

おとうさまと（ア）書きそへて肖像画（イ）はられあり（ウ）なんといふわが（エ）鼻のひらたさ

問五　Cの歌に表れている作者の気持ちとしてふさわしくないものを次の中から一つ選び、記号で答えなさい。

ア　子どもの観察力に感心している。　イ　画家を目指す子どもの将来を応援している。

ウ　子どもの絵をほほえましく見ている。　エ　改めて自分の鼻の平たさを実感している。

問十一　文章の内容に合うものとして最もふさわしいものを次の中から選び、記号で答えなさい。

ア　自然を守るための科学技術の発達はもはや上限に達しており、これ以上、人間が科学技術を用いて他の生きものを保護することは難しくなってきている。

イ　他の生物種を絶滅させる原因となった人間の身勝手なふるまいの結果として、地球温暖化などの生存環境の悪化が起こり、それが自分たちの身にもふりかかってきている。

ウ　絶滅問題だけでなく、大気汚染などの環境問題は人間に原因があるので、人間は自分たちで環境問題を解決して他の生きものの絶滅を防ぐよう努力しなければならない。

エ　人間は今まで多くの生きものを絶滅に追いやってきたが、現在では人間のほうが他の生きものとの生存競争に負けつつあるので、種としてのヒトを強化していかなければならない。

三　次の短歌・俳句について、後の問いに答えなさい。

A　ゆく秋の大和《やまと》の国の薬師寺の塔《とう》の上なる一ひらの雲　　佐《さ》佐《さ》木《き》信綱《のぶつな》

B　卒業生最後の一人が門を出て二歩バックしてまた出ていった　　千葉《ちば》　聡《さとし》

C　おとうさまと書きそへ《（え）》て肖像画《しょうぞうが》はられありなんといふ《（う）》わが鼻のひらたさ　　宮《みや》　柊二《しゅうじ》

D　連結をはなれし貨車がやすやすと走りつつ行く線路の上を　　佐《さ》藤《とう》佐《さ》太《た》郎《ろう》

問八　――線部②「人間もそのなかの１種にすぎません」とはどういうことか。次の中から最もふさわしいものを選び、記号で答えなさい。

ア　人間も、他の生物と同じように、一人ひとりの命には限りがありいつかは命が終わるということ。

イ　人間も、地球上に誕生した他の１０００億以上の生物と同じように絶滅する可能性があるということ。

ウ　人間も、多くの種が絶滅する中で奇跡《きせき》的に残った１％のすぐれた生物種のうちの一つであるということ。

エ　人間も、他の生物種と同じく40億年前に誕生してから増え続け、数え切れないほどになっているということ。

問九　〔　X　〕に入る文として最もふさわしいものを次の中から選び、記号で答えなさい。

ア　地球に生命が誕生して以来、種どうしの調和がとれている状態なのです

イ　地球に生命が誕生して以来、最も多くの種が存在していることになります

ウ　生命の歴史上まれにみる勢いで、生きものたちがいなくなっているのです

エ　生命の歴史上最も短い期間で、生命の誕生と絶滅がくり返されているのです

問十　――線部③「人間は与えられた環境容器のサイズを無理にどんどん大きくしていった」とあるが、「環境容器のサイズ」を「大きく」する方法にあてはまらないものを次の中から一つ選び、記号で答えなさい。

ア　生きるために必要な分の魚をとること。

イ　医療技術を発達させて、治せる病気を増やすこと。

ウ　森林を切りひらいて、住宅地や畑を増やすこと。

エ　生活を便利にするために、石油や石炭を利用すること。

問二　〰〰線部（Ａ）「スケール」の意味として正しいものを次の中から一つ選び、記号で答えなさい。

ア　仕組み　　イ　期間　　ウ　考え　　エ　規模

問三　〰〰線部（Ｂ）「見当を□」が「予想を立てる」という意味になるように□に入る言葉を次の中から一つ選び、記号で答えなさい。

ア　あてる　　イ　よむ　　ウ　つける　　エ　みる

問四　〰〰線部（Ｃ）「いわゆる」の使い方として正しいものを次の中から一つ選び、記号で答えなさい。

ア　彼はいわゆる「鉄道マニア」というやつだ。

イ　いわゆる十二月十日に、入学試験が行われた。

ウ　食べることは、いわゆる「生きる」ことだ。

エ　国会議員の中からいわゆる内閣総理大臣が選ばれる。

問五　〰〰線部（Ｄ）「問題視」のように「〜視」という言い方ができないものを次の中から一つ選び、記号で答えなさい。

ア　疑問　　イ　総合　　ウ　重要　　エ　特別

問六　（　１　）〜（　３　）に入る語の組み合わせとして最もふさわしいものを次の中から選び、記号で答えなさい。

ア　たとえば　――　もちろん　――　したがって

イ　つまり　――　たとえば　――　ところが

ウ　たしかに　――　したがって　――　また

エ　たとえば　――　たしかに　――　けれども

問七　――線部①「その印象」とは、何のどのような「印象」か。十字以内で答えなさい。

何度もありました。それを大絶滅といいます。なかでもきわだって生きものが減少した過去5度の大絶滅は、ビッグファイブと呼ばれています。

（　3　）、1種類の生物が他の生物の大絶滅の原因となるのは、科学の知る限り40億年の生命の歴史上、今回が初めてのことです。地球上に1000億から6000億種類も生まれてきた生きもののうち、たった1種類のヒトという生きもの。それが大絶滅を引き起こそうとしているのです。

かつて、ヒトの他にも、たくさん増えて、いわゆる（C）「成功」を収めた生物種もいたでしょう。そういう種であっても、いずれは食料となる生きものが少なくなったり、捕食者《ほしょくしゃ》に食べられたり、生存競争が激化したり、また高密度で生存していたために伝染病が広がりやすくなったりして、他の生きものの大絶滅を引き起こす前に、その生物種の数は環境収容力（環境が維持《いじ》できる生物の個体数の上限）に収まるように制御《せいぎょ》されてきました。（中略）

ところが人間は、農業、漁業、工業、医療《いりょう》、化石燃料の使用、危険な生きものの排除《はいじょ》、居住環境の拡大と改善などを徹底《てってい》的に行い、元《がん》来《らい》（＝もともと）の環境収容力を超《こ》えて増え続けました。つまり、③人間は与えられた環境容器のサイズを無理にどんどん大きくしていったと考えることができます。容器のサイズを大きくするには、容器の材料を無理やり調達したり、他の生きものに与えられた環境容器を取り上げたりして、自分たちのものにする必要がありました。その結果、※乱獲《らんかく》、生息地の破壊《はかい》、環境汚染《おせん》、地球温暖化などを引き起こし、多くの生きものを絶滅に追いこんでしまっているのです。（中略）

そしていま、絶滅が問題視（D）されている最後の理由は、人間が本来の環境収容力を超えて増え続けてた結果、とうとうそのツケが人間にも回ってきているからです。自然環境を操作し続けて人間自身の環境収容力の上限を押《お》し上げてきたのが、これ以上は環境容器を大きくすることはできない、というところまできてしまったわけです。

（高橋瑞樹《たかはしみずき》氏の文章による）

（注）※種分化……生物の進化の過程で、一つの種から複数の種が生まれること。
※乱獲……魚や鳥獣《ちょうじゅう》をむやみやたらにとること。

問一　＝＝線部（a）「カンリ」・（b）「テキオウ」を漢字に直しなさい。

ると思いますか？２０１８年の研究報告によると、人間に一番なじみのある、ゾウやパンダ、ライオン、トラなどの哺乳《ほにゅう》類は、６４００種ほどです。哺乳類の多くがすでに人間に発見されている一方で、両生類や爬虫《はちゅう》類、魚類では毎年新種が発見され、各分野で科学者が(a)カンリするデータベースに登録される種の数は増え続けています。昆虫《こんちゅう》や菌《きん》類、バクテリアまで含《ふく》めると、いったい何種類の生きものが地球上に存在しているのか、(B)見当を[　　]ことさえも難しいのが現状です。

（中略）

さらに驚《おどろ》くべきことは、現在地球上に存在している生物種数は、生命の歴史のなかで誕生したすべての生物種数と比べると、たった１％ほどにすぎないと推定されていることです。だとすると、現在の推定値10億～60億の１００倍、つまり約１０００億～６０００億もの生物種がこれまでに現れて、絶滅してきたことになります。②人間もそのなかの１種にすぎません。

つまり絶滅は特別な現象ではなく、地球上に生命が誕生してから連綿と（＝とぎれずに）続いてきた自然現象なのです。変化した環境《かんきょう》に(b)テキオウできずに絶滅したり、他の生きものとの生息地や食料の奪《うば》い合いに負けたりして、たくさんの生きものたちがこの地球から姿を消していきました。すべての命に終わりがあるように、すべての生物種にも終わりがあるのです。

このように、自然現象であるはずの絶滅が、なぜいま問題になっているのでしょうか？環境省の２０２０年のデータによると、これまでに日本国内で絶滅した動物の数は50種。絶滅予備軍の動物が１４４６種。絶滅した植物は74種、絶滅予備軍が２２７０種です。

（　２　）絶滅種の数は近年増えていますが、その数は過去に絶滅したものや、いま地球上にいる生きものの数と比べると、とても少ないと思いませんか？それにもかかわらず、いま、絶滅が問題になっているのは、以下のように大きく３つの理由があります。

１つ目の理由は、生命の歴史という大きなスケールで見ても、現在の絶滅率が異常に高いことです。２０１５年に発表された論文によると、現在の脊椎《せきつい》動物（背骨のある動物）の絶滅率はひかえ目に見積もっても、通常期の１００倍に達すると報告されています。異常な速さで生きものが絶滅していっているのです。

先に「生命の歴史は絶滅と誕生のくり返し」と書きましたが、正確には、種の絶滅と新たな種の誕生は常に起こっています。どういうことかというと、これまで絶滅率が※種分化率をはるかに上回る時期、つまり生物種が減る時期と、その逆の生物種が増える時期がくり返されてきた、ということです。現在は、絶滅率が種分化率を大きく上回っています。その結果、〔　X　〕。（中略）

絶滅がさわがれている２つ目の理由は、現在の異常に高い絶滅率が、１つの生物種＝ヒト、によって引き起こされているからです。

生命の歴史において、絶滅率が種分化率を大幅《おおはば》に上回るできごとは

問十　栃木市について調べたことをポスターにして、クラスで発表することになった。その時に気をつけるべきこととしてふさわしくないものを次の中から一つ選び、記号で答えなさい。

ア　ポスターの字は大きく見やすく書く。
イ　聞く人は「発表者」の方を見ながら聞き、疑問があればメモをとる。
ウ　発表者は多くの情報を伝えるために、早口ではっきり話す。
エ　発表後は、内容について疑問に思ったことなどをみんなで話し合う。

二

次の文章を読んで、後の問いに答えなさい。

絶滅《ぜつめつ》――その言葉のひびきは暗く、絶望的にすら感じられます。生物学における絶滅とは、「あるグループに所属する生きものが全滅して、そのグループの歴史が絶たれる」という意味です。しかし、絶滅を「生きものの進化」という大きなスケール(A)でとらえると、①その印象は少し変わってきます。

生物に「種」という概念《がいねん》(＝考え方)があることは、聞いたことがあると思います。（　1　）「アジアゾウ」は種、「ゾウ」はアジアゾウだけでなくアフリカゾウなどゾウの仲間をまとめたゾウ科やゾウ目《もく》といった、より広いまとまりを指します。絶滅が語られる時のグループは「種」であることが一般《いっぱん》的ですが、じつは絶滅は「科」や「目」のような、種よりも大きなまとまりにも当てはまる概念です。

「全滅して、絶える」と聞くと、やはりネガティブな感じがしますが、ある生きもののグループが絶滅することで、そのグループが使っていたすみかや食べ物を利用する、新たなグループが誕生する可能性が開けることもあります。また、絶滅しつつあるグループの一群が世代を重ねて姿を変え（進化して）、他のグループとして誕生することもあります。恐竜《きょうりゅう》は滅《ほろ》びましたが、その一部は鳥類に姿を変えて生き延びていることも、その一例といえるでしょう。

地球誕生は46億年前、生命誕生は40億年前頃《ごろ》と考えられています。想像もつかないほど長い時間ですが、その生命の長い歴史は、絶滅と誕生のくり返しの歴史でもあるのです。

ところでみなさんは、現在、地球上に何種類くらいの生きものがい

問六 次の文の内容が「笑っている」のは「兄」だとはっきりわかるようにするためには、読点（、）をどこに付けたらよいか。次の中から一つ選び、記号で答えなさい。

◆彼《かれ》は **ア** 笑いながら **イ** 走る **ウ** 兄の **エ** 後を追いかけた。

問七 「日記」をローマ字（大文字）で書きなさい。

（例）「國學院」 → （答え）「KOKUGAKUIN」

問八 原稿《げんこう》用紙の使い方として合っているものを次の中から一つ選び、記号で答えなさい。

ア私	は	両	親	と	兄	と	姉	の	五	人	**イ**で、	こ	の	冬	休	み	に	ス	キ
ウー	に	行	く	予	定	で	す	。	今	年	は	上	級	者	コ	ー	ス	に	**エ**チャ
レ	ン	ジ	し	よ	う	と	思	っ	て	い	ま	す	。						

問九 ものの数え方の組み合わせとして正しくないものを次の中から一つ選び、記号で答えなさい。

ア 飛行機 ―― 一機　**イ** 鳥 ―― 一羽　**ウ** 手紙 ―― 一通　**エ** 手ぶくろ ―― 一個

2023年度

國學院大學栃木中学校

【国語】〈第二回入試〉（五〇分）〈満点：一〇〇点〉

※設問の都合で、作品の一部に省略、変更がある。
※句読点や「」も一字として数えること。

一

次の各問いに答えなさい。

問一 「国有林」と三字熟語の構成が同じものを次の中から一つ選び、記号で答えなさい。

ア 水平線　**イ** 新発売　**ウ** 不自由　**エ** 市町村

問二 「寸・各・玉」に同じ部首をつけると別の漢字ができあがる。その部首名をひらがなで答えなさい。

問三 「疲」の太字の部分は何画目か、算用数字で答えなさい。

問四 次の（　）に入るべき語をそれぞれひらがな一字で答えなさい。

ね　うし　とら　（１）　たつ　（２）　うま　ひつじ　さる　とり　いぬ　（３）

問五 次の語を国語辞典の「見出し語」として並んでいる順番に並べかえなさい。

ア サッカー　**イ** 勝利　**ウ** 作戦　**エ** 初戦

2023年度

國學院大栃木中学校 ▶解答

※編集上の都合により，第２回試験の解説は省略させていただきました。

算　数　＜第２回試験＞（50分）＜満点：100点＞

解　答

1 (1) 115　(2) 60　(3) 174.2　(4) 40.72　(5) $\frac{3}{8}$　(6) $1\frac{1}{9}$　(7) 357　(8) 30　(9) 5　(10) 2　2 (1) 4　(2) 300円　(3) 1000－8×a円　3 (1) 113度　(2) $4.56cm^2$　(3) 7冊　(4) 40才　(5) 9時$49\frac{1}{11}$分　(6) 140m　(7) 100g　(8) 16時間48分　(9) 86点　(10) 10分　4 (1) $\frac{1}{8}$　(2) 10.5　5 (1) 25通り　(2) 7通り

社　会　＜第２回試験＞（理科と合わせて50分）＜満点：50点＞

解　答

1 **問１**　**県名**…宮城(県)　**県庁所在地名**…仙台(市)　**問２**　う　**問３**　う　**問４**　い　**問５**　**Ｅ記号**…う　**Ｅ県庁所在地**…高松(市)　**Ｆ記号**…え　**Ｆ県庁所在地**…宮崎(市)　**Ｇ記号**…い　**Ｇ県庁所在地**…長野(市)　**Ｈ記号**…あ　**Ｈ県庁所在地**…札幌(市)　2 **問１**　お　**問２**　う　**問３**　④　**問４**　**政策名**…アパルトヘイト　**国名**…南アフリカ共和国　3 **問１**　田中正造　**問２**　う　**問３**　栃木(県)　**問４**　(官営)八幡製鉄所　**問５**　卑弥呼　**問６**　やまたいこく　**問７**　い　**問８**　(フランシスコ)ザビエル　**問９**　スペイン　**問10**　え　**問11**　平清盛　**問12**　あ　**問13**　平治　**問14**　あ　**問15**　う　4 **問１**　石油　**問２**　う　**問３**　ハロウィン　**問４**　あ　**問５**　い　**問６**　象徴　**問７**　岸田文雄

理　科　＜第２回試験＞（社会と合わせて50分）＜満点：50点＞

解　答

1 **問１**　(あ)　**問２**　(え)　**問３**　(え)　**問４**　(あ)　**問５**　ア　**問６**　1，2，7　**問７**　1と2と7，3と4と5と6　2 **問１**　うで　**問２**　①　軽い　②　薬包紙　**問３**　①　アルミニウム　②　7cm　③　**記号**…イ　**体積**…$15cm^3$　**問４**　(あ)…×　(い)…×　(う)…○　3 **問１**　(1)　㋐…㋗　㋑…㋔　㋒…㋕　(2)　㋐　(3)　(あ)…C　(い)…C　(う)…B　(え)…C

問２ (1)（例） おばなには実ができないから。 (2)（例） 受粉したから。 (3) ふくろを外して受粉させたあと，ふくろをかぶせた。 (4) (え) **4** **問１**（例） 太陽の光を反射しているから。 **問２** 上の図 **問３** (か) **問４** (い) **問５** (う)→(い)→(え)→(あ) **問６** 満月

国　語　＜第２回試験＞（50分）＜満点：100点＞

解　答

一 **問１** ア **問２** うかんむり **問３** 6（画目） **問４** **1** う **2** み **3** い **問５** ウ→ア→イ→エ **問６** ア **問７** NIKKI **問８** ウ **問９** エ **問10** ウ

二 **問１** **a・b** 下記を参照のこと。 **問２** エ **問３** ウ **問４** ア **問５** イ **問６** エ **問７**（例） 絶滅の暗く絶望的な（印象。） **問８** イ **問９** ウ **問10** ア **問11** イ

三 **問１** D **問２** G **問３** ア **問４** ウ **問５** イ **問６** エ **問７** イ **問８** ① E ② F ③ A

四 **問１** エ **問２** 工夫 **問３** ア **問４** エ **問５**（例） 母親が中国で話題になっている（という知らせ。） **問６**（ア）→エ→イ→ウ **問７** イ **問８** ウ

●漢字の書き取り

二 **問１** **a** 管理 **b** 適応

2023年度 國學院大學栃木中学校

※編集の都合上，英語のみを掲載してあります。

【英　語】〈第２回英語入試〉(50分)〈満点：100点〉

※1，2はリスニングである。英文はすべて２度ずつ読まれる。英文を聞いている間にメモを取ってもよい。

1 対話と質問を聞き、その答えとして最も適当なものをそれぞれ１つ選び、記号で答えなさい。

1. ア Lisa.　イ Tom.
   ウ Peter.　エ Mary.

2. ア Some.　イ Three.
   ウ Half.　エ Five.

3. ア The USA.　イ Koalas.
   ウ Hamburgers.　エ Australia.

4. ア Thursday.　イ Wednesday and Friday.
   ウ Wednesday.　エ Friday.

5. ア They saw a bear.　イ It was so far away.
   ウ It was a big dog.　エ They saw a forest.

6. ア Reading comic books.　イ Playing at the park.
   ウ Watching movies.　エ Riding a bicycle.

7. ア To live with her parents.　イ To become a doctor.
   ウ To be alive in ten years.　エ To go to a hospital.

8. ア Family restaurants.　イ Restaurants.
   ウ Sushi restaurants.　エ Fast-food restaurants.

2 英文と質問を聞き、その答えとして最も適当なものをそれぞれ１つ選び、記号で答えなさい。

1. **ア** Three months. **イ** Next week.
   ウ Two months. **エ** Three weeks.

2. **ア** Cheerleading. **イ** Tennis.
   ウ Soccer or Cheerleading. **エ** Soccer.

3. **ア** At a museum. **イ** At a train station.
   ウ At an airport. **エ** At a hospital.

4. **ア** She will have to study. **イ** Her brother will do it.
   ウ She will have to cook dinner. **エ** Her mother and father will be too busy.

5. **ア** Many other things. **イ** A yellow backpack.
   ウ Pencils and erasers. **エ** A blue backpack.

6. **ア** Kyoto. **イ** Talking with her friends.
   ウ Her room. **エ** Listening to music.

7. **ア** Before going to bed. **イ** Before breakfast.
   ウ All day. **エ** After breakfast.

※〈リスニングテスト放送原稿〉は問題文のうしろに掲載しています。

3 次の各文の(　　)内に入る最も適当なものをそれぞれ1つ選び、記号で答えなさい。

1. Jun didn't go to school yesterday because he (　　　　) a cold.
ア said　　イ had　　ウ rode　　エ used

2. Mr. Smith, can I ask you a (　　　　) about our homework?
ア way　　イ question　　ウ time　　エ language

3. My (　　　　) sport is basketball.　But my friends don't like it.
ア happy　　イ long　　ウ nice　　エ favorite

4. A (　　　　) tells us the exact time.
ア ticket　　イ book　　ウ clock　　エ letter

5. A police officer said, "Be careful.　You can't drive down the street in the afternoon."　I thanked him for the (　　　　).
ア information　　イ tool　　ウ system　　エ hour

6. There was a Christmas party at my friend's house.　We gave presents to (　　　　) other.
ア such　　イ one　　ウ just　　エ each

7. My mother tells me to drink a (　　　　) of milk for my health every day.
ア pair　　イ few　　ウ sheet　　エ glass

8. You are going to visit Nara next week, (　　　　)?
ア are you　　イ aren't you　　ウ will you　　エ you aren't

9. Finish your homework before your father (　　　　) back.
ア come　　イ will come　　ウ comes　　エ doesn't come

10. A : Where did you (　　　　) that bag, Andy?
B : At school.
ア find　　イ finds　　ウ finding　　エ found

11. A : Cathy, I'm not ready yet.　Can you wait for me?
B : Sure.　No (　　　　).
ア place　　イ answer　　ウ season　　エ problem

12. A : It's Tom's birthday tomorrow.
B : Oh, really? Let's buy ( ) a nice present.
ア he イ his ウ him エ himself

13. A : Excuse me, Ms. White. I don't know ( ) to use this machine.
B : Don't worry, Lucy. I'll show you.
ア how イ what ウ which エ why

14. A : Do you like your new desk, Lisa?
B : Yes. I'm ( ) with it.
ア interested イ satisfied ウ collected エ visited

15. A : Why didn't this door open?
B : You used the ( ) key.
ア wrong イ perfect ウ late エ dark

4 次の各会話について、（　　）内に入る最も適当なものをそれぞれ１つ選び、記号で答えなさい。

1. Man : Excuse me. Could you tell me the way to the hospital?
Woman : I'm sorry. ( )
ア I'm a stranger here myself. イ It's right in front of you.
ウ Turn right at the next corner. エ You can't miss it.

2. Man : Oh, no. It started to rain. Shall I drive you to the station?
Woman : ( ) The station is not far from here. I can walk.
ア I'll be glad to. イ Yes, let's.
ウ I'll take a taxi. エ No, thank you.

3. Sales Clerk : May I help you?
Man : Yes. I'm looking for a blue tie.
Sales Clerk : How about this one?
Man : Good. ( )
ア Here's your change. イ I'll take it.
ウ It's on the second floor. エ It's sold out.

4. Boy : Let's go to a movie next Sunday. I hear "Mighty Heroes" is really exciting.
Girl : ( ) I have a lot of homework.
ア Yes, please. イ I'm afraid so.
ウ I don't remember. エ Sorry. I can't.

5. Woman：How long does it take from here to the station?
Man：(　　　　　)　Just walk along this street.
ア By taxi.　　**イ** You can take the train.
ウ About 10 minutes.　　**エ** I have never been there.

5 次の各日本文の意味を表すように①から⑤、または⑥までを並べかえて（　　）の中に入れなさい。そして、２番目と４番目にくるものの最も適当な組み合わせをそれぞれ１つ選び、記号で答えなさい。

1. 私の父は一度もディズニーランドに行ったことがありません。
(① been　② has　③ Disneyland　④ father　⑤ never　⑥ to)
　　　　　２番目　　　　４番目
My (　　　)(　　　)(　　　)(　　　)(　　　)(　　　).

ア ⑤－⑥　　**イ** ②－⑤　　**ウ** ②－①　　**エ** ⑤－①

2. これらの写真はあなたのお兄さんが撮《と》ったのですか。
(① your brother　② were　③ by　④ taken　⑤ these　⑥ pictures)
　　　　　２番目　　　　４番目
(　　　)(　　　)(　　　)(　　　)(　　　)(　　　)?

ア ⑤－④　　**イ** ⑥－③　　**ウ** ②－⑤　　**エ** ④－⑥

3. 私のバッグがどこにあるか知っていますか。
(① know　② my bag　③ you　④ is　⑤ where)
　　　　　２番目　　　　４番目
Do (　　　)(　　　)(　　　)(　　　)(　　　)?

ア ①－④　　**イ** ①－②　　**ウ** ①－⑤　　**エ** ①－③

4. ケンは昨夜とても眠くて宿題をすることができませんでした。
(① so　② couldn't　③ he　④ that　⑤ sleepy　⑥ do)
　　　　　２番目　　　　４番目
Ken was (　　　)(　　　)(　　　)(　　　)(　　　)(　　　) his homework last night.

ア ⑤－②　　**イ** ①－③　　**ウ** ①－②　　**エ** ⑤－③

5. 週末、このショッピングモールには、たくさんの人々がいます。
(① are　② this mall　③ in　④ people　⑤ there　⑥ a lot of)
　　　　　２番目　　　　４番目
(　　　)(　　　)(　　　)(　　　)(　　　)(　　　) on weekends.

ア ①－④　　**イ** ④－③　　**ウ** ①－⑥　　**エ** ④－②

6 次の掲示の内容について、各質問に対する答えとして最も適当なものをそれぞれ１つ選び、記号で答えなさい。

≪Museum of Art≫

Winter Schedule: November 1 – February 28, 2023

☆Admission

Children (12 and under)	—	Free.	
Junior high school students	—	$2.50	(*$2.00)
High school students	—	$4.00	(*$3.50)
Adults	—	$6.00	
Senior citizens (60 and over)	—	$5.00	

*Student Discount on Wednesday

☆Open Hours

Monday — Friday	10 a.m. — 6 p.m.
Saturday & Sunday	10 a.m. — 5 p.m.

1. Tom, Mary and her sister Laura are going to visit the museum on Wednesday. Tom and Mary are junior high school students, and Laura is 10 years old. How much do they have to pay in total?

 ア It's free.
 イ $4.00.
 ウ $5.00.
 エ $7.00.

2. What time does the museum close on Thursday?

 ア At 10 a.m.
 イ At 11 a.m.
 ウ At 5 p.m.
 エ At 6 p.m.

7 次のＥメールの内容について、質問に対する答えとして最も適当なもの、または文を完成させるのに最も適当なものをそれぞれ１つ選び、記号で答えなさい。

From: Ellen Mills
To: Homeless Pet Rescue
Date: May 20, 19:42
Subject: I want to take care of a puppy!

Dear Homeless Pet Rescue,
I'm a 15-year-old junior high school student in New York. I like your website about homeless pets. I'm really interested in your volunteer program because I like to take care of animals very much. I had a bulldog at home for ten years, so I know a lot about dogs. I hope I can do something for dogs which have lost their homes. When I told my parents about this idea, they said that it's OK. What do I have to do to become a volunteer? I hope to hear from you soon.
Sincerely,
Ellen Mills

From: Homeless Pet Rescue
To: Ellen Mills
Date: May 21, 10:03
Subject: Re: I want to take care of a puppy!

Dear Ellen,
Thank you for your e-mail. We're happy you like our website. Through this program, we've saved more than 400 homeless animals. I've worked here for twenty years.
I'll try to answer your question. You have two things to do to get a puppy. First, you should register on our website. Please tell us your name, address, phone number and so on. Second, we'd like you to come to an orientation on Sunday. It's necessary for you to come with your parents because you aren't old enough. After that, you'll become a volunteer and be able to care for a puppy. If you have any more questions, please contact me.
See you soon,
Karen White (Homeless Pet Rescue)

注）bulldog：ブルドッグ（犬種）　register：登録する

1. Why is Ellen interested in the program?
ア She likes the website of a pet shop.
イ She loves to take care of animals.
ウ She has had a dog for a long time.
エ She is a member of Homeless Pet Rescue.

2. How long has Ms. White worked with this volunteer program?
ア For ten years.
イ For fifteen years.
ウ For twenty years.
エ Since last May.

3. To get a puppy, Ellen will have to
   ア learn a lot about dogs.
   イ tell her parents about her idea.
   ウ answer some questions on the phone.
   エ go to an orientation with her parents.

8 次の英文の内容について、各質問に対する答えとして最も適当なもの、または文を完成させるのに最も適当なものをそれぞれ１つ選び、記号で答えなさい。

Jackie Robinson is one of the most famous players in the history of baseball in America.

Robinson was a black American who was born in Georgia in 1919. He was the youngest of five children. His father was a farmer and his family was not rich. When Jackie was only one year old, his father left his family, so his mother worked very hard to support the family. He went to a college in California and he played not only baseball but also basketball and football there.

He became a professional baseball player in 1945. First, he belonged to a small team in Kansas City, and he played very well. Then, in 1947, he moved to the Dodgers and became the first black man to play major league baseball.

In those days, a lot of white people discriminated against black people, so Robinson had a hard time playing professional baseball. For example, some pitchers threw the ball at Robinson's head. Some teams and some players refused to play with him. Also, he sometimes got letters which said, "I will kill you if you don't stop playing."

However, Robinson had the courage not to fight back, and he did not give up playing baseball. He performed many exciting plays, and helped his team become one of the strongest teams. Over the next ten years, he was one of the best baseball players in the major leagues. He even became a member of the all-star team six times. His success opened the way for other black players to play in the major leagues.

Robinson stopped playing baseball in 1956, but people in America still remember him as the first black man to play in the major leagues. April 15th is celebrated as Jackie Robinson Day, and on that day, all players wear his uniform number, 42.

注）discriminate against ～：～を差別する　　courage：勇気

1. What did Robinson's father do?
   ア He was a baseball player, too.
   イ He was a farmer.
   ウ He worked very hard for his family.
   エ He left his family before Robinson was born.

2. What did Robinson do when he was in college?
   ア He played basketball and football as well as baseball.
   イ He moved to California with his mother.
   ウ He worked hard to support his family.
   エ He became a professional baseball player.

3. Robinson had a hard time when he played professional baseball because
   ア he was the first major league baseball player from Georgia.
   イ he could not play well at first.
   ウ he got injured soon after the league started.
   エ he was a black man.

4. How long did Robinson play in the major leagues?
   ア About five years.
   イ About ten years.
   ウ He moved to a major league baseball team in 1947.
   エ He became a professional player in 1945.

5. What is this story about?
   ア The strongest major league baseball team.
   イ The youngest major league baseball player.
   ウ The first black major league baseball player.
   エ The baseball player who hit the most home runs.

〈リスニングテスト放送原稿〉

PART I

No. 1

D: Did you enjoy the speech contest, Mary?

K: Yeah, it was so much fun!　I didn't win, but my best friend Lisa got second place.

D: Great!　How about your other friends?

K: Tom was first, and Peter was third.

D: Question:　Who won second place in the speech contest?

No. 2

K: Takahiro, can you help me make spaghetti?

D: Sure!　We need five cups of water, right?

K: Yes, but first we have to cut three tomatoes and half an onion.

D: And some ground beef, and some spices, and don't forget the pasta!

K: Question:　How many tomatoes do they need?

No. 3

D: Hey, Satoko, where in the world would you most like to go?

K: I want to eat hamburgers in the USA.　Where do you want to go?

D: I want to see koalas in Australia.

K: That sounds fun!

D: Question:　Where does Satoko want to go?

No. 4

K: We have so many tests!　I can't remember the schedule.

D: Well, Science and Math are on Wednesday, and English and Social Studies are on Thursday.

K: How about Friday?

D: I don't remember.　Oh, I know!　It must be Japanese and Music.

K: Question:　When is their Japanese test?

No. 5

D: Look over there! In the forest! What is that?

K: I'm not sure. Is that a bear?

D: It's so far away. It might be a big dog or something.

K: No, it's a bear. This is the first time I've ever seen one!

D: Question: Why are they surprised?

No. 6

K: Shunsuke, when you were a little kid, what did you like to do?

D: Oh, I liked playing at the park and watching movies.

K: I liked reading comic books and riding my bicycle. And I liked movies, too.

D: Great!

K: Question: What did they both like?

No. 7

D: Yuka, where do you think you'll be in ten years?

K: Ten years from now? I think I'll still be living with my parents.

D: What will you be doing every day?

K: I hope I'll be going to a hospital. My dream is to become a doctor.

D: Question: What is Yuka's dream for the future?

No. 8

K: What kind of restaurants do you like?

D: I like fast-food restaurants and family restaurants. How about you?

K: I like sushi restaurants.

D: Yeah, sushi restaurants are good.

K: Question: What are they talking about?

PART 2

No. 1

D: Tetsuya is going to Australia next week. Last year, he stayed with a family in Sydney for three weeks. This time, he'll be visiting for two months.

K: Question: How long will Tetsuya stay in Australia this year?

No. 2

K: Jane joined the soccer club in elementary school, but in junior high school she played tennis.　For high school, she is thinking about either soccer or cheerleading.

D: Question:　Which club did Jane join in junior high school?

No. 3

D: Attention, please.　The next plane to London will be leaving in 30 minutes. Passengers going to London should go to Gate 22 now.　The flight to Paris will be late because of bad weather.

K: Question:　Where is the man who is talking?

No. 4

K: Yukiko usually cooks dinner on Sunday nights, but this Monday she will have a test. She asked her mother and father to cook, but they will be too busy.　Finally, her brother said he will make dinner on Sunday.

D: Question:　Why can't Yukiko make dinner on Sunday night?

No. 5

D: For the new school year, John wanted a new blue backpack, but his mother bought him a yellow one!　He also got new pencils, erasers, and many other things.

K: Question:　What did John really want for the new school year?

No. 6

K: Linda likes a lot of places.　She likes Kyoto for the beautiful buildings, and she likes her school because she can talk with her friends.　But most of all, she likes being in her room listening to music.

D: Question:　Where is Linda's favorite place?

No. 7

D: My sister usually takes a shower before she goes to bed.　She likes to relax in the mornings.　Not me!　I take one right after breakfast.　If I don't, I feel sleepy all day!

K: Question:　When does the boy usually take a shower?

2023年度

國學院大栃木中学校 ▶解答

※編集上の都合により，第２回・英語試験の解説は省略させていただきました。

英　語　＜第２回試験＞（50分）＜満点：100点＞

解　答

[1] 1 ア　2 イ　3 ア　4 エ　5 ア　6 ウ　7 イ　8 イ
[2] 1 ウ　2 イ　3 ウ　4 ア　5 エ　6 ウ　7 エ　[3] 1 イ
2 イ　3 エ　4 ウ　5 ア　6 エ　7 エ　8 イ　9 ウ　10 ア
11 エ　12 ウ　13 ア　14 イ　15 ア　[4] 1 ア　2 エ　3 イ
4 エ　5 ウ　[5] 1 ウ　2 ア　3 イ　4 エ　5 ア　[6] 1
イ　2 エ　[7] 1 イ　2 ウ　3 エ　[8] 1 イ　2 ア　3 エ
4 イ　5 ウ

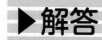

2022年度　國學院大學栃木中学校

〔電　話〕　0282(22)5511
〔所在地〕　〒328－8588　栃木県栃木市平井町608
〔交　通〕　JR両毛線・東武日光線「栃木駅」よりバス

【算　数】〈第１回入試〉（50分）〈満点：100点〉

※**4**，**5**は考え方も書きなさい。

1　次の計算をしなさい。

（１）　$945 \div 27 \times 54$

（２）　$576 \div 12 - 2 \times 23$

（３）　3.65×54.8

（４）　$52.4 - 3.4 \times 4.3$

（５）　$\dfrac{7}{10} - \dfrac{1}{4} - \dfrac{3}{8}$

（６）　$\left(3\dfrac{2}{7} - \dfrac{3}{4}\right) \div 1\dfrac{3}{14}$

（７）　$0.753 \times 70 + 7.53 \times 33 - 75.3 \times 3$

（８）　$56 - 48 + 43 - 35 + 37 - 29 + 25 - 17 + 15 - 7$

（９）　$0.2 \div 0.75 \times \left(3.75 - 2\dfrac{1}{2}\right)$

（10）　$2\dfrac{3}{5} - \left\{\dfrac{1}{3} + 0.6 \div \left(2\dfrac{1}{8} - 1.75\right)\right\}$

2 次の□にあてはまる数や式を求めなさい。

（1） $\dfrac{3}{5}$ ： 0.8 ＝ $4\dfrac{1}{2}$ ： □

（2） 1ドルが108円、1ユーロが128円のとき、27ユーロは□ドルです。

（3） 上底が 5 cm 、下底が a cm 、高さが b cm の台形の面積は□ cm^2 です。

3 次の各問いに答えなさい。

（1） 次の図において、直線アと直線イは平行です。ⓐの角の大きさを求めなさい。

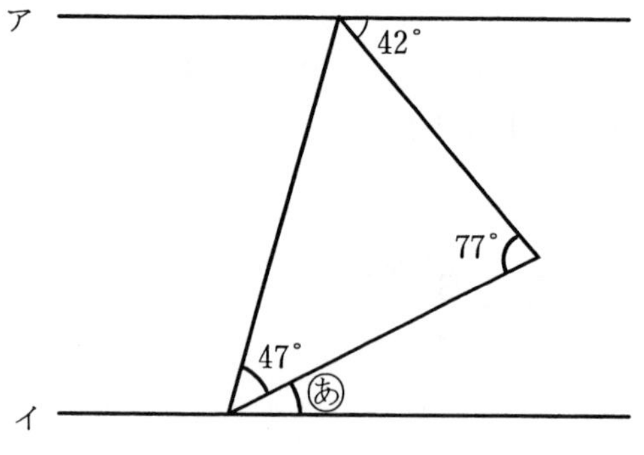

（2） 次の直方体の表面積が 94 cm^2 のとき、この直方体の体積を求めなさい。

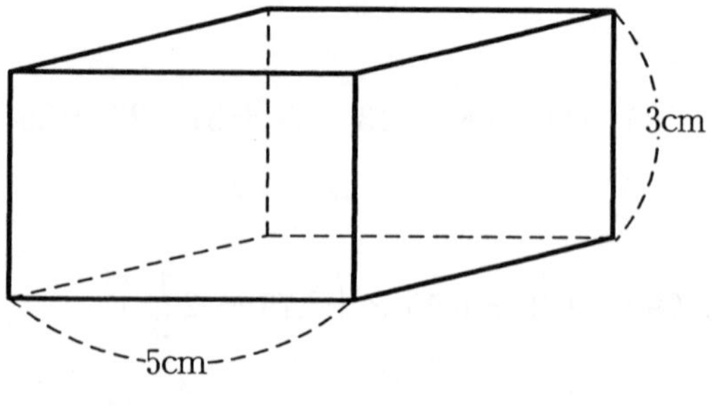

（３）　50 円玉と 100 円玉が合わせて 25 枚あります。合計金額が 1800 円のとき、50 円玉は何枚ありますか。

（４）　太郎君、お父さん、お母さんの３人の年れいを合計すると 100 才です。お母さんは太郎君より 25 才年上で、お父さんより２才年下です。このとき、太郎君は何才ですか。

（５）　時計の針がちょうど６時 55 分をさしています。このとき、長針と短針のつくる角のうち、大きいほうの角は何度になりますか。

（６）　妹が 1000 m はなれた駅に向かって家を出ました。その５分後に、兄が同じ道を通って妹を追いかけました。妹の歩く速さを分速 60 m、兄の走る速さを分速 90 m とすると、兄は出発してから何分後に妹に追いつきますか。

（７）　５％の食塩水に、50 g の水を入れたら、４％の食塩水になりました。最初の食塩水の重さは何 g でしたか。

（８）　太郎君はある仕事を終えるのに６分かかります。花子さんはその仕事を終えるのに 10 分かかります。この２人と桃子さんを合わせて３人でその仕事をしたところ、終えるのに３分かかりました。桃子さん１人でその仕事を終えるのに何分かかりますか。

（９）　あるクラスで算数のテストを行いました。男子 18 人の平均点は 56 点、女子 12 人の平均点は 61 点でした。このとき、クラス全体の平均点は何点ですか。

（10）　映画館の前に 500 人の行列ができていて、毎分 10 人ずつ増えていくものとします。１つの窓口では、20 分で行列がなくなります。窓口を２つにすると、何分何秒で行列がなくなりますか。

4　次のように、数をある規則にしたがってならべました。このとき、次の問いに答えなさい。

1，2，2，3，3，4，4，4，4，1，2，2，3，3，4，4，4，4，1，2，2，3，3，4，4，4，4，……

（１）　左から数えて100番目までの数をすべてたすと、和はいくつですか。

（２）　左から数えて何番目までの数をすべてたすと、和が2021になりますか。

5　1個450円の商品を120個を仕入れ、4割の利益を見込んで定価をつけました。しかし30個しか売れなかったので、残りの商品は定価の1割引きで売ることにしました。このとき、次の問いに答えなさい。

（１）　この商品1個の定価は何円ですか。

（２）　仕入れた商品を全部売り切ると、利益は何円になりますか。

（３）　利益を出すためには、この商品を全部で何個以上売ればよいですか。

【社　会】〈第１回入試〉（理科と合わせて50分）〈満点：50点〉

1　下の地図を見て、後の問いに答えなさい。

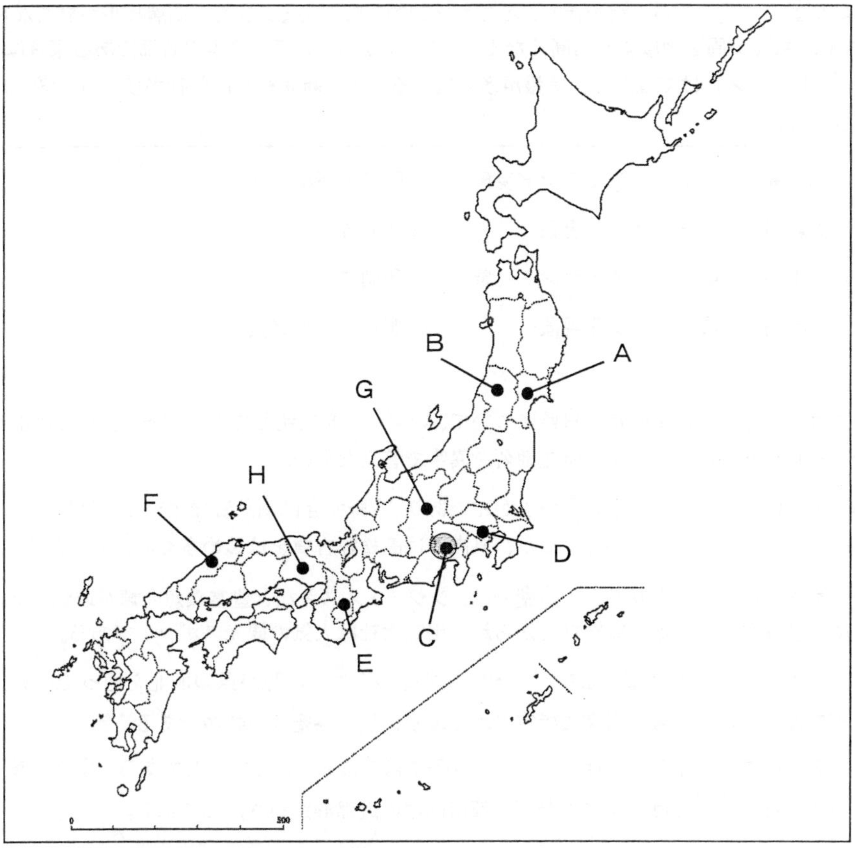

問１　地図中のＡ県について、県名と県庁所在地名を**漢字**で答えなさい。

問２　地図中のＢ県の説明として正しいものを**あ～え**から１つ選び、記号で答えなさい。

あ　小麦、ジャガイモ、乳用牛などの農産物だけではなく、漁業生産量も日本一多い。

い　日本一温泉がわきだす量が多い温泉大国で、別府《べっぷ》温泉、由布院《ゆふいん》温泉などが有名である。

う　サクランボの生産量が日本一で、リンゴ、モモ、ラ・フランスの生産もさかんである。

え　工業生産額が日本一で、豊田市は「自動車の町」として有名である。

問３　地図中のＣの地域の世界遺産の説明として正しいものを**あ～え**から１つ選び、記号で答えなさい。

あ　富山県と岐阜県に残る茅葺《かやぶき》屋根の合掌造《がっしょうづく》りの建造物群が文化遺産として 1995 年に登録された。

い　山梨県と静岡県にまたがる文化遺産で、山中湖・河口湖などとともに 2013 年に登録された。

う　1993 年に白神《しらかみ》山地などとともに日本で初めて自然遺産として登録された。

え　明治日本の産業を代表する絹産業遺産群として、2014 年に文化遺産として登録された。

問４　地図中のＤについてまとめた下の文の（　①　）～（　③　）にあてはまる語句の組み合わせとしてもっともふさわしいものを**あ～え**から１つ選び、記号で答えなさい。

> 東京は、（　①　）が近海を流れ、冬でも比較的《ひかくてき》温暖である。また、高層ビルが立ちならぶ都心では、気温が周辺地域よりも高くなる（　②　）がみられる。日本の首都である東京はヒト・モノ・サービスだけではなく、情報が多く集まるため、新聞社や出版社が多く（　③　）がさかんである。

あ　①親潮　②ヒートアイランド現象　③製紙・パルプ業

い　①親潮　②ドーナツ化現象　③印刷業

う　①黒潮　②ヒートアイランド現象　③印刷業

え　①黒潮　②ドーナツ化現象　③製紙・パルプ業

問５　次の文はそれぞれ地図中のＥ～Ｈ県について、いずれかを説明したものである。あてはまる説明文を**あ～え**からそれぞれ選び、かつ県庁所在地名を**漢字**で答えなさい。

あ　紀伊山地では古くから林業がさかんであり、吉野すぎは高品質な木材のブランドとして建築材や家具などに加工されている。また、県内には高松塚古墳をはじめ多くの古墳がある。

い　海水と淡水がまざりあう宍道湖《しんじこ》では、シジミ・スズキなど豊富な魚介類が取れ、ラムサール条約にも登録されている。縁結びで知られる出雲大社は人気の観光スポットである。

う　日本アルプスとよばれる赤石・木曽・飛彈の三つの山脈が県の南北を通っている。日本最古の天守閣《てんしゅかく》が残る松本城は国宝に指定されており、黒い漆塗《うるしぬ》りが特徴である。

え　日本の標準時子午線が通る明石市は「子午線のまち」として有名である。また、瀬戸内海最大の島である淡路島《あわじしま》ではタマネギなど、都市向けの近郊農業がさかんである。

2　下の地図を見て、後の問いに答えなさい。

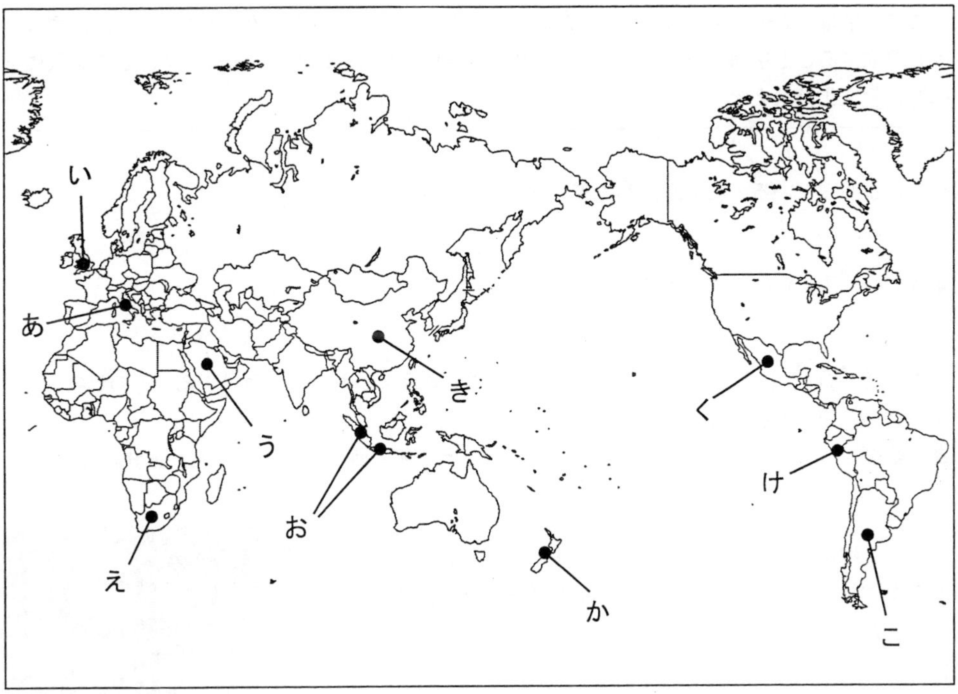

問１　アルゼンチンの位置を地図中の**あ〜こ**から選び、記号で答えなさい。

問２　サウジアラビアの位置を地図中の**あ〜こ**から選び、記号で答えなさい。

問３　次の文章の内容にあてはまる国を地図中の**あ〜こ**から記号で選び、国名を**カタカナ**で答えなさい。

> 首都には世界最小の独立国であるバチカン市国が位置していることで知られている。また、経済とファッションの中心地であるミラノは、コルティナ・ダンペッツォとともに2026年の冬季オリンピックの開催地《かいさいち》となっている。

問４　次の文章の内容にあてはまる国を地図中の**あ〜こ**から記号で選び、国名を**カタカナ**で答えなさい。

> 約１万3500もの島々からなる国であり、その中には観光地として有名なバリ島や地震・津波の被害を受けたスマトラ島をふくんでいる。主な宗教はイスラム教で、人口の約９割が信仰している。

3　Ａ～Ｄの文章を読んで、後の問いに答えなさい。

> Ａ　この人物は、仏教を深く信仰し、仏教の力で国を安定させようとした。そこで、全国に国分寺を建立することを命じるとともに、（　①　）の大仏造立を命じた。そのため、この時代には②仏教文化が栄えた。

問１　文章Ａが説明している人物名を**漢字**で答えなさい。

問２　文章Ａの（　①　）にあてはまる寺院名を**漢字**で答えなさい。

問３　文章Ａの（　①　）にある建物にはこの人物が愛用した品々がおさめられている。その建物名を**あ～え**から１つ選び、記号で答えなさい。

あ　銀閣　　**い**　興福寺　　**う**　平等院　　**え**　正倉院

問４　文章Ａの下線部②について、この時代に中国から戒律《かいりつ》を伝えるために来日したが、目の病気となった右の僧侶《そうりょ》名を**漢字**で答えなさい。

> Ｂ　この人物は、③長州藩の出身で、内閣制度を創設して初代の総理大臣に就任した。また、④憲法の制定や⑤議会の開設に力をつくすなど、近代国家の形成期に活躍した。総理大臣退任後も元老として、日本の政治に影響力をもった。

問５　文章Ｂが説明している人物名を**漢字**で答えなさい。

問６　文章Ｂの下線部③について、次のうち長州藩出身の人物として**あやまっているもの**を**あ～え**から選び、記号で答えなさい。

あ　木戸孝允　　**い**　吉田松陰　　**う**　山県有朋　　**え**　福沢諭吉

問７　文章Ｂの下線部④について、大日本帝国憲法について**あやまっているもの**を**あ～え**から選び、記号で答えなさい。

あ　この憲法はフランスの憲法を参考に作成された。
い　この憲法では軍隊を率いたり、条約を結んだりするのは天皇の権限とされていた。
う　この憲法は天皇が国民にあたえるという形で発布された。
え　この憲法では天皇は国の元首であると位置づけられた。

問８　文章Ｂの下線部⑤について、議会は二院制とされた。衆議院とあと１つを**漢字**で答えなさい。

Ｃ　この人物は、⑥内乱に敗れて幼少期に伊豆に流され、そこで生活していた。しかし、⑦平氏の政治に対する人びとの不満が高まると、反平氏勢力の中心として、平氏と戦った。⑧平氏滅亡後、武士の頭として朝廷から征夷大将軍に任命された。

問９　文章Ｃが説明している人物名を**漢字**で答えなさい。

問10　文章Ｃの下線部⑥について、この内乱名を**漢字**で答えなさい。

問11　文章Ｃの下線部⑦について、平氏が守り神としてまつった広島県の神社を**あ**～**え**から選び、記号で答えなさい。

あ

い

う

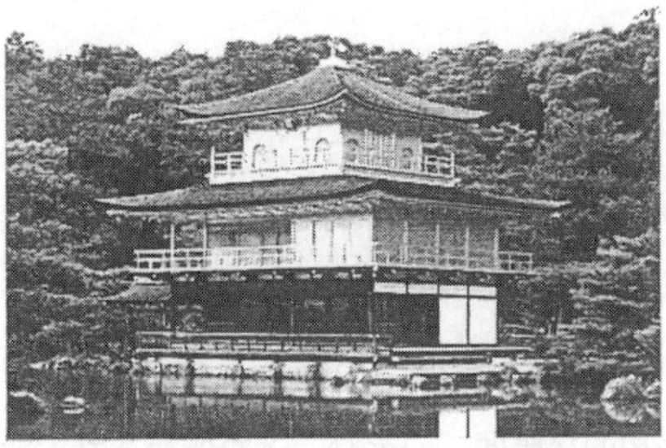

え

問12　文章Ｃの下線部⑧について、平氏が滅んだ1185年の戦いの名称を答えなさい。

Ｄ　この人物は、⑨伊勢松坂の出身で、もともとは⑩医学を学んでいた。医師として働くかたわらで自宅において国学を教え、儒教や仏教が伝わる以前の日本人の考え方を明らかにしようとした。

問13　文章Ｄが説明している人物名を**漢字**で答えなさい。

問14　文章Ｄの下線部⑨について、現在松坂が属している県名を**あ**～**え**から答えなさい。

あ　香川県　　**い**　大分県　　**う**　三重県　　**え**　静岡県

問15　文章Ｄの下線部⑩について、この時代に杉田玄白・前野良沢によって翻訳《ほんやく》された医学書名を**漢字**で答えなさい。

問16　文章Ａ～Ｄを古い順に並べたものを**あ～か**から１つ選び、記号で答えなさい。

あ　Ａ → Ｂ → Ｃ → Ｄ　　**い**　Ａ → Ｃ → Ｄ → Ｂ　　**う**　Ｂ → Ａ → Ｄ → Ｃ

え　Ｂ → Ｃ → Ａ → Ｄ　　**お**　Ｃ → Ｂ → Ｄ → Ａ　　**か**　Ｃ → Ｄ → Ｂ → Ａ

4　次の文章を読んで、後の問いに答えなさい。

憲法とは国を治める最高法規で、あらゆる法の上に位置している。1889 年に発布された大日本帝国憲法は日本で最初に発布された憲法であるが、この憲法では国の主権は天皇にあり、多くの権限が与えられていた。太平洋戦争後、日本の民主化を進めるために連合国軍総司令部案をもとにつくられたのが日本国憲法であり、ここでは主権は国民にあって、天皇は国の（　①　）とされた。そのほか前文ではこの憲法を定めた精神や国民主権、基本的人権の尊重、②平和主義、国際協調を日本の理想、目的とすることが書かれている。

このうち基本的人権の尊重について、国民が人間らしい生活をする権利である（　③　）権が認められている。その基本となる権利が④生存権である。また、教育を受ける権利や⑤参政権、請求権が認められている。

ただし、これらをはじめとする基本的人権については、⑥社会全体の利益や幸福のために制限されることがある。また、経済発展や社会生活の変化にともなって、近年主張されるようになった人権が「新しい人権」である。この例として、くらしやすい生活環境を求める環境権や、私生活をみだりに公開されない（　⑦　）の権利、国や地方公共団体に情報公開を求める知る権利があげられる。

問１　（　①　）にあてはまる語を**漢字２字**で答えなさい。

問２　下線部②について、この説明としてふさわしいものを**あ～え**から１つ選び、記号で答えなさい。

あ　憲法第９条では、戦争の放棄、戦力の不保持、交戦権を認めないことを定めている。

い　憲法第９条では、自衛隊が日本の領域と国民を守ることが明記されている。

う　憲法第９条では、国民は奴隷《どれい》のようにあつかわれたり、働かされたりしないと定めている。

え　憲法第９条では、犯罪者を逮捕するとき、平和的な態度でのぞむことが明記されている。

問３　（　③　）にあてはまる語を**漢字２字**で答えなさい。

問４　下線部④について、病気や災害から国民を守ることがふくまれていますが、昨年から大流行し、ワクチン接種などの対策がおこなわれている病原名を答えなさい。

問５　下線部⑤について、この一つである選挙権を日本国民の満何才以上の男女がもっているか、答えなさい。

問６　下線部⑥について述べた用語としてもっともふさわしいものを**あ～え**から１つ選び、記号で答えなさい。

あ　三審制　　**い**　間接民主制　　**う**　自己決定権　　**え**　公共の福祉

問７　（　⑦　）にあてはまる語を**カタカナ６字**で答えなさい。

【理　科】〈第１回入試〉（社会と合わせて50分）〈満点：50点〉

1　鏡と光について、次の各問いに答えなさい。

問１　　下の図を見て、あとの問①～問③に答えなさい。ただし、S君は図１のように鏡Aに向かって右手を上げて、立ち続けているとします。

図１：鏡Aを向いたS君
（後ろ姿）

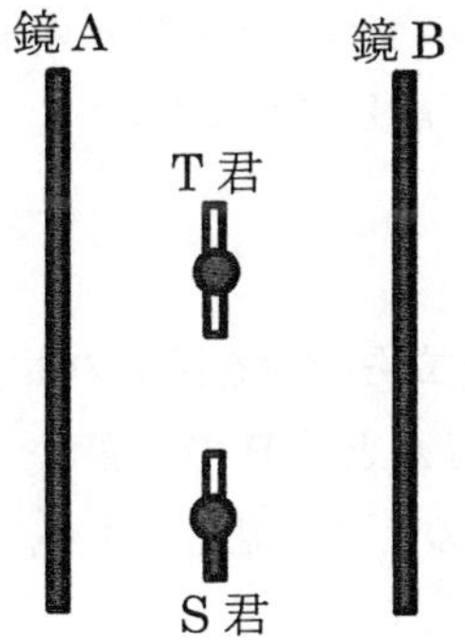

図２：上から見たようす①、②

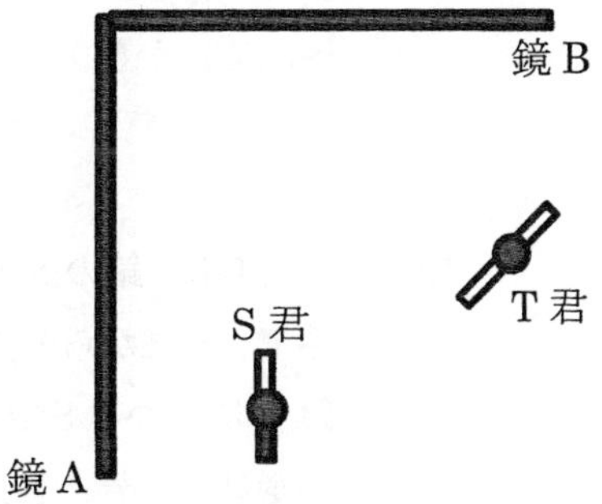

図３：上から見たようす③

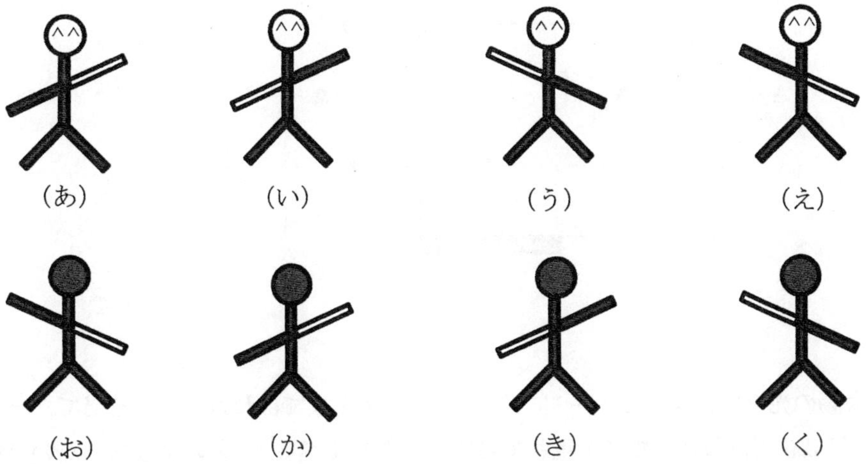

（あ）～（え）は正面の姿、（お）～（く）は後ろ姿を表します。

図４：解答群

問①　図２のような位置関係で、Ｔ君からＳ君を見ると、Ｓ君からの光が「Ｓ君 ⇒ 鏡Ａ ⇒ Ｔ君」の順に届きました。鏡Ａに映ったＳ君はどのように見えますか。図４の（あ）～（く）から１つ選び、記号で答えなさい。

問②　次に、図２のような位置関係のまま、Ｔ君が鏡Ｂの方を向きました。Ｓ君からの光が「Ｓ君⇒ 鏡Ａ ⇒ 鏡Ｂ ⇒ Ｔ君」の順に鏡に一度ずつ反射してＴ君に届きました。鏡Ｂにうつるｓ君はどのように見えますか。図４の（あ）～（く）から１つ選び、記号で答えなさい。

問③　さらに、鏡の置き方と立ち位置を図３のように変えました。問②と同じ順番で、Ｓ君からの光が鏡Ａと鏡Ｂで一度ずつ反射してＴ君に届きました。鏡ＢにうつるＳ君はどのように見えますか。図４の（あ）～（く）から１つ選び、記号で答えなさい。

問２　下の図は鏡と６個のボールを上から見た図です。Ａから見ると何個のボールが鏡に映って見えますか。

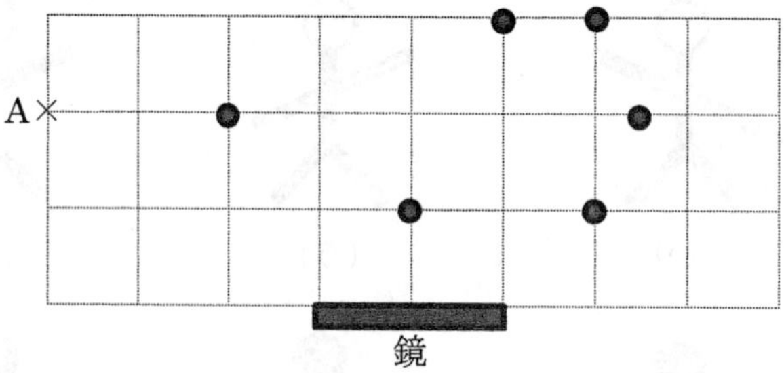

問３　太陽の光をはね返して、かべに当てました。鏡１枚ではね返した光を当てたときと、鏡３枚ではね返した光を重ねて当てたときを比べると、どのようなちがいがありますか。そのちがいを２つ、簡単に答えなさい。

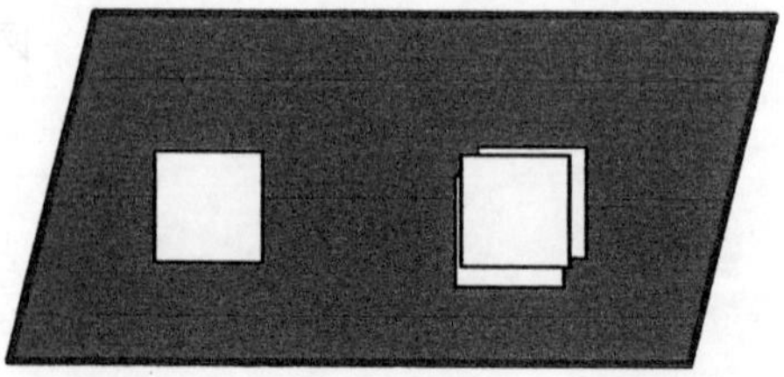

問４　厚みのある透明《とうめい》なガラスに空気中から光を当てました。光の通り道として正しいものはどれですか。図の（あ）～（か）から１つ選び、記号で答えなさい。

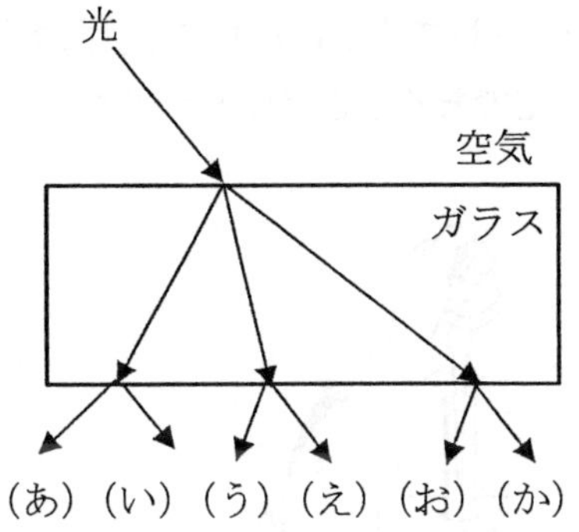

2　石灰水・食塩水・塩酸・炭酸水・アンモニア水・水酸化ナトリウム水よう液があります。６種類の水よう液について、次の各問いに答えなさい。

問１　青色のリトマス紙につけると、リトマス紙が赤色に変わる水よう液は何種類ありますか。

問２　炭酸水にとけている気体を別の水よう液にふきこむと、その水よう液の色が白く変わりました。６種類のうちどの水よう液にふきこみましたか。

問３　水酸化ナトリウム水よう液に入れると、あわが発生してとける金属は次のうちどれですか。（あ）～（え）から１つ選び、記号で答えなさい。

（あ）　銅　　（い）　銀　　（う）　マグネシウム　　（え）　アルミニウム

問４　鉄を塩酸に入れるとあわが発生して、鉄はとけて見えなくなりました。鉄がとけた水よう液を加熱して蒸発させた後のようすについて正しいものを、次の（あ）～（え）から１つ選び、記号で答えなさい。

（あ）　もとの鉄が出てきて、磁石にくっついた。
（い）　もとの鉄が出てきて、磁石にくっつかなかった。
（う）　鉄とはちがう物質が出てきて、磁石にくっついた。
（え）　鉄とはちがう物質が出てきて、磁石にくっつかなかった。

問５　うすい塩酸とうすい水酸化ナトリウム水よう液を、それぞれ量を変えて混ぜました。下の表は、混ぜた水よう液の量とBTB液を加えたときの色の関係を表したものです。あとの問①、問②に答えなさい。BTB液は水よう液に入れると、酸性で黄色、中性で緑色、アルカリ性で青色になります。ただし、中性で緑色になるのは混ぜた水よう液の比が一定であるときだけとします。

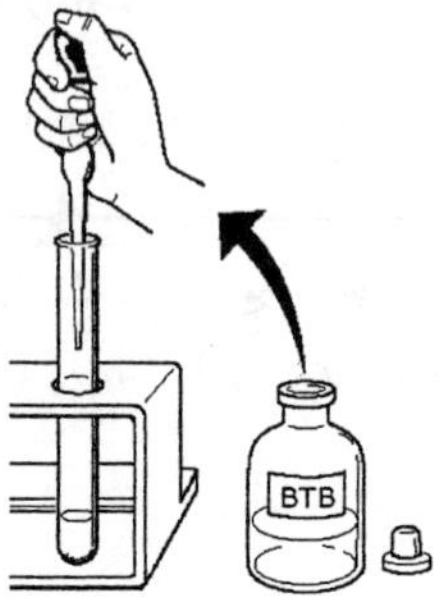

うすい塩酸(mL)	3	4	5	6	7	8
うすい水酸化ナトリウム水よう液　(mL)	8	7	6	5	4	3
BTB液を加えたときの色	青色	青色	青色	緑色	黄色	黄色

問①　うすい水酸化ナトリウム水よう液を6mL入れた試験管にBTB液を加えてから、うすい塩酸を少しずつ加えていきました。何mL加えると液の色が緑色になりますか。

問②　うすい塩酸とうすい水酸化ナトリウム水よう液を10mLずつ混ぜました。BTB液を加えたときの色は何色になりますか。また、その色だと考えた理由を簡単に説明しなさい。

3　植物の花について、次の各問いに答えなさい。

問１　マツの花粉をスケッチしたものを、次の（あ）～（え）から１つ選び、記号で答えなさい。

（あ）

（い）

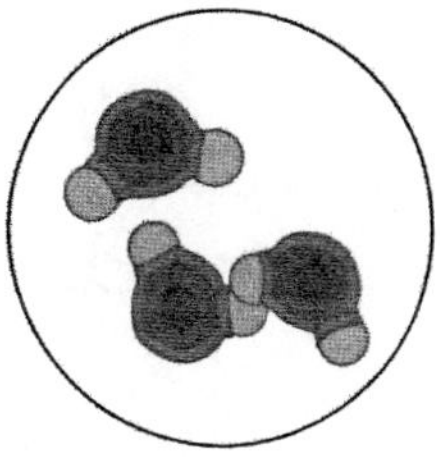

（う）

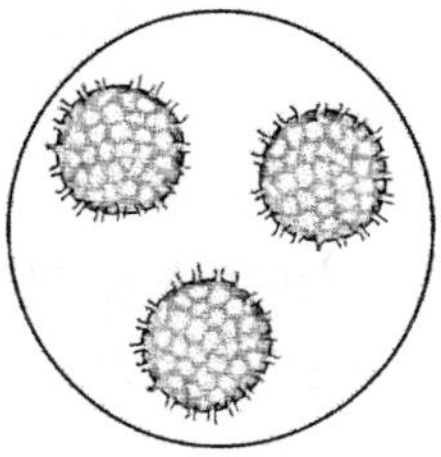

（え）

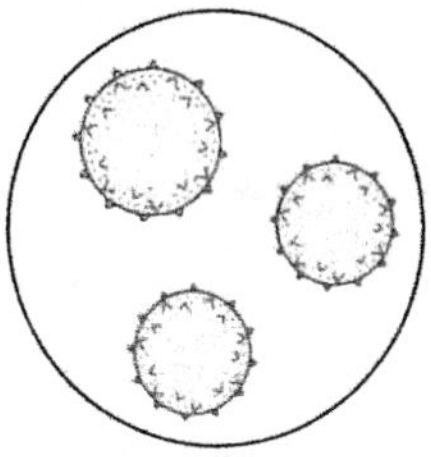

問２　カボチャは花粉をこん虫に運んでもらいます。このような花を何といいますか。またカボチャの花粉の特ちょうを簡単に答えなさい。

問３　次の文章はカボチャとマツの花の形のちがいを説明したものです。２つの（　　）には同じ言葉が入ります。その言葉を答えなさい。

カボチャの花は（　　　　　）があるが、マツの花には（　　　　　）がない。

問４　ヘチマのお花《ばな》をスケッチしたものを、次の（あ）～（う）から１つ選び、記号で答えなさい。

（あ）

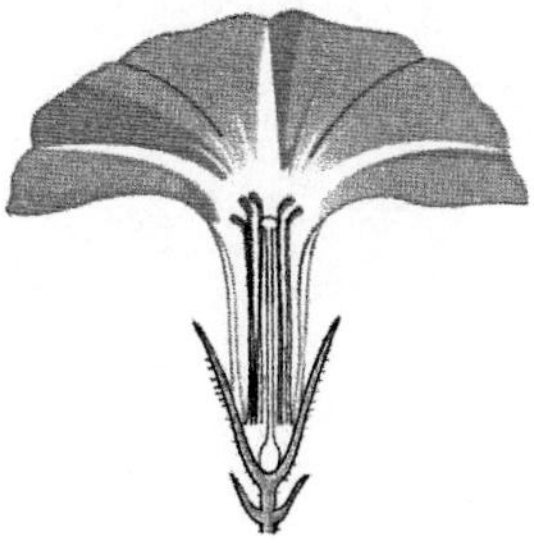

（い）

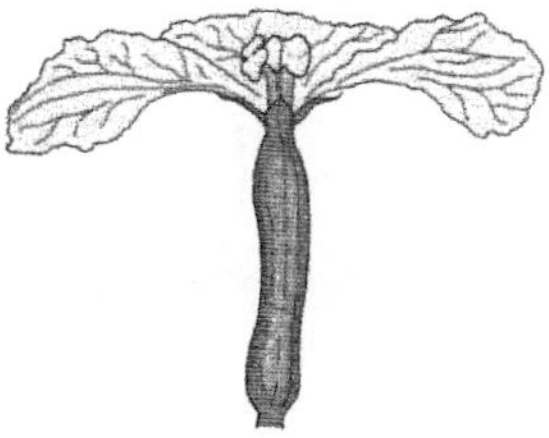

（う）

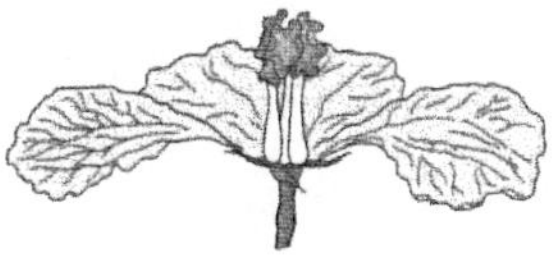

問５　ヘチマの花を使って次のような実験をしました。あとの問①、問②に答えなさい。

【実験１】

・まだつぼみが開いていないめ花を５個選び、それぞれにふくろをかぶせた。
・つぼみが開いたら、お花からとった花粉を筆でめ花につけた。
・その後、ふくろをかぶせたまま育てた。
・５個のめ花には、すべて実ができた。

【実験２】

・まだつぼみが開いていないめ花を５個選び、それぞれにふくろをかぶせた。
・その後、ふくろをかぶせたまま育てた。
・５個のめ花には、実ができなかった。

問①　これらの実験からわかることを、次の（あ）～（え）から１つ選び、記号で答えなさい。

（あ）　ヘチマは、花がさいたら実ができる。
（い）　ヘチマは、つぼみのうちにふくろをかぶせてそのままにすると実ができる。
（う）　ヘチマは、め花に花粉をつけると実ができる。
（え）　ヘチマは、つぼみのうちにふくろをかぶせると、実ができる。

問②　【実験１】と【実験２】の結果を比べるために、つぼみのうちにふくろをかぶせました。これは花が開いたあとにふくろをかぶせたのでは、花が開いてからふくろをかぶせるまでの間に「あること」が起こる心配があるからです。「あること」とは何ですか。簡単に答えなさい。

4 北の空に見える星について、次の各問いに答えなさい。

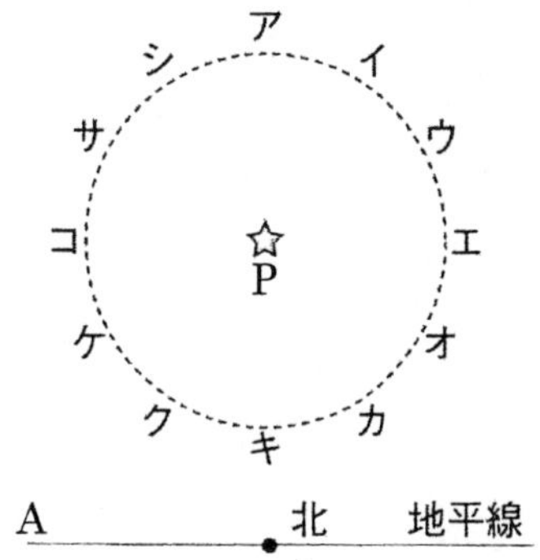

問１　図のＡに当てはまるものはどれですか。
次の（あ）～（う）から１つ選び、記号で答えなさい。
（あ）　南　　（い）　西　　（う）　東

問２　回転の中心にある星Ｐは何座の何等星ですか。

問３　北半球で観察した星Ｐの高度が35度のとき、その場所の緯《い》度《ど》は何度になりますか。

問４　Ｐを中心にまわる星は１時間に何度ずつ動きますか。

問５　ある星が７月３０日の午後９時にエの位置にあるとすると、同じ日の午後７時にはどこにありますか。ア～シの記号で答えなさい。

問６　問５の星は４月３０日の午後９時にはどこにありますか。ア～シの記号で答えなさい。

問７　問５の星が午後１１時にサの位置にあるのは何月の３０日ですか。

問八　――線部④「二つのタコは同じ高さで風に揺れながら、ビミョーにくっついたり離れたりを、いつまでも繰り返していた」の説明として最もふさわしいものを次の中から選び、記号で答えなさい。

ア　裕太の引っ越しによって、二人の関係が以前と変わってしまったことを表現している。
イ　一見仲直りをしたようでも、実際は仲直りしきれていない二人の様子を表現している。
ウ　裕太が遠くに引っ越してしまうことによる「ぼく」と裕太の揺れ動く心を表現している。
エ　自分のことばで裕太を泣かせてしまった「ぼく」の複雑な気持ちを表現している。

問五　――線部①「今回のケンカはタイミングが悪かった」とあるが、なぜ「タイミングが悪かった」のか。その理由を説明した次の文の（　　）に当てはまる表現を、文章中の言葉を使って二十五字以上三十字以内で答えなさい。

◆いつもはすぐに仲直りできるのに、今回は（　　　　　　　　）ため、仲直りできなかったから。

問六　――線部②「裕太からの年賀状、来てた」とあるが、「裕太からの年賀状」についての「ぼく」の説明として最もふさわしいものを次の中から選び、記号で答えなさい。

ア　裕太からの年賀状を見て、自分の子どもっぽい考えをはずかしく思い、早く仲直りするためにも裕太へ急いで返事を出した。

イ　来るはずがないと思っていた裕太からの年賀状が届き、自分は出していないことが気まずくなって、あわてて返事を書いた。

ウ　裕太に書いた年賀状を出さずに持っていたけれど、裕太からの年賀状を見て仲直りするために、裕太の家に直接届けに行った。

エ　自分から年賀状を出すのは負けるような気がしていたが、裕太からの年賀状を見たらうれしくなって、返事をいち早く届けた。

問七　――線部③「裕太、転校しちゃうってマジ？」という「ぼく」のこの一言による裕太の気持ちとして最もふさわしいものを次の中から選び、記号で答えなさい。

ア　いつもの調子で話しかけることで仲直りができてうれしかったのに、この一言によって、「ぼく」と離ればなれになることを改めて実感し、さみしくなってしまった。

イ　「ぼく」と仲直りできて喜んでいたのに、この一言によって、自分の引っ越しを「ぼく」に話していなかったことを責められているような気持ちになり、つらくなってしまった。

ウ　以前と同じように「ぼく」とふざけあって楽しんでいたから、この一言によって、引っ越しをしたくないという自分の気持ちがますます強くなり、せつなくなってしまった。

エ　「ぼく」ともっと仲良くなりたいと思っていたから、この一言によって、自分が引っ越した後はもう会わないと「ぼく」が思っていることを知り、悲しくなってしまった。

「うん……三月までこっちだけど」
また一歩、また一歩、また一歩……。
「遊びに来てもいいからな、札幌に」
いばるな、って。
「札幌って寒いじゃん」と言ってやった。
すぐになにか言い返してくるだろうと思っていたら、裕太はそれきり黙《だま》ってしまった。

やがて、裕太がハナをすする音が聞こえてきた。
「遊びに行くから、マジ、死んでも行く」
あわてて言ったぼくの声も、ハナ詰《つ》まりになってしまった。
ぼくたちはまた黙り込んだ。空に浮かぶタコを並んで見つめた。④二つのタコは同じ高さで風に揺《ゆ》れながら、ビミョーにくっついたり離れたりを、いつまでも繰り返していた。

（重松《しげまつ》　清《きよし》氏の文章による）

問一　〰線部（A）「ツトメル」を漢字とひらがなで答えなさい。

問二　〰線部（B）「ダッシュで」が係る部分を、一文節で抜き出しなさい。

問三　〰線部（C）「息が（　　　）。」が「息が苦しくなる」という意味の慣用句になるように、（　　　）にひらがな三字を入れなさい。

問四　═線部「するする、するする、と」の説明として最もふさわしいものを次の中から選び、記号で答えなさい。

ア　擬態語で、「ぼく」のタコが空で揺れている様子を表している。
イ　擬態語で、裕太のタコが空にのぼっていく様子を表している。
ウ　擬音語で、裕太がタコをあげているときの風の音を表している。
エ　擬音語で、「ぼく」がタコの糸をのばしている時の音を表している。

自転車のペダルを踏《ふ》み込んだ。

（中略）

「年賀状来てるぞー」とパパに呼ばれた。

重い気分のままリビングに戻《もど》って、はがきを分けていたら――。

あった。

②裕太からの年賀状、来てた。

『あけまして　ごめん』

って、ばーか、裕太。それにさ、『今年もよろしく』ってさ、あとちょっとしかないじゃん、オレらの「今年」って……。

(B)ダッシュでまた自分の部屋に戻って、とっておいたはがきに返事を書いた。

『A　HAPPY　NEW　こっちもごめん』

照れくさいけど。

なんか、自分でへへッと笑っちゃうけど。

ポストに入れたら時間がかかるので、直接、あいつの家の郵便受けに入れた。

そのまま公園でタコあげをしながら、ドアの開く瞬間を待った。やっぱりまだ帰ってないのかな。ほんとうに、あいつとはもう遊べないのかな。

まぶたの裏が急に熱くなった。胸がどきどきして、(C)息が（　　　）。

風に乗って空にのぼっていくタコをじっとにらみつけた。

きれいに晴れわたった青空に、ぼくのタコだけが浮かぶ。軽くジャンプしたら、タコにひっぱられて一緒に空にのぼっていきそうだ。札幌まで飛んでっちゃうぞぉ、びっくりすんなよぉ、なんてくちびるをとがらせていたら、空にタコがもう一つ浮かんだ。するする、するする、と――ぼくのタコを追いかけるように空をのぼっていく。

驚いて振り向いた瞬間、思わず「うわわっ」と声をあげそうになった。

裕太がいた。こっちを見て、やっと気づいたのかよばーか、というように得意そうに笑って、すぐに空の上のタコに目を移した。

ぼくも、ふんっ、と自分のタコを見つめる。

「きんが、しんねん」と裕太が言うので、「がしょーっ」と返事をしてやった。

そして、ぼくはタコを見つめたまま、一歩だけ、裕太に近づいた。

「おまえ、ずっと留守だっただろ」

「うん。ゆうべ帰ってきたんだ、札幌から」

また一歩、近づいた。なんとなく、あいつも同じように、こっちに近づいてきてるみたいだ。

「年賀状、ウチまで持って来たのかよ」

「……出すの忘れてたんだよ」

「オレ、おまえに出したっけか？」

なーに強がってんだよ、ばーか。

また一歩、また一歩。

③「裕太、転校しちゃうってマジ？」

四 次の〈あらすじ〉とそれに続く文章を読んで、後の問いに答えなさい。

〈あらすじ〉小学五年生の主人公「ぼく」と裕太《ゆうた》は、この四月から同じクラスになり、何度もケンカと仲直りを繰《く》り返しながら、一番気の合う友だちになっていた。二学期の終業式の日、二人は十二回目のケンカをしてしまう。

①今回のケンカはタイミングが悪かった。絶交したまま冬休みに入ってしまい、しかも、あいつ、冬休みの初日から、お父さんが単身赴任《ふにん》している札幌《さっぽろ》に家族で出かけてしまった。

顔を合わせないと仲直りはできない。ケンカから何日もたつと、ぶつかった理由がなんだったのかよく思いだせなくなって、ってことは「ごめんな」を言わなきゃいけないのが裕太なのかぼくなのかもわからなくなって、「じゃあオレから謝ったら負けだよなー」と思ってしまう。

年賀状、迷ったけど、裕太には出さなかった。

だって絶交中だもん。『今年もよろしく』ってヘンだし、『去年はお世話になりました』なんて、もっとヘンだし。

あいつ、ぼくに出すのかな。だったらぼくの勝ちだ。返事に『今年もよろしく』って、まあ、一言だけ、テキトーに書いてやってもいいけど。

冬休み三日目に年賀状を書き終えて、近所のポストに投函《とうかん》した。はがきは一枚だけ余らせてある。でも、裕太から来なかったらムカつくよな、三学期からも絶交つづけなきゃな、お年玉の金額の比べっこしようぜってケンカの前には盛り上がってたんだけどな……なんてことを思いながら自転車をとばしていたら、同級生の香奈《かな》にばったり会った。女子に会っても無視、とふだんから決めているぼくはかまわずすれ違おうとしたけど、「ちょっとちょっと」と呼び止められた。

「……なんだよ、オレ、忙《いそが》しいんだよ」

「ねえ、知ってる？　裕太くんのこと」

「うん？」

「あの子、転校しちゃうんだって」

「マジ？」

香奈のお母さんが、二学期が終わる少し前に裕太のお母さんから聞いた。お父さんはあと四、五年は札幌の支社に(A)ツトメルことが決まったので、四月からお母さんと裕太も札幌に引っ越すことになった――らしい。

「ふーん、いいじゃん……札幌だと、ジンギスカン食えて。あと、ほら、ラーメンもあるし」

無理やり笑った。でも、声が震《ふる》えた。香奈と目が合うと、なんかカッコ悪いことになってしまいそうだったから、そっぽを向いたまま

問二 A〜Dの中から「二句切れ」の歌を一つ選び、記号で答えなさい。

問三 Bの歌と同じ季節を詠《よ》んだ句をE〜Gの中から一つ選び、記号で答えなさい。

問四 Bの歌の様子としてふさわしくないものを次の中から一つ選び、記号で答えなさい。

ア 静かな様子　**イ** さわやかな様子　**ウ** 澄《す》んだ様子　**エ** 冷え冷えとした様子

問五 Cの歌の「少年」の気持ちとして最もふさわしいものを次の中から選び、記号で答えなさい。

ア 驚《おどろ》きと喜び　**イ** 期待と不安　**ウ** うれしさと自信　**エ** ためらいと安心

問六 Eの句で使われている表現技法を次の中から一つ選び、記号で答えなさい。

ア 倒置《とうち》法　**イ** 直喩《ちょくゆ》法　**ウ** 体言《たいげん》止め　**エ** 擬人《ぎじん》法

問七 Fの句の情景を表した四字熟語として最もふさわしいものを次の中から選び、漢字に直して答えなさい。

イッセキニチョウ　タントウチョクニュウ　ゼンダイミモン　イットウリョウダン

問八 次の説明にあてはまるものをA〜Gの中からそれぞれ一つずつ選び、記号で答えなさい。

①待ちに待った日を迎《むか》えた心はずむ様子が、字余りによって表現されている。

②張りつめた空気の中で、思いがけず自然の生命力に触《ふ》れた感動を詠んでいる。

③季節を感じた瞬間《しゅんかん》、思い起こされた親しみ深い場所への思いが歌われている。

三　次の短歌・俳句について、後の問いに答えなさい。

A　はたはたと
　　黍《きび》の葉鳴れる《鳴っている》ふるさとの
　　軒端《のきば》なつかし秋風吹《ふ》けば

B　みづ《(ず)》うみの氷は解けてなほ《(お)》寒し三日月の影《かげ》《光》波にうつろふ《(う)》　島木赤彦《しまきあかひこ》

C　かがやける少年の目よ自転車を買ひ《(い)》与へ《(え)》んと言ひ《(い)》《買い与えようと言った》しばかりに　宮《みや》　柊二《しゅうじ》

D　遠足の小学生徒有《う》頂天《ちょうてん》に大手ふりふり往来とほ《(お)》る　木下利玄《きのしたりげん》

E　囀《さえずり》をこぼさじ《こぼすまい》と抱《だ》く大樹かな　星野立子《ほしのたつこ》

F　秋空を二つに断てり椎《しい》大樹　高浜虚子《たかはまきょし》

G　斧《おの》入れて香《か》におどろくや冬木立　与謝蕪村《よさぶそん》

問一　次の文はAの歌の作者の説明である。Aの歌の作者を後の中から一人選び、記号で答えなさい。

◆日常生活やふるさとへの思いを三行書きの歌に表した。歌集に『一握《いちあく》の砂』や『悲しき玩具《がんぐ》』などがある。

ア　芥川龍之介《あくたがわりゅうのすけ》　**イ**　夏目漱石《なつめそうせき》　**ウ**　石川啄木《いしかわたくぼく》　**エ**　金子みすゞ《かねこみすず》

問九 ――線部④「『自分に責任がある』という自覚」は、どのようなことに結びついていくのか。次の中から最もふさわしいものを選び、記号で答えなさい。

ア 問題を抱《かか》える人たちの立場を理解する機会が増え、社会を良い方向へと導く原動力になること。

イ 世の中にあるさまざまな問題を理想だけでとらえず、現実的な視点を生み出そうとすること。

ウ 対立する意見が採用されても、対話に参加したことで幸福感と満足感が生み出されること。

エ 少数者による政治的な決断を受け入れ、自ら進んで不満を抑《おさ》える存在となっていくこと。

問十 ――線部⑤「それら」がさす内容を、文章中の言葉を使って二十字以上二十五字以内で答えなさい。

問十一 次のア～エはこの文章について話し合ったものである。文章の内容に合わないものを一つ選び、記号で答えなさい。

ア Aさん：「今回、この文章を読んで、人々の人生が言葉によって充実していくからこそ、対話が大切だということがわかったよ。」

イ Bさん：「その対話において、自分のことはもちろん、相手のことも一人の人格をもった個々の「私」として対応することが必要なんだね。」

ウ Cさん：「なるほど。そうすることで、お互いに相手を尊重できるから対話も効率よく進み、時間も短縮できて望ましい対話の形になるんだね。」

エ Dさん：「私たちもこれから対話をする時にはその意義を考え、しっかり準備をしていこうね。」

問五 〰〰線部（Ｅ）「センモンカマカセ」を漢字とひらがなで答えなさい。

問六 ――線部①「いま増えているのは、むしろ『対話嫌い』『言論嫌い』ではないでしょうか」の理由として最もふさわしいものを次の中から選び、記号で答えなさい。

ア 誰もが自由に対話ができるようになったため、言葉遣いも乱れ、不愉快《ふゆかい》な思いをする人がいるから。

イ すべてが対話によって解決できると人々は思っており、うまくいかないと人間関係が悪くなるから。

ウ 様々な場所で対話の大切さが叫《さけ》ばれているが、対話をのぞまない風潮がもともと社会の中にあったから。

エ 対話の重要さが強調されているが、必要なことが備わっていないため、対話の成り立たないことが多いから。

問七 ――線部②「対話が成り立つ」ために必要なこととしてふさわしくないものを次の中から一つ選び、記号で答えなさい。

ア 対話を行う時、主題を共通化し、互いの意見をぶつけあうこと。

イ 対話を行う人が限定されていて、数が少ないこと。

ウ 対話を行う時、オンラインも利用し、大勢の意見を取り入れること。

エ 対話を行う人の関係が対等になり、互いの意見を言えること。

問八 ――線部③「私の考える対話と国会などの討論は同じではありません」の説明として最もふさわしいものを次の中から選び、記号で答えなさい。

ア 対話は弱者の立場になって真理を求めるが、国会の討論は民主主義を前提に真理を求める。

イ 対話は必ずしも答えが出るわけではないが、国会の討論は必ず結論を出さなくてはいけない。

ウ 対話は多くの人と話し合って答えを出していくが、国会の討論は少数の意見を重視していく。

エ 対話は長い時間をかけて議論することが正しいが、国会の討論は短い時間で済ますことが正しい。

て得られた決定と10時間議論して得られた決定が同じなら、1時間で決まった方が効率的じゃないか」という、時間と効率の発想があります。しかし、これはまずいんじゃないか。

皆《みな》が意見を出し合い、一緒《いっしょ》に考えることは、仮に自分とは反対の意見が最後に通ったとしても、自分も一員として参加したという意識を生みます。その決定について④「自分に責任がある」という自覚をもたらします。これは、少数者の勝手な決断によって皆が納得《なっとく》できずに不満がたまり、かえって(D)後始末が大変になるより、長期的には効率的ではないでしょうか。

格差問題を考え、社会的弱者を救済するといった議論でも、(E)センモンカマカセにするのではなく、皆が参加することが、社会を大きく変える力になります。皆を巻《ま》き込んで議論すること自体、共感や「気づき」を生む。それが弱者にとって励《はげ》みになることもあります。

今の日本で「理想」を語ることは、はやりません。（中略）

でも私は、対話をつうじて理想を語っていくしかないと感じています。現実の社会で善い活動をしている人はたくさんいます。⑤それらの声をつなぎ合わせ、より善い社会へ向かっていくことはできる。理想を追い求めて失敗したとしても、それを語り継《つ》ぐことだけでも意味があると思います。

（納富《のうとみ》　信留《のぶる》氏の文章による）

（注）※プラトン・ソクラテス……ともにギリシアの哲学者。
※忖度や迎合……相手の気持ちを考えたり、相手が気に入るように自分の態度や考えを変えること。

問一　〰線部（A）「スキル」とほぼ同じ意味で使われている言葉を、同じ形式段落の中から漢字で抜き出しなさい。

問二　〰線部（B）「発」の太字の部分は何画目か。算用数字で答えなさい。

問三　[C]に入る言葉を漢字二字で答えなさい。

問四　〰線部（D）「後始末」と同じ熟語の構成のものを次の中から一つ選び、記号で答えなさい。

ア　反比例　**イ**　上中下　**ウ**　人間性　**エ**　高低差

※師ソクラテスは人々と対話を交わして善き生き方に誘《いざな》いましたが、誤解をうけて裁判で死刑《しけい》になります。その教訓から、より本格的に対話をつうじた哲学を実践《じっせん》しようとして作ったのが、アカデメイアという学園です。

では、②対話が成り立つには、何が必要になるでしょうか。

まず、対話者が特定の少数者であること。通信ネットワークの広がりで不特定多数ないし（＝あるいは）匿名《とくめい》の相手に向かって話す文化が広がっていますが、これは本来の対話ではないと私は考えます。語る相手が一人の人間、人格として扱《あつか》われないからです。ソクラテスは「魂《たましい》に配慮《はいりょ》する（＝気づかう）」、魂と魂が向き合うのが対話であると考えています。

次に、対話者同士は対等でなければなりません。人が言葉を交わす時は、親と子、上司と［Ｃ］、先生と生徒というように、立場やステータス（＝社会的地位や身分）に基《もと》づいて行われることが多い。そうすると力関係が入り込《こ》んでしまい、対話というよりも説教や指示になりがちです。言葉遣いも攻撃的《こうげきてき》になったり※忖度《そんたく》や迎合《げいごう》になったりする。そうではなく、立場を超《こ》えた「私」というものがあり、裸《はだか》の人間同士として向き合い、「相互《そうご》に」言葉を交わすということが求められるのです。

もう一つ必要なのは、共通のテーマを立てるということ。共通の主題を掲《かか》げて、お互《たが》いに考えていることをぶつけ合う。それが対話の基本です。そこでは、必ずしも問題の解決が図《はか》られるわけではない。同じ問題に対話者がともに向き合うというのかな。そういう場が重要なのではないか。

今はコロナ禍《か》なので対面で会えず、対話が困難な状況《じょうきょう》ですが、オンライン上の対話にはメリットもあります。それまで身体的に表に出られなかった人も参加することが可能になっている。海外の人との対話も容易になりました。ただ、同じ空気を吸うことで感じられる人と人との呼吸、間の取り方、表情などを共有しづらい点で、やはり不十分であるように思います。

対話において、私たちは何を目指すのか。私の考えでは、「真理」です。対話者が互いに真理を求めることで「真理の下の平等」が生まれ、対等性が実現するのです。

真理を求めるというと大げさですが、なにも重大な真理の発見である必要はありません。生活の中にある真実でいい。（中略）

現実の政治や社会に目を向けると、対話が成立しているとはあまり感じられません。これはいまに始まったことではないですが。

政治の世界は決断が求められるので、③私の考える対話と国会などの討論は同じではありませんが、それにしても、文書を読み上げるだけの対話以前の政治家の態度には憤《いきどお》り（＝怒《いか》り）を覚えます。（中略）

変化の激しい現代は、権威《けんい》主義体制の方が素早《すばや》い決断ができるので、民主主義体制の側が負けてしまうとの危機感があります。「１時間議論し

問九　次の文の「の」と同じ働きのものを後の中から一つ選び、記号で答えなさい。

◆歌を歌うのも聞くのも好きです。

ア　その忘れ物は友だちのです。　**イ**　カレーはからいのがおいしいです。

ウ　どこへ行ってきたの。　**エ**　わたしの飼っている犬の名前はボブです。

問十　次の（　　）内の言葉を並べかえて意味の通る文にしたとき、使わないものを一つ答えなさい。（形を一部変えて使われる言葉が一つある。）

◆この問題は間違《まちが》えても（言う・先生・に・と・くれる・が・は・仕方ない・て）、母はわかってくれない。

二　次の文章を読んで、後の問いに答えなさい。

対話が大切であると、よく言われます。政治の場でも教育現場でも市民社会の集会でも、しばしば強調されます。現代は誰《だれ》もが自由に発言できて、対話のしやすい時代になったように見えます。けれども、①いま増えているのは、むしろ「対話嫌《ぎら》い」「言論嫌い」ではないでしょうか。

対話をすれば問題がすべて解決するとは限りません。また対話が成立するには、心構えが必要になる。なのに準備や技法を持たないまま、対話をしようと掛《か》け声ばかりかけられるので、結局うまくいかない。かえって「対話しても仕方ない」という風潮が生まれているように思います。

では、対話で求められる心構えとは何か。これはもう、哲学《てつがく》になります。人間が言葉を使って生きていくという基本に関わる問題です。そもそも私たちはなぜ言葉を交わし、他人と生きていくのか。そこでどう付き合い、どんな言葉遣《づか》いをするのか。単なるノウハウ（＝技術や知識、情報）や(A)スキルにとどまらない、生き方に関わる技法です。

対話は人間に幸福をもたらすと※プラトンは(B)考えました。それは何か成果が得られてハッピーになるというのではなく、言葉を使って議論しながら生きること自体、自分の能力を最大限発揮することになり、生の充実《じゅうじつ》をもたらすという意味での幸福です。

問四　次の漢字を漢和辞典で調べたとき、二番目に出てくるものを選び、記号で答えなさい。

ア　神　　**イ**　病　　**ウ**　低　　**エ**　送

問五　次の（　　　）にあてはまる言葉をひらがな六字で答えなさい。

Ａさん：「誕生日のお祝いにクッキーを焼いてきたので、どうぞ（　　　　　　）ください。」
Ｂさん：「ありがとうございます。喜んでいただきます。」

問六　次の中から――線部の使い方として正しいものを一つ選び、記号で答えなさい。

ア　毎日、朝早くから海岸でゴミを拾うなんて頭が下がる思いだ。
イ　情けは人のためならずというから、君を助けるのはやめよう。
ウ　彼は気がおけない友達なので、話すときはいつも言葉を選ぶ。
エ　彼のとても失礼な行動には、みんな目をかけるほどであった。

問七　次の【例】にならって、「列車」をローマ字で答えなさい。

【例】國學院《こくがくいん》　↓　ＫＯＫＵＧＡＫＵＩＮ

問八　次の二つの文が同じ意味になるように、（　　　）にあてはまる表現を答えなさい。

Ａ　犬が追いかけたので、ねこは逃《に》げた。
Ｂ　ねこは、犬に（　　　　　　）ので逃げた。

二〇二二年度 國學院大學栃木中学校

【国　語】〈第一回入試〉（五〇分）〈満点：一〇〇点〉

※設問の都合で、作品の一部に省略、変更がある。
※句読点も一字として数えること。

一　次の各問いに答えなさい。

問一　次の文を読んで、「かなづかい」に誤りのあるものを一単語で抜《ぬ》き出しなさい。

◆おかあさんが、もみじのきのしたで、おねえさんとわたしに『おうかみとおうじさま』というはなしをしてくれました。

問二　次の【例】にならって「漢字しりとり」をした時、後の ① ・ ② に入る漢字を使って、二字の熟語を完成させなさい。

【例】 花 ― 見 ― 学 ― 習

細 ― ① ― 場 ― 合 ― ② ― 文

問三　次の【例】と【答え方】にならって、「青・音・寺」につく共通する「部首」を考え、その部首を使った漢字を一字答えなさい。

【例】「寸・公・木」

【答え方】「寸・公・木」につく共通する部首は「木（きへん）」であり、「村・松・林」となる。「木（きへん）」を部首とする漢字には他に「梅・校・植」などがあるので、そのうちの一字「梅」を答える。

2022年度

國學院大栃木中学校 ▶解説と解答

算　数　＜第１回試験＞（50分）＜満点：100点＞

解　答

1 (1)　1890　(2)　2　(3)　200.02　(4)　37.78　(5)　$\frac{3}{40}$　(6)　$2\frac{3}{34}$　(7)　75.3　(8)　40　(9)　$\frac{1}{3}$　(10)　$\frac{2}{3}$　**2** (1)　6　(2)　32ドル　(3)　$(5+a)\times b\div 2\mathrm{cm}^2$　**3** (1)　35度　(2)　60cm^3　(3)　14枚　(4)　16才　(5)　237.5度　(6)　10分後　(7)　200ｇ　(8)　15分　(9)　58点　(10)　8分20秒　**4** (1)　298　(2)　674番目　**5** (1)　630円　(2)　15930円　(3)　92個以上

解　説

1 **四則演算，計算のくふう**

(1)　$945\div27\times54=945\times\frac{1}{27}\times54=945\times2=1890$

(2)　$576\div12-2\times23=48-46=2$

(3)　$3.65\times54.8=200.02$

(4)　$52.4-3.4\times4.3=52.4-14.62=37.78$

(5)　$\frac{7}{10}-\frac{1}{4}-\frac{3}{8}=\frac{28}{40}-\frac{10}{40}-\frac{15}{40}=\frac{3}{40}$

(6)　$\left(3\frac{2}{7}-\frac{3}{4}\right)\div1\frac{3}{14}=\left(3\frac{8}{28}-\frac{21}{28}\right)\div1\frac{3}{14}=2\frac{15}{28}\div1\frac{3}{14}=\frac{71}{28}\div\frac{17}{14}=\frac{71}{28}\times\frac{14}{17}=2\frac{3}{34}$

(7)　$0.753\times70+7.53\times33-75.3\times3=7.53\times7+7.53\times33-7.53\times30=7.53\times(7+33-30)=7.53\times10=75.3$

(8)　$56-48+43-35+37-29+25-17+15-7=(56-48)+(43-35)+(37-29)+(25-17)+(15-7)=8+8+8+8+8=8\times5=40$

(9)　$0.2\div0.75\times\left(3.75-2\frac{1}{2}\right)=\frac{1}{5}\div\frac{3}{4}\times\left(3\frac{3}{4}-2\frac{1}{2}\right)=\frac{1}{5}\times\frac{4}{3}\times\left(3\frac{3}{4}-2\frac{2}{4}\right)=\frac{4}{15}\times\frac{5}{4}=\frac{1}{3}$

(10)　$2\frac{3}{5}-\left\{\frac{1}{3}+0.6\div\left(2\frac{1}{8}-1.75\right)\right\}=2\frac{3}{5}-\left\{\frac{1}{3}+\frac{3}{5}\div\left(2\frac{1}{8}-1\frac{3}{4}\right)\right\}=2\frac{3}{5}-\left(\frac{1}{3}+\frac{3}{5}\div\frac{3}{8}\right)=2\frac{3}{5}-\left(\frac{1}{3}+\frac{3}{5}\times\frac{8}{3}\right)=2\frac{3}{5}-\left(\frac{1}{3}+\frac{8}{5}\right)=2\frac{3}{5}-\left(\frac{5}{15}+\frac{24}{15}\right)=2\frac{3}{5}-\frac{29}{15}=\frac{39}{15}-\frac{29}{15}=\frac{2}{3}$

2 **比，文字式と面積**

(1)　A：B＝C：Dは，A×D＝B×Cより，$\frac{3}{5}:0.8=4\frac{1}{2}:\square$は，$\frac{3}{5}\times\square=0.8\times4\frac{1}{2}$，$\frac{3}{5}\times\square=\frac{4}{5}\times\frac{9}{2}$，$\frac{3}{5}\times\square=\frac{18}{5}$，$\square=\frac{18}{5}\div\frac{3}{5}=\frac{18}{5}\times\frac{5}{3}=6$である。

(2)　１ユーロが128円，１ドルが108円なので，27ユーロは，128×27÷108＝32(ドル)となる。

(3)　台形の面積＝(上底＋下底)×高さ÷２だから，上底が５cm，下底が$a$cm，高さが$b$cmの台形の面積は，$(5+a)\times b\div2$ (cm^2)と表せる。

3 **角度，表面積・体積，つるかめ算，和差算，時計算，旅人算，濃度，仕事算，平均，ニュートン算**

(1)　77度の角を通り，直線アに平行な直線ウを引いて考える。このとき，平行線の錯角は等しいか

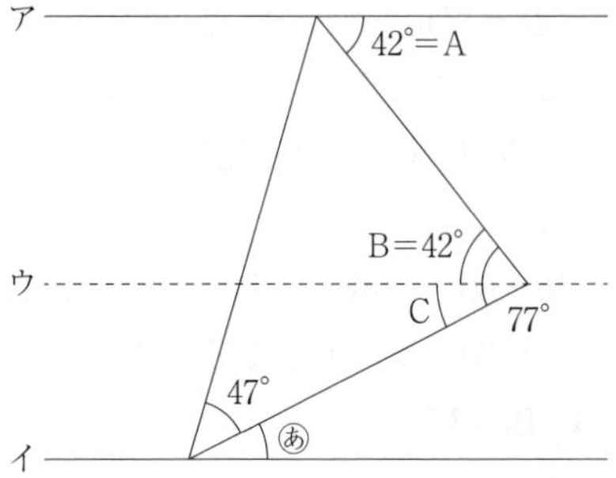

ら，∠B＝∠A＝42度より，∠C＝77－42＝35(度)となる。同様に，平行線の錯角の関係にある㋐の角と∠Cは等しいので，㋐の角の大きさは35度である。

⑵　問題の図の手前の長方形の面と奥の長方形の面の面積を除いた，４つの長方形の面積の合計は，94－(３×５)×２＝64(cm^2)である。この４つの長方形の面積の合計は，(３×２＋５×２)×たて＝16×たて(cm^2)と表すことができ，これが64cm^{2}であるので，たての長さは，64÷16＝４(cm)である。したがって，この直方体の体積は，４×５×３＝60(cm^3)と求めることができる。

⑶　つるかめ算を利用する。25枚が全部100円玉だったとすると，合計金額は，100×25＝2500(円)となる。実際の合計金額は1800円で，100円玉１枚を50円玉１枚に変えると，合計金額は，100－50＝50(円)減ることになる。したがって，50円玉は，(2500－1800)÷50＝14(枚)ある。

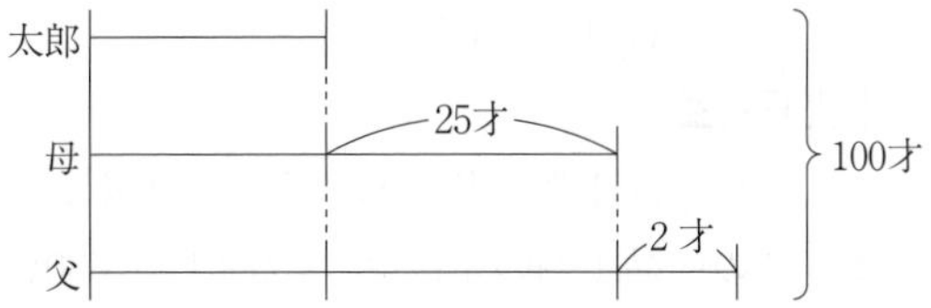

⑷　３人の年れいを線分図に表すと，右の図のようになる。このとき，太郎君の年れいは，{100－(25＋25＋２)}÷３＝16(才)である。

⑸　時計の長針は，１分間に，360÷60＝６(度)進み，短針は，１分間に，360÷12÷60＝0.5(度)進む。６時ちょうどのとき，長針と短針のつくる角は180度で，６時55分になるまでに，長針と短針のつくる角は，６－0.5＝5.5(度)ずつ追いつき，その後，６－0.5＝5.5(度)ずつ追いこす。長針と短針のつくる角は，55分間で，5.5×55＝302.5(度)変化するので，追いつくまでに180度分をひくと，302.5－180＝122.5(度)になる。よって，長針と短針のつくる角のうち，大きいほうの角は，360－122.5＝237.5(度)となる。

⑹　兄が家を出発するとき，妹は兄より，60×５＝300(m)先を歩いている。兄は分速90mで走り，妹は分速60mで歩いているから，１分間に，90－60＝30(m)ずつ追いつくことになる。したがって，兄は出発してから，300÷30＝10(分後)に妹に追いつく。

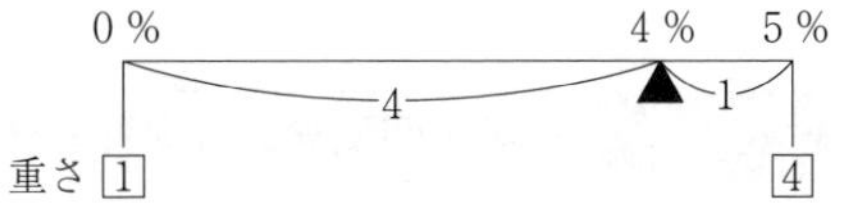

⑺　50ｇの水は，０％の食塩水と考えて，右のような図で表す。うでの長さの比は，左：右＝４：(５－４)＝４：１で，混ぜ合わせる２つの食塩水の重さの比は，うでの長さの比の逆の比になるので，０％の食塩水の重さ：５％の食塩水の重さ＝１：４となる。したがって，最初の食塩水の重さは，50÷１×４＝200(g)となる。

⑻　この仕事の全体の量を１とすると，１分間に太郎君がする仕事の量は，$1\div6=\frac{1}{6}$，花子さんがする仕事の量は，$1\div10=\frac{1}{10}$となる。また，この仕事を３人で３分で終えたので，１分間に３人がした仕事の量は，$1\div3=\frac{1}{3}$である。これより，１分間に桃子さんがする仕事の量は，$\frac{1}{3}-\left(\frac{1}{6}+\frac{1}{10}\right)=\frac{1}{3}-\frac{4}{15}=\frac{1}{15}$とわかる。したがって，桃子さん１人でこの仕事を終えるのに，$1\div\frac{1}{15}=15$(分)かかる。

⑼　平均点＝全員の得点の合計÷合計人数である。男子18人の得点の合計は，56×18＝1008(点)で，女子12人の得点の合計は，61×12＝732(点)だから，クラス全体の平均点は，(1008＋732)÷(18＋

12)＝1740÷30＝58(点)となる。

⑽　１つの窓口では，行列は１分間に，500÷20＝25(人)ずつ減っている。行列は毎分10人ずつ増えるが，結果として25人ずつ減っているので，１つの窓口では１分間に，25＋10＝35(人)が入場できる。窓口を２つにすると，１分間に，35×２＝70(人)入場できるので，行列は，１分間に，70−10＝60(人)減る。したがって，窓口を２つにすると，500÷60＝$8\frac{1}{3}$(分)，60×$\frac{1}{3}$＝20(秒)より，８分20秒で行列がなくなる。

4 周期算

⑴　１，２，２，３，３，４，４，４，４の９個の数を１組として考える。100番目の数は，100÷９＝11(組)あまり１より，12組の１番目の数の１である。１組の数の和は，１＋２＋２＋３＋３＋４＋４＋４＋４＝27だから，100番目までの数をすべてたすと，和は，27×11＋１＝298となる。

⑵　１組の数の和は27だから，2021÷27＝74(組)あまり23で，23＝１＋２＋２＋３＋３＋４＋４＋４より，75組の８番目までの数をたすと2021となる。75組の８番目の数は，左から数えて，９×74＋８＝674(番目)である。

5 売買損益

⑴　この商品１個の仕入れ値を１とすると，利益は0.4で，定価は，１＋0.4＝1.4となる。したがって，この商品１個の定価は，450×1.4＝630(円)となる。

⑵　30個は定価で売ったので，その売り上げは，630×30＝18900(円)である。残りの，120−30＝90(個)は，定価の１割引きの，630×(1−0.1)＝567(円)で売ったので，その売り上げは，567×90＝51030(円)である。したがって，全部売ったときの売り上げの合計は，18900＋51030＝69930(円)で，仕入れ値の合計は，450×120＝54000(円)であるから，利益は，69930−54000＝15930(円)になる。

⑶　売り上げの合計が54000円をこえれば利益が出る。定価で売った30個の売り上げは18900円だから，定価の１割引きで売った商品の売り上げが，54000−18900＝35100(円)をこえればよい。よって，35100÷567＝61あまり513より，定価の１割引きで，61＋１＝62(個)以上売ればよい。したがって，この商品を全部で，30＋62＝92(個)以上売ればよい。

社 会　＜第１回試験＞（理科と合わせて50分）＜満点：50点＞

解 答

1 **問１**　(県名，県庁所在地名の順に)　宮城(県)，仙台(市)　**問２**　う　**問３**　い　**問４**　う　**問５**　(記号，県庁所在地名の順に)　**E**　あ，奈良(市)　**F**　い，松江(市)　**G**　う，長野(市)　**H**　え，神戸(市)　**2** **問１**　こ　**問２**　う　**問３**　(記号，国名の順に)　あ，イタリア　**問４**　(記号，国名の順に)　お，インドネシア　**3** **問１**　聖武天皇　**問２**　東大(寺)　**問３**　え　**問４**　鑑真　**問５**　伊藤博文　**問６**　え　**問７**　あ　**問８**　貴族院　**問９**　源頼朝　**問10**　平治(の乱)　**問11**　い　**問12**　壇ノ浦(の戦い)　**問13**　本居宣長　**問14**　う　**問15**　解体新書　**問16**　い　**4** **問１**　象徴　**問２**　あ　**問３**　社会　**問４**　新型コロナウイルス　**問５**　(満)18(才以上)　**問６**　え　**問７**　プライバシー

解　説

1　都道府県についての問題

はじめにA～Hの都道府県を特定すると，Aは宮城県，Bは山形県，Cは静岡《しずおか》県と山梨《やまなし》県の県境地域，Dは東京都，Eは奈良《なら》県，Fは島根県，Gは長野県，Hは兵庫県である。

問１　宮城県の県庁所在地である仙台《せんだい》市は人口100万人を超《こ》える地方中枢《ちゅうすう》都市であり，東北地方で唯一《ゆいいつ》の政令指定都市である。

問２　山形県は庄内《しょうない》平野で稲作《いなさく》がさかんであるが，内陸部の盆地《ぼんち》では果樹栽培《さいばい》がさかんにおこなわれている。なお，あは北海道，いは大分県，えは愛知県の説明である。

問３　Cの地域に位置するのは，日本の最高峰《ほう》である富士山である。富士山は“信仰《しんこう》の対象と芸術の源泉”としての価値が認められ，世界文化遺産として登録された。なお，あは富山県と岐阜《ぎふ》県に位置する「白川郷・五箇《ごか》山の合掌《がっしょう》造り集落」，うは鹿児島《かごしま》県に属する「屋久島」，えは群馬県に位置する「富岡《とみおか》製糸場と絹産業遺産群」の説明である。

問４　①の黒潮は日本海流とも呼ばれる暖流である。なお，親潮は千島海流とも呼ばれる寒流，ドーナツ化現象は都心部の地価の上昇《じょうしょう》や環境《かんきょう》の悪化などによって，人口が周辺地域に流出する現象である。

問５　**E**　奈良県南部には，和歌山県，三重県にまたがる紀伊山地が位置しており，人工の三大美林の一つに数えられる吉野《よしの》すぎの私有林が広がっている。明日香《あすか》村に位置する高松塚古墳《たかまつづかこふん》は極彩《さい》色の壁画《へきが》が発見された飛鳥時代の古墳である。　**F**　島根県では，ラムサール条約に宍道《しんじ》湖と中海が登録されている。２つの湖は連結しており，海水と淡水《たんすい》がまざりあう汽水湖である。　**G**　長野県は内陸県としては面積が最大で，県境を接する県が８県と最も多い。また，日本アルプスが位置しているため，山地面積は北海道に次いで広い。日本に天守閣が現存している城は12あり，松本城は国宝に指定されている５つの城のうちの一つである。　**H**　兵庫県明石市を通る標準時子午線は東経135度の経線で，この線は日本の標準時の基準となる。

2　世界の国々についての問題

はじめにあ～この国を特定すると，あはイタリア，いはイギリス，うはサウジアラビア，えは南アフリカ共和国，おはインドネシア，かはニュージーランド，きは中華《ちゅうか》人民共和国(中国)，くはメキシコ，けはペルー，こはアルゼンチンである。

問１　アルゼンチンは南アメリカ大陸南部に位置する国で，国土の約５分の１をパンパとよばれる温帯草原が占《し》めており，牧畜《ぼくちく》がさかんである。

問２　サウジアラビアは西アジアに位置する国で，国土の大部分を砂漠《さばく》が占めている。石油の埋蔵《まいぞう》量は世界最大(2020年)で，経済を石油に依存《いぞん》しており，日本の最大の石油輸入相手国でもある。国の宗教はイスラム教で，聖地であるメッカが位置している。

問３　イタリアの首都はローマである。ローマ市内にある世界最小の独立国であるバチカン市国の元首はローマ教皇で，キリスト教の教派の一つであるカトリックの総本山の側面を持つ。2026年冬季オリンピック開催《かいさい》予定地のミラノやコルティナ・ダンペッツォはアルプス山脈のふもとに位置する。

問４　インドネシアは，東南アジアに位置する熱帯の島国で，環《かん》太平洋造山帯の一部をなしており，火山が多い。そのため，日本と同じく地震《じしん》が多く，2004年のスマトラ島沖《おき》地震では津波《つなみ》によって多くの命が奪《うば》われている。人口は世界で４番目に多い。

3　歴史上の人物と関連するできごとについての問題

問１　聖武《しょうむ》天皇は奈良時代の天皇である。当時，伝染病が流行し，ききんが何度も起きたことから，天皇は仏教の力で国を守ろうと考えた。聖武天皇の治世の元号「天平」から，奈良時代の仏教文化を天平文化という。

問２　東大寺は，全国に建立された国分寺の頂点である総国分寺としての役割を持つ寺である。743年に大仏造立の詔《みことのり》が出され，大仏が完成したのは752年のことであった。

問３　正倉院は三角形の木材を積み上げた校倉造《あぜくらづくり》で建てられた倉庫で，収められた聖武天皇の愛用品の中にはシルクロードを通って唐《とう》にもたらされた品々も見られる。なお，あは室町時代に足利義政が京都の東山に建てた山荘《さんそう》，いは平城京遷都《せんと》の際に藤原不比等《ふじわらのふひと》が藤原京から移転させた寺院，うは平安時代に藤原頼通《よりみち》が宇治に建てた寺院である。

問４　唐の高僧《こうそう》である鑑真《がんじん》は，日本の求めに応じ，たび重なる渡航《とこう》の失敗を乗り越《こ》えて来日をはたした。日本に正式な戒律《かいりつ》を伝え，平城京内に唐招提《とうしょうだい》寺を建立した。

問５　伊藤博文《いとうひろぶみ》は問題文に書かれた業績以外にも，岩倉使節団への参加，初代貴族院議長への就任，日清戦争の講和会議への列席，立憲政友会の結成，初代韓国統監《かんこくとうかん》への就任などがある。伊藤博文が明治時代の政治にはたした役割は非常に大きなものであった。

問６　福沢諭吉《ふくざわゆきち》は中津藩《なかつはん》(現在の大分県中津市)の出身である。

問７　大日本帝国《ていこく》憲法は，君主権の強いプロイセン(ドイツ)の憲法を参考に作成された。

問８　衆議院は選挙によって議員が選出されたが，貴族院は皇族や華族《かぞく》，国に貢献《こうけん》した功績で天皇が任命した人物などによって構成された。貴族院は日本国憲法の施行《しこう》とともに廃止《はいし》され，新たに参議院が創設された。

問９　源頼朝《みなもとのよりとも》は源氏の棟梁《とうりょう》として，源平の戦いに源義経《よしつね》などを派遣《はけん》し，自らは鎌倉《かまくら》で武家の政権づくりに取り組んだ。平氏滅亡《めつぼう》後，対立を深めた義経をとらえるという口実で国ごとに守護，荘園《しょうえん》と公領ごとに地頭を置くことを朝廷《ちょうてい》に認めさせた。

問10　朝廷内の実権争いである保元《ほうげん》の乱に勝利した後白河上皇《ごしらかわじょうこう》のもとで，源義朝《よしとも》と平清盛《たいらのきよもり》は対立を深めた。源義朝が挙兵し，平清盛に敗れたのが平治の乱である。その後，平清盛は政治の実権を握《にぎ》り，権勢をほこった。

問11　いの厳島神社は，平清盛によって現在のような社殿《しゃでん》に整えられた。なお，あは皇居で，前身は江戸幕府の将軍の居城であった江戸城，うは室町時代に足利義満が建てた金閣，えは徳川家康がまつられている日光東照宮である。

問12　平氏は一ノ谷の戦い(現在の兵庫県)，屋島の戦い(現在の香川《かがわ》県)と，源氏の軍勢によって西へ西へと追い詰《つ》められ，壇ノ浦《だんのうら》の戦い(現在の山口県)で滅亡した。

問13　本居宣長は『古事記伝』をあらわし，国学を大成した。のちに国学は幕末の尊王攘夷運動《そんのうじょういうんどう》に影響《えいきょう》を与《あた》えた。

問14　下線が「伊勢《いせ》松坂」に引かれていることに注目する。現在の松阪市は，伊勢国にあった松坂城の城下町が発展した市である。

問15　『解体新書』は日本初の西洋医学の翻訳書《ほんやくしょ》で，杉田玄白《すぎたげんぱく》や前野良沢《まえのりょうたく》らがオランダ語で書かれた『ターナル・アナトミア』という医学書を，約４年間を費やして翻訳したものである。

問16　Ａの聖武天皇は奈良時代の天皇，Ｂの伊藤博文は明治時代の政治家，Ｃの源頼朝は鎌倉時代の将軍，Ｄの本居宣長は江戸時代の学者である。したがって，Ａ→Ｃ→Ｄ→Ｂの順となる。

4　日本国憲法についての問題

問１　天皇が日本国の象徴であり，日本国民統合の象徴であることは，日本国憲法第１条に明記されている。

問２　平和主義については，憲法第９条の他に前文でも触れられている。なお，いの自衛隊が創設されたのは1954年で，憲法公布の1946年より後の出来事，うは基本的人権の自由権で憲法第18条に明記，えも自由権で憲法第33条に明記されている。

問３　社会権としては他に，働く権利，労働者を守る権利(団結権・団体交渉《こうしょう》権・団体行動権)がある。

問４　生存権は憲法第25条で，「すべて国民は，健康で文化的な最低限度の生活を営む権利を有する。」と規定されており，この権利を保障するために国に社会保障制度の整備を義務づけている。社会保障制度は社会保険・社会福祉《ふくし》・公的扶助《ふじょ》・公衆衛生を４本柱としており，新型コロナウイルスの対策は公衆衛生に含《ふく》まれる。

問５　2016年に選挙年齢《ねんれい》は満20歳《さい》以上から満18歳以上に引き下げられた。これは，世界の多くの国々が選挙年齢を満18歳以上としていること，少子高齢化が進み，若い世代の意見が反映されにくくなっている状況《じょうきょう》を改善する必要があることなどによるものである。

問６　あの三審制《さんしんせい》は裁判の誤りを防ぎ，基本的人権を保障するために，判決に不服がある場合には三回まで裁判を受けることができるしくみ，いの間接民主制は，選挙で選出した代表者を通じて国民が政治に参加するしくみ，うの自己決定権は新しい権利の一つで，自分の生き方について自分自身で自由に決定する権利を指す。病院の治療《ちりょう》方針について患者《かんじゃ》自身が自分の責任において選択するインフォームド・コンセントなどが自己決定権の一つとされている。

問７　プライバシーの権利は，私生活をみだりに公開されない権利とともに，自分の情報をコントロールできる権利でもある。

理　科　＜第１回試験＞（社会と合わせて50分）＜満点：50点＞

解　答

1 **問１**　**問①**　(あ)　**問②**　(う)　**問③**　(う)　**問２**　２個　**問３**　(例)　かべの明るさと温度　**問４**　(え)　2 **問１**　２種類　**問２**　石灰水　**問３**　(え)　**問４**　(え)　**問５**　**問①**　7.2mL　**問②**　青色／**理由**…(例)　表から，同じ量を加えたときは青色になることがわかるから。　3 **問１**　(い)　**問２**　**花の名前**…虫ばい花　**特ちょう**…(例)　とげとげしている。　**問３**　花びら(子ぼう)　**問４**　(う)　**問５**　**問①**　(う)　**問②**　(例)　受粉すること。　4 **問１**　(い)　**問２**　こぐま座，２等星　**問３**　北緯35度　**問４**　15度　**問５**　オ　**問６**　キ　**問７**　11月

解　説

1　鏡と光についての問題

問１　**問①**　Ｓ君の像は，鏡Ａに対してＳ君と線対称《たいしょう》の位置に，線対称な姿《すがた》となってできる。よって，Ｓ君やＴ君から鏡Ａを通してＳ君の像を見ると，顔の正面が見え，下げた左手は像の左側に下がって見え，上げた右手は像の右側に上がって見えるので，(あ)のように見える。　**問②**　「Ｓ君⇒鏡Ａ⇒鏡Ｂ⇒Ｔ君」の順に進んだ光をＴ君が見るとき，Ｔ君は鏡Ｂにうつった鏡Ａの像を見ることになる。このとき，鏡Ｂには鏡Ａの像を線対称にした姿がうつる。つまり，顔の正面が見え，像の左側には上げた右手，右側には下げた左手が見える。よって，(う)のように見える。　**問③**　鏡の置き方が変わっても，光の進み方は問②と同じ(鏡Ａと鏡Ｂの両方を反射して進む)なので，Ｔ君から見た鏡Ｂの像は問②と同じ(う)の姿となる。

問２　光が鏡に反射するとき，法線(反射点を通る，鏡に対して垂直な線)をはさんで入射角と反射角は等しくなる。そこで，右の図のように，Ａから出た光が鏡の両端《りょうはし》で反射して進むようすを作図する。このとき鏡にうつって見える範囲《はんい》はかげのついた部分になるので，２個のボールが見えることがわかる。

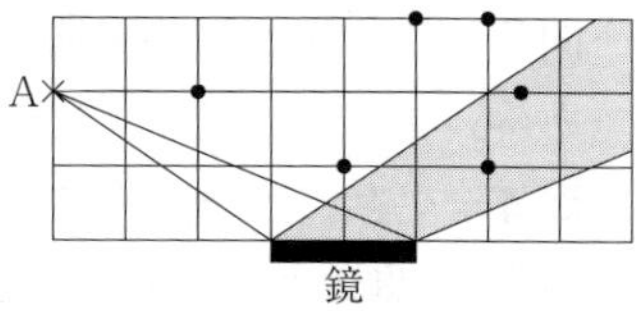

問３　鏡ではね返した光をいくつも重ねると，それだけ光がたくさん当たるため，その部分の明るさはより明るくなり，また，より温かくなる。

問４　空気中からガラスの中にななめから光が入るときは，境目から遠ざかるように少し折れ曲がって光が進む。また，ガラスの中から空気中にななめから光が出ていくときは，境目に近づくように少し折れ曲がって光が進む。ここで，光が入るガラスの面と，出ていくガラスの面が平行であるとき，ガラスの中に入る前の光とガラスから出た後の光の進む方向は平行になる。

２　水よう液の性質と中和についての問題

問１　青色のリトマス紙を赤色に変えるのは酸性の水よう液で，６種類の水よう液の中では塩酸と炭酸水が当てはまる。なお，食塩水は中性で，残りの３種類はアルカリ性である。

問２　炭酸水にとけているのは二酸化炭素である。石灰水には，二酸化炭素と反応して白くにごる性質がある。

問３　アルミニウムは，塩酸のような強い酸性の水よう液だけでなく，水酸化ナトリウム水よう液のような強いアルカリ性の水よう液に対しても，あわ(水素)を発生しながらとける。

問４　鉄を塩酸に入れると，あわ(水素)を発生しながら鉄がとけて見えなくなるが，このとき反応によって塩化鉄という鉄とは別の物質ができている。塩化鉄は水よう液にとけこんでいるので，この水よう液を加熱して水分を蒸発させると，塩化鉄の固体が出てくる。これに磁石を近づけてもくっつかない。

問５　**問①**　表より，うすい塩酸６mLとうすい水酸化ナトリウム水よう液５mLを混ぜると，つまり，うすい塩酸とうすい水酸化ナトリウム水よう液を６：５の体積比で混ぜると，BTB液を加えたときの色が緑色になる(完全に中和して中性になる)ことがわかる。よって，うすい水酸化ナトリウム水よう液６mLにうすい塩酸を，$6 \times \frac{6}{5} = 7.2$(mL)混ぜると，BTB液を加えたときの色が緑色になる。　**問②**　うすい水酸化ナトリウム水よう液10mLにうすい塩酸を，$10 \times \frac{6}{5} = 12$(mL)混ぜると，BTB液を加えたときの色が緑色になる。ところが，うすい塩酸は10mLしか混ぜていないので，反応したあとにはうすい水酸化ナトリウム水よう液の方があまっている。うすい水酸化ナトリウム水よう液はアルカリ性なので，BTB液を加えたときの色は青色となる。なお，表より，うすい塩酸とうすい水酸化ナトリウム水よう液が同じ量（５mLと６mLの間の5.5mL）のときは，完全に中和している緑色の左側（青色の側）にあることがわかる。このことから，同じ量を混ぜたときは青色になると考えてもよい。

3 植物の花についての問題

問１　マツの花粉は両脇《わき》に空気ぶくろがあり，風に乗って運ばれやすいつくりになっている。

問２　カボチャの花のように，花粉をこん虫に運んでもらう花を虫ばい花という。カボチャの場合，花粉がこん虫にくっつきやすいように，球状をした花粉の表面にはとげとげしたものがたくさんある。なお，ほかの虫ばい花では花粉がねばねばしているものもある。

問３　カボチャの花には黄色い花びら（花弁《かべん》）があるが，マツの花には花びらがない。また，カボチャは被子《ひし》植物といって，花にははいしゅ（受粉すると種子になるところ）を包む子ぼうがあるのに対して，マツの花は裸子《らし》植物といって，花には子ぼうがなく，はいしゅがむき出しになっている。

問４　ヘチマにはお花とめ花があり，花びらのすぐ下にふくらみがある(い)がめ花，ふくらみがない(う)がお花である。(い)にあるふくらみが，受粉すると成長して実になる。なお，(あ)はアサガオの花である。

問５　**問①**　実験１と実験２のちがいは，め花に花粉をつけているかどうかである。そして，実験１では実ができたのに，実験２では実ができなかった。この結果から，め花に花粉をつけると実ができると考えられる。　**問②**　め花が開くと，花粉をくっつけたこん虫が花にやってきて，花粉をめしべにくっつけてしまう（つまり受粉させてしまう）かもしれない。この可能性をなくさないと，実験２のめ花には花粉がついていないと言い切れなくなってしまうので，つぼみのうちからふくろをかぶせるのである。

4 北の空の星とその動きについての問題

問１　北を向いたとき，左側（Ａの方角）は西，右側は東，背中側は南である。

問２　北の空の星は，星Ｐの北極星を中心にまわって見える。北極星はこぐま座の２等星で，こぐまの尾《お》の先たんに当たる。

問３　星Ｐの北極星は１日中，真北の同じ高度にほぼ止まって見え，その高度は観察している場所の緯度《いど》（北緯）と同じになる。したがって，高度が35度のとき，その場所は北緯35度である。

問４　星Ｐの北極星を中心にまわる星は，１日でほぼ１周する。つまり，24時間で360度まわると考えてよいから，１時間当たりでは，360÷24＝15（度）動く。なお，この星の動きは反時計まわりである。

問５　午後７時は午後９時の２時間前だから，午前７時の位置は，午後９時の位置から，15×２＝30（度）だけ時計まわりにまわったところとわかる。ところで，図において，ア～シは，時計の文字ばんと同じように１周を12等分しているから，360÷12＝30（度）ごとにかかれている。したがって，午後９時にエの位置にあった星は，午後７時にはオの位置にあったことがわかる。

問６　同じ時刻に観察し続けると，星Ｐの北極星を中心にまわる星は１か月たつと30度だけ反時計まわりに動いて見える（１年たつと１周してもとの位置にもどる）。よって，４月30日は７月30日の，７－４＝３（か月前）だから，同じ時刻（午後９時）に観察したときは，エの位置から，30×３＝90（度）だけ時計まわりにまわったキの位置にある。

問７　７月30日の午後９時にエの位置にある星は，２時間後の午後11時には，15×２＝30（度）だけ反時計まわりにまわったウの位置にくる。そして，サの位置はウの位置から，30×４＝120(度)だけ反時計まわりにまわったところにあるので，午後11時にサの位置にあるのは，120÷30＝４(か月後)の，７＋４＝11(月)の30日である。

国語 ＜第１回試験＞（50分）＜満点：100点＞

解答

一 **問１** おうかみ **問２** 工作 **問３** (例) 明／映 **問４** エ **問５** めしあがって **問６** ア **問７** RESSYA(RESSHA) **問８** 追いかけられた **問９** イ **問10** に 二 **問１** 技法 **問２** ４(画目) **問３** 部下 **問４** ア **問５** 専門家任せ **問６** エ **問７** ウ **問８** イ **問９** ア **問10** 現実の社会で善い活動をしているたくさんの人 **問11** ウ 三 **問１** ウ **問２** C **問３** E **問４** イ **問５** ア **問６** エ **問７** 一刀両断 **問８** ① D ② G ③ A 四 **問１** 下記を参照のこと。 **問２** 戻って **問３** つまる **問４** イ **問５** 絶交したまま冬休みに入り，裕太も札幌に出かけてしまった **問６** エ **問７** ア **問８** ウ

●漢字の書き取り

四 **問１** 勤める

解説

一 かなづかい，漢字・熟語の完成，ことわざの意味，ローマ字についての知識，熟語のパズル，敬語の知識，漢和辞典の使い方，語句整序，語句の識別，文の構成

問１ かなづかいの誤りを指摘《してき》する問題。「おうかみ」は「おおかみ」と表記する。他にも誤りやすいものとして，「こおり」「おおきい」「とおい」などがある。

問２ 漢字しりとりの問題。今回は「細工」「工場」「場合」「合作」「作文」の順になる。したがって今回の解答は「工」と「作」を使った「工作」となる。

問３ いずれの漢字にも共通する部首は「日」である。それぞれの漢字は「晴」「暗」「時」となる。解答となるのは「明」「映」「昭」などがある。

問４ 漢和辞典の調べ方としては，①音訓さくいん(読みが分かる場合)，②部首さくいん(部首が分かる場合)，③総画さくいん(画数が分かる場合)がある。同じ画数の場合は，部首の画数の小さい方から順に並んでいる。今回は「神」と「送」が同じ画数だが，しんにょうの方が画数が小さいので二番目は「送」となる。

問５ 空所にふさわしい敬語を補充する問題である。「食べる」ということばを敬語表現にすればよい。食べるのはBさんであり，相手の動作に使う敬語であるため，尊敬語にする。「食べる」の尊敬語は「めしあがる」「お食べになる」「食べられる」などがある。

問６ 「情けは人のためならず」は「人に対して情けをかけておけば，めぐりめぐって自分に良い報いが返ってくる」という意味の言葉である。「情けをかけると，その人のためにならない」という考え方は誤りなので注意が必要である。

問７ 小さい「っ」で表記される促音は，ローマ字の子音を重ねて表記し，拗音(ようおん)，たと

えば「きゃ・きゅ・きょ」などのねじれた音には，子音字と母音字の間に「ｙ」をはさんで表記する。

問８　犬がねこを追いかけているという状況をねこの視点で書けば，「追いかけられる」という内容になる。

問９　傍線《ぼうせん》部の「の」は，「こと・もの」の代わりとして用いられているものである。この使い方になっているものはイである。

問10　正しく並べ替えれば，「この問題は間違えても（仕方ない／と／先生／は／言っ／て／くれる／が），母はわかってくれない。」となる。したがって，使われないものは「に」である。

二　**出典は読売新聞の『あすへの考』より「なぜ言葉を交わすの」「対話の生き方に関わる技法（納富《のうとみ》信留《のぶる》作）」による。**現代における対話の役割を指摘しつつ，対話を行う上で必要な要件について論じた文章である。

問１　「スキル」とは通常，「教養や訓練を通して獲得した能力」のことである。その意味を最もよく表したことばを同じ段落から探すと，直後にある「技法」がふさわしい。

問２　該当の画数は４画目である。

問３　空所に入る言葉を考える問題である。空所直前の「親と子」，直後の「先生と生徒」という内容から，「上司」と対応することばを考えればよい。立場が上のものが前，下のものが後という関係になっているので，「部下」と入れればよい。

問４　三字熟語の熟語の構成は，①前の一字が後の二字熟語を修飾する，②前の一字が打ち消し＋二字熟語の組み合わせ，③前の二字熟語が後ろの一字を修飾する，④二字熟語＋一字の接尾語，そして⑤一字＋一字＋一字の構成がある。今回の「後始末」は①の構成である。この形と同じものはアの「反比例」である。イは⑤の構成，ウやエは③の構成となっている。

問５　「専門家任せ」と書く。「専門」の二字については，「専」に余計な点をつけてしまったり，「門」を「問」としないようにしたりと注意が必要である。

問６　傍線部の理由を説明したものを選ぶ問題である。傍線部では，「対話嫌い」「言論嫌い」が増えているとあり，直後の段落でその理由が述べられている。対話をしてもすべてが解決するとは限らないということ，心構えや技法が足りないのに対話を試みて失敗するために，「対話しても仕方ない」という風潮が生まれるということが述べられている。この内容をまとめた選択肢《せんたくし》はエである。

問７　対話が成り立つために必要なものとしてふさわしくないものを選ぶ問題である。対話が成り立つために必要なことが，傍線部直後の段落から説明されている。①「対話者が少数であること」，②「対話者同士が対等であること」，③「共通のテーマを立てること」とあるので，これらを含まないウの選択肢を選べばよい。

問８　「国会などの討論」と筆者の考える「対話」の違いを説明したものを選ぶ問題である。傍線部直前に「政治の世界は決断が求められる」とあるので，この点が相違点《そういてん》であることをつかめばよい。これが述べられている選択肢はイである。

問９　「『自分に責任がある』という自覚」が何に結びつくのかを説明したものを選ぶ問題である。直後の段落で「皆が参加することが，社会を大きく変える力にな」るとあることに注目し，アを選ぶ。

問10　指示語の内容をまとめる問題である。直前の「現実の社会で善い活動をしている人はたくさんいます」という部分をまとめればよい。

問11　本文の内容について話し合った生徒の発言から，適切でないものを選ぶ問題である。筆者は対話をする上で「時間と効率の発想」をもつことに対し，「まずいんじゃないか」と述べている。この点に反する選択肢はウである。

三　短歌や俳句に関する問題

問１　石川啄木《いしかわたくぼく》は三行書きで短歌を表現したことが特徴。問題に登場する『一握《いちあく》の砂』はその代表作である。

問２　句切れの問題については，切れ字「や・よ・かな・けり・かも」や，意味の切れ目に注目することで考えていく。Ｃの短歌内に「よ」という切れ字があることに注目すればよい。

問３　Ｂの短歌で季節が分かる部分は「氷は解けて」の部分である。雪解けが春の季語であることを参考に考えれば，この内容が春を表わす部分だと理解できる。したがって，Ｅ以下の俳句から春の季語を探せばよい。「囀」は春を表わす季語である。

問４　Ｂの歌の様子としてふさわしくないものを選ぶ問題である。Ｂの短歌の情景は「湖の氷は解けたけれど，依然として寒い。三日月が湖に映った影が波によって移動している」というものである。ここから読み取れない様子はイの「さわやかな様子」だといえる。

問５　Ｃの歌の「少年」の気持ちを読み取る問題である。歌の内容は「喜びにいま輝いているこの少年の目はどうだろう。自転車を買ってやろうと，たった今私が言っただけのことで」というものである。目が輝いているのは自転車を買ってあげると言ってもらえたからである。ここから読み取れる心情は「驚き」や「喜び」だと分かる。

問６　Ｅの句に使われている表現技法を探す問題である。「大樹」が鳥のさえずりを「抱く」と表現していることから，擬人法《ぎじんほう》が使われている。

問７　Ｆの句に関連する四字熟語を考える。Ｆの句の中の「二つに断てり」とあることに注目する。これに関係するのは「一刀両断」である。

問８　①については遠足を心待ちにする子供の様子を説明したＤがふさわしい。②は張り詰めた空気が「冬」の情景であることに注目する。また生命力に触れるという内容が「香におどろく」という点と対応する点に注目すればよい。③は「親しみ深い場所」という内容がＡの「ふるさと」に対応することに注目すればよい。

四　出典は重松清《しげまつきよし》の『きみの友だち』による。裕太とケンカしてしまい，冬休みを一人で過ごしていた「ぼく」が，裕太と仲直りする場面を描いた文章である。

問１　「勤める」の訓読みは「キン」で，「勤務」などの熟語がある。

問２　修飾する文節をぬき出す問題である。「ダッシュで」というのは走っていく様子のことであるため，「戻って」という言葉にかかっていることが分かる。

問３　「息が苦しくなる」という意味を表わすのは「息がつまる」である。

問４　傍線部直前の「空にタコがもう一つ浮かんだ」という内容から考える。この「するする，するする，と」いう内容は「ぼく」のタコではなく，ここで登場したもう一つの別のタコのことである。この内容を表わした選択肢はイである。

問５　「タイミングが悪かった」というのがどのような意味かを説明する問題である。前書きにもあるように，「ぼく」と裕太は何度もケンカをしたことがあるので，それ自体が問題なわけではない。今回はケンカしたまま会えない状況になってしまうこと，つまり「冬休みに入ってしま」ったせいで，仲直りするタイミングをなくしてしまったという点をおさえる。

問６　「裕太からの年賀状」についてははじめの方で「裕太から来なかったらムカつくよな」とある。しかし，実際に届いた年賀状をみて，すぐに投函《とうかん》しにいったことから，年賀状が届いたことを喜んでいることが分かる。したがってエがあう。

問７　傍線部における裕太の心情を考える問題である。傍線部③の前では二人でタコあげをしながら楽しんでいるが，傍線部③の直後では涙をこらえている様子が描かれている。したがって楽しい気分から，別れを意識して寂《さび》しくなっているということが読み取れる。

問８　情景描写による心情表現の問題である。物語においては，情景によって間接的に登場人物の心情を表現するという手法がある。ここでは別れを実感しつつもお互いにまだ気持ちの整理がついていない状況であることをタコの動きで表現している。

Memo

2022年度　國學院大學栃木中学校

〔電　話〕　0282(22)5511
〔所在地〕　〒328－8588　栃木県栃木市平井町608
〔交　通〕　JR両毛線・東武日光線「栃木駅」よりバス

【算　数】〈第２回入試〉(50分)〈満点：100点〉

※4，5は考え方も書きなさい。

1　次の計算をしなさい。

(1)　$244 \div 8 \times 10$

(2)　$432 \div 3 - 6 \times 4$

(3)　26.4×3.68

(4)　$8.6 \times 7.5 - 39.5$

(5)　$\dfrac{23}{18} - \dfrac{5}{12} - \dfrac{7}{15}$

(6)　$1\dfrac{8}{27} \div \left(\dfrac{2}{3} + \dfrac{1}{9}\right)$

(7)　$3.14 \times 3.6 + 35 \times 0.314 - 0.51 \times 31.4$

(8)　$83 + 85 + 87 + 89 + 91 + 93 - 68 - 70 - 72 - 74 - 76 - 78$

(9)　$\left(0.5 + \dfrac{1}{4}\right) \times 0.3 \div \dfrac{1}{2} - 0.1$

(10)　$\left\{\left(2\dfrac{1}{2} + \dfrac{7}{8}\right) \div \left(\dfrac{3}{4} + 2\dfrac{2}{5}\right) \times 5 \div \dfrac{1}{4}\right\} \div \dfrac{1}{9}$

2 次の□にあてはまる数や式を求めなさい。

（１）　$5\frac{1}{2} : \square = 22 : \frac{2}{5}$

（２）　時速 2.4 km の速さは分速 □ m です。

（３）　仕入れ値が a 円の品物に２割５分の利益を見こんで定価をつけましたが、売れなかったので、定価の１割引きで売りました。そのときの利益は□円です。

3 次の各問いに答えなさい。

（１）　次の図は、正方形と正三角形を組み合わせた図です。㋐の角の大きさを求めなさい。

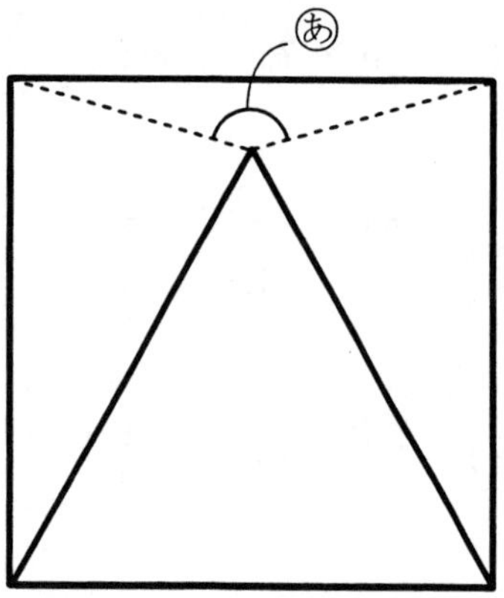

（2）　次の図の平行四辺形を、直線 ℓ の周りに回転させてできる立体の体積を求めなさい。ただし、円周率は3.14 として計算しなさい。

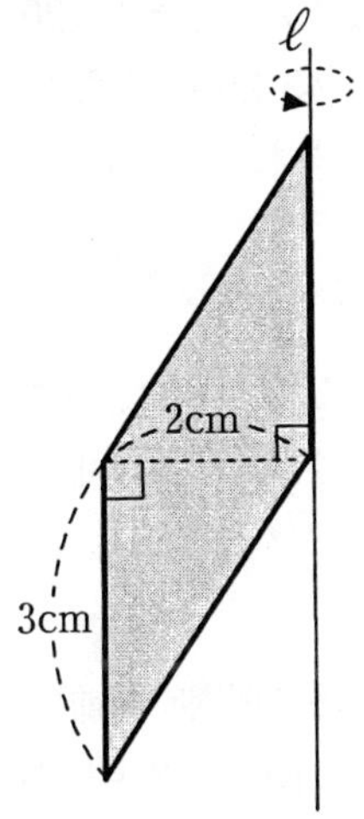

（3）　貯金箱の中に50 円玉と10 円玉が合わせて50 枚で、1860 円あります。50 円玉は何枚ありますか。

（4）　太郎さんが数学のテストを４回受けたところ、４回の平均点は 58 点でした。次の５回目のテストで何点を取れば、５回の平均点が 60 点になりますか。

（5）　時計の針がちょうど９時をさしています。このあと、時計の長針と短針がはじめて重なるのは、９時何分ですか。

（6）　A 地点から 12 km はなれたB 地点まで時速 30 km で進み、そのあとさらにB 地点から 12 km はなれたC 地点へ時速 40 km で進みます。A 地点からC 地点までの平均の速さは時速何km かを求めなさい。

（7）　５％の食塩水 480 g と 10 ％の食塩水 320 g をまぜました。まぜてできた食塩水は何％の食塩水になりましたか。

（8）　はるおさん、あきおさん、ふゆ子さんの3人で窓をみがきます。窓をみがき終わるのに、はるおさんだけだと120分かかります。はるおさんとあきおさんの2人で窓をみがくと終わるのに、45分かかります。はるおさんとふゆ子さんの2人で窓をみがくと終わるのに、90分かかります。この3人でこの窓をみがいた場合、終わるのに何分かかりますか。

（9）　今から2年前は、父の年れいは子どもの年れいの15倍でしたが、今から3年後には5倍になります。今の父の年れいは何才ですか。

（10）　動物園の開園時間前に400人の行列ができています。毎分30人がこの行列に並びます。開園時間に入園口を2ヶ所開けると40分でちょうど行列がなくなりました。入園口を4ヶ所にすると、何分で行列がなくなりますか。

4　図のように、1段目に1つ、2段目に2つ、…8段目に8つの数字をあるきまりにしたがって並べます。次の問いに答えなさい。

（1）　図1のとき、すべての数をたすと和はいくつになりますか。
（2）　図2のとき、すべての数をたすと和はいくつになりますか。

図1
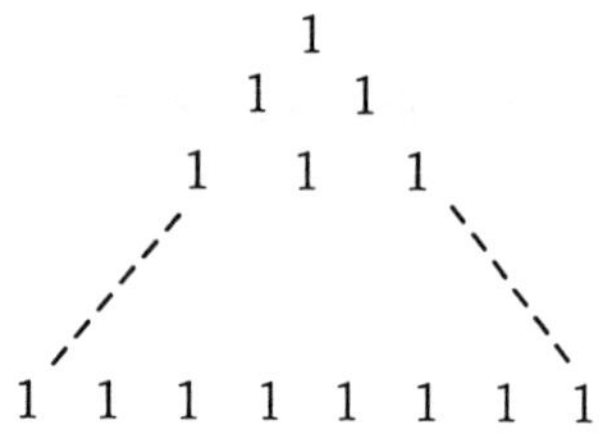

図2
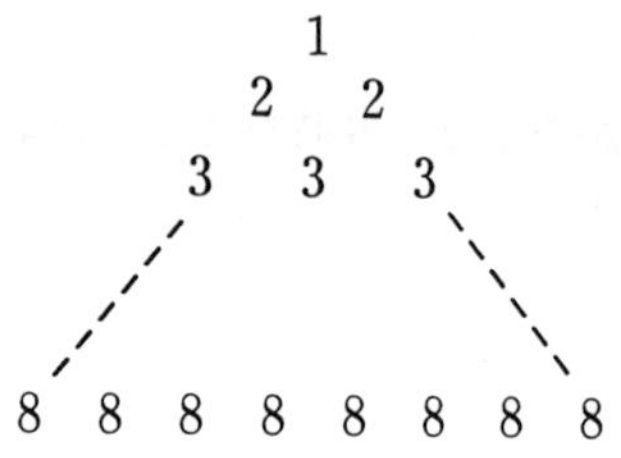

5　大中2つのさいころを同時に投げます。次の問いに答えなさい。

（1）　さいころの目の出方は、全部で何通りありますか。
（2）　出た目の和が、3で割り切れる出方は全部で何通りありますか。

【社　会】〈第２回入試〉（理科と合わせて50分）〈満点：50点〉

1　下の地図を見て、後の問いに答えなさい。

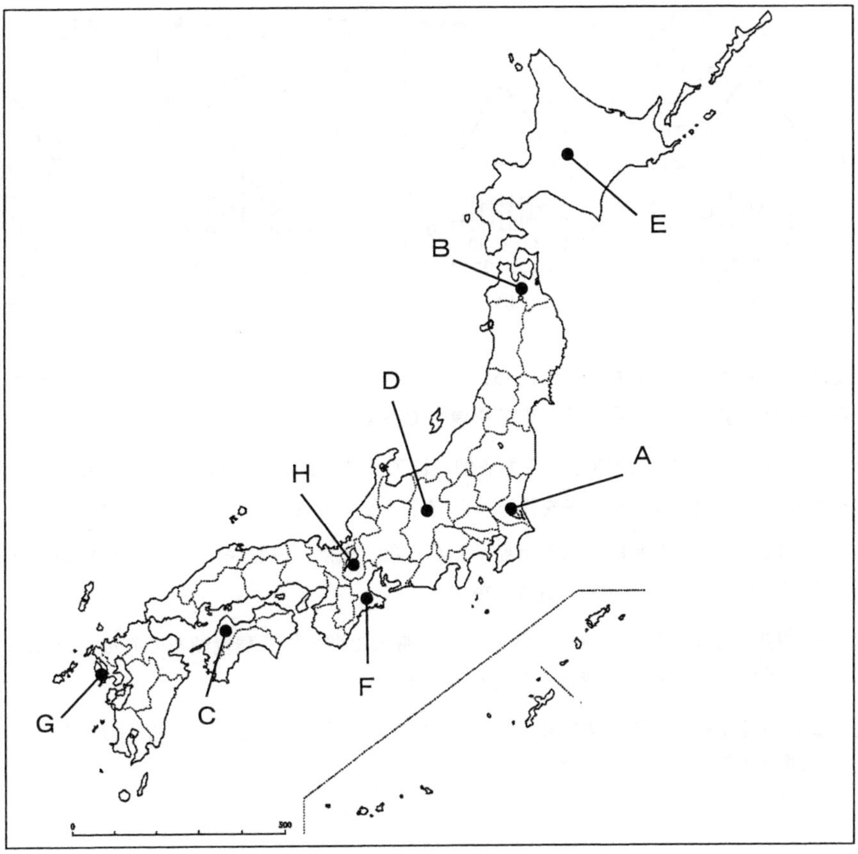

問１　地図中のＡ県について、県名と県庁所在地名を**漢字**で答えなさい。

問２　地図中のＢ県の自然環境、観光地として正しいものを**あ**～**え**から１つ選び、記号で答えなさい。

あ　印旛沼《いんばぬま》・九十九里浜《くじゅうくりはま》・東京ドイツ村・成田山新勝寺《なりたさんしんしょうじ》

い　磐梯山《ばんだいさん》・猪苗代湖《いなわしろこ》・大内宿《おおうちじゅく》・会津若松城《あいづわかまつじょう》

う　十和田湖《とわだこ》・八甲田山《はっこうださん》・太宰治《だざいおさむ》記念館「斜陽館《しゃようかん》」・三内丸山遺跡《さんないまるやまいせき》

え　桜島《さくらじま》・奄美大島《あまみおおしま》・屋久島《やくしま》・指宿温泉《いぶすきおんせん》

問３　地図中のＣ県の交通についての説明として正しいものを**あ**～**え**から１つ選び、記号で答えなさい。

あ　本州四国連絡橋のうち最初に完成した瀬戸大橋は、岡山県倉敷市《くらしきし》とつながっている。

い　しまなみ海道で広島県尾道市《おのみちし》とつながっており、サイクリングロードとしても人気が高い。

う　県内を流れる旧淀川《きゅうよどがわ》では現在も水上バスが運行されており、市内の名所や旧跡《きゅうせき》を観光できる。

え　県内の小松空港は国内線や国際線も運行されており、多くの観光客が加賀温泉郷に訪れている。

問４　地図中のＤ県は長野県である。県内にある松本市の雨温図としてもっともふさわしいものを**あ**～**え**から１つ選び、記号で答えなさい。

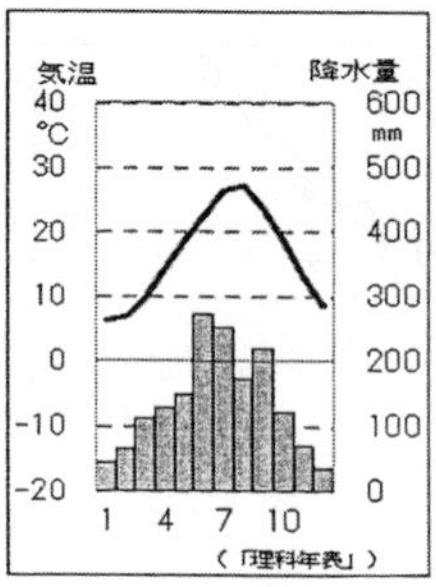

あ

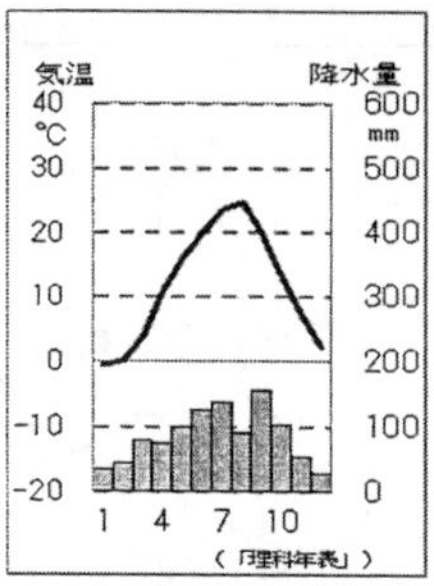

い

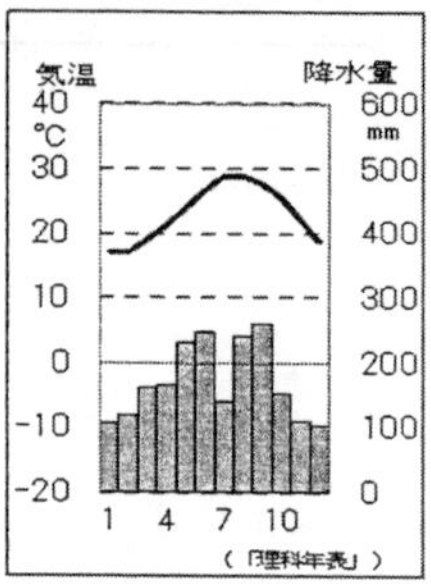

う

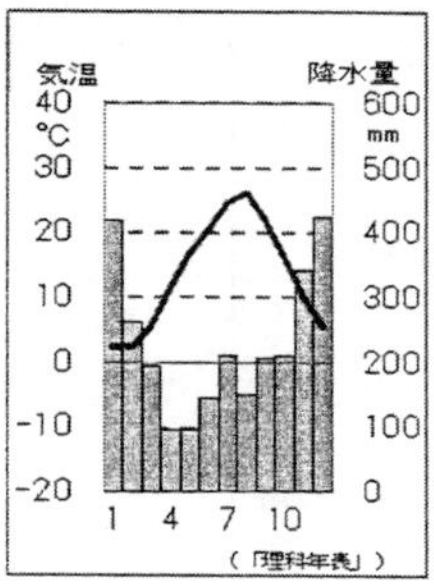

え

問５　次の文はそれぞれ地図中のＥ～Ｈ県について、いずれかを説明したものである。あてはまる説明文を**あ**～**え**からそれぞれ選び、かつ県庁所在地名を**漢字**で答えなさい。

あ　アイヌ文化が栄えた地で、今でも各地名にアイヌの言葉が残っている。６月上旬にはソーラン節を取り入れた曲に合わせ鳴子《なるこ》を持っておどる「ＹＯＳＡＫＯＩソーラン祭り」が開かれる。

い　江戸時代の海外貿易所である出島がおかれた。また、佐世保市には17世紀のオランダを再現したテーマパーク「ハウステンボス」がある。

う　天守閣《てんしゅかく》が国宝となっている彦根城《ひこねじょう》は日本最大の湖である琵琶湖をのぞんでいる。また、伝統工芸品の信楽焼《しがらきやき》はたぬきの置物として有名である。

え　皇室の祖先をまつる伊勢神宮があり、多くの観光客でにぎわっている。また、Ｇ７伊勢志摩《いせしま》サミットが開かれたことでも有名である。

2 下の地図を見て、後の問いに答えなさい。

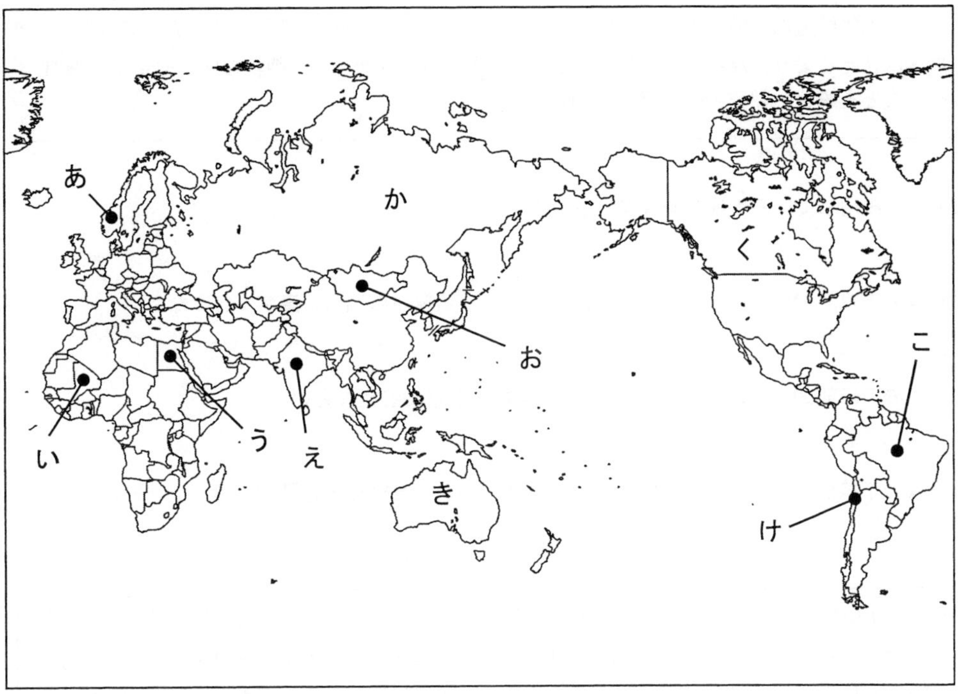

問１　エジプトの位置を地図中の**あ**～**こ**から選び、記号で答えなさい。

問２　モンゴルの位置を地図中の**あ**～**こ**から選び、記号で答えなさい。

問３　次の文章の内容にあてはまる国を地図中の**あ**～**こ**から記号で選び、国名を**カタカナ**で答えなさい。

スカンディナヴィア半島に位置するこの国は、氷河が長い年月をかけてけずって作られた地形であるフィヨルドが見られる。また、ノーベル平和賞の授賞式はこの国の首都で行われる。

問４　次の文章の内容にあてはまる国を地図中の**あ**～**こ**から記号で選び、国名を**カタカナ**で答えなさい。

北部・南部・東部・中部で気候がことなり、一カ国の中でもさまざまな気候がみられる。エアーズ・ロック、ゴールド・コーストやグレート・バリア・リーフなど多くの世界自然遺産を有している。

3　Ａ～Ｄの文章を読んで、後の問いに答えなさい。

Ａ　この人物は①近江国に生まれ、はじめ京都で医学を学び、のちに江戸で儒学を学んだ。②対馬藩に仕えるようになってからは、主に③朝鮮との外交を担当し、朝鮮の風習や習慣を尊重《そんちょう》すべきことを説き、朝鮮との友好に努めた。

問１　文章Ａが説明している人物名を**漢字**で答えなさい。

問２　文章Ａの下線部①について、近江国にほぼあてはまる現在の県名を**漢字**で答えなさい。

問３　文章Ａの下線部②について、「対馬」の読みをひらがなで答えなさい。

問４　文章Ａの下線部③について、朝鮮から日本につかわされた役職名を**漢字**で答えなさい。

Ｂ　この人物は、のちの④藤原氏の祖となる人物とともに（　⑤　）氏をせめほろぼしたのち、中国から帰国した留学生や留学僧《そう》とともに、天皇中心の国づくりを進めた。この一連の改革は（　⑥　）とよばれており、これ以降、中国の制度を参考にさまざまな国の仕組みが整えられていった。

問５　文章Ｂが説明している人物名を**漢字**で答えなさい。

問６　文章Ｂの下線部④について、この人物名を**漢字**で答えなさい。

問７　文章Ｂ（　⑤　）にあてはまる語を**あ～え**から１つ選び、記号で答えなさい。

あ　物部　　**い**　蘇我　　**う**　大伴　　**え**　葛城

問８　文章Ｂ（　⑥　）にあてはまる語を答えなさい。

Ｃ　この人物は室町幕府の３代将軍で、各地の守護大名をおさえつけて将軍の権威《けんい》を高めた。その権威を背景に、中国との貿易をはじめたほか、⑦文化や⑧芸術の発展にも力を注いだ。この人物が京都北山に建てた⑨金閣は、この時代を代表する建築物としてよく知られている。

問９　文章Ｃが説明している人物名を**漢字**で答えなさい。

問10　文章Ｃの下線部⑦について、この人物の保護をうけた観阿弥・世阿弥父子によって大成された芸能名を**漢字**で答えなさい。

問11　文章Ｃの下線部⑧について、この人物の孫の時代に雪舟によって墨だけを使って絵をえがく技法が大成されたが、この東洋独特の芸術名を**漢字**で答えなさい。

問12　文章Ｃの下線部⑨について、金閣を**あ〜え**から１つ選び、記号で答えなさい。

あ

い

う

え

Ｄ　この人物は現在の佐賀県に生まれ、倒幕《とうばく》運動に参加した。⑩幕府が倒《たお》れたのちには、大蔵《おおくら》卿《きょう》や参議《さんぎ》などの新政府の要職を歴任した。やがて自由民権運動がさかんになると自ら⑪政党を結成し、早期の国会開設を主張した。のちに⑫首相として２度にわたって組閣《そかく》した。

問13　文章Ｄが説明している人物名を**漢字**で答えなさい。

問14　文章Ｄの下線部⑩について、この幕府の時代の出来事として**あやまっているもの**を**あ**〜**え**から１つ選び、記号で答えなさい。

あ　大塩平八郎の乱　　**い**　島原・天草の一揆　**う**　日光東照宮の造営　**え**　中尊寺金色堂の建立

問15　文章Ｄの下線部⑪について、この政党名を**あ**～**え**から１つ選び、記号で答えなさい。

あ　立憲政友会　　**い**　立憲帝政党　　**う**　立憲改進党　　**え**　立憲自由党

問16　文章Ｄの下線部⑫について、この人物の首相在職時の出来事として正しいものを**あ**～**え**から１つ選び、記号で答えなさい。

あ　大日本帝国憲法の発布

い　帝国議会の開設

う　日露戦争

え　第一次世界大戦

問17　文章Ａ～Ｄを古い順に並べたものを**あ**～**か**から１つ選び、記号で答えなさい。

あ　Ａ → Ｂ → Ｃ → Ｄ　　**い**　Ａ → Ｃ → Ｄ → Ｂ　　**う**　Ｂ → Ａ → Ｄ → Ｃ

え　Ｂ → Ｃ → Ａ → Ｄ　　**お**　Ｃ → Ｂ → Ｄ → Ａ　　**か**　Ｃ → Ｄ → Ｂ → Ａ

4 次の文章Ａ、Ｂを読んで、後の問いに答えなさい。

Ａ 国権の最高機関である①日本の国会で決められたことにもとづいて、実際に行政を進めるのが内閣である。内閣府や各省庁がおかれて、それぞれが実務を分担している。その最高責任者が（ ② ）で行政機関を指《し》揮《き》、監督《かんとく》している。（ ② ）は③国会が（ Ａ ）し、天皇によって（ Ｂ ）される。内閣は国会の信任のもとに成立しているので、国会に対して連帯して責任を負っている。これを（ ④ ）制という。

問１ 文章Ａの下線部①について、「日本の国会」の説明としてふさわしいものを**あ～え**から１つ選び、記号で答えなさい。

あ 衆議院、貴族院の２つの議院から成り立っていて、予算案は必ず衆議院から議決する。
い 法律をつくったり、内閣が外国と結んだ条約を承認《しょうにん》したりするほか、都道府県の首長を選ぶ。
う 裁判官を任命し、不適格《ふてきかく》な裁判官をやめさせたり、次の天皇をだれにしたりするか決める。
え 各議院それぞれ総議員の３分の２以上の賛成で憲法改正の発議をする。

問２ 文章Ａの（ ② ）にあてはまる語を**漢字**で答えなさい。

問３ 文章Ａの下線部③について、（ Ａ ）、（ Ｂ ）にあてはまる語句として**あやまっているもの**を**あ～え**から２つ選び、記号で答えなさい。

あ 承認　**い** 任命　**う** 指名　**え** 可決

問４ 文章Ａの（ ④ ）にあてはまる語を**漢字**で答えなさい。

Ｂ 多くのヒトやモノ、お金、情報などが国境をこえて移動し、世界が一体化していくことを（ ⑤ ）化という。これにともなって⑥特定の地域で協力関係を強めようとする動きが活発になる一方、⑦南北問題などの経済問題や、民族や宗教による対立問題の解決もますます大きな課題となっている。そのような中で、新型コロナウイルスの感染拡大《かんせんかくだい》に注意しつつ、2021年夏に（ ⑧ ）でオリンピック、パラリンピックが開かれたことは大切なことである。

問５ 文章Ｂの（ ⑤ ）にふさわしい語を**あ～え**から１つ選び、記号で答えなさい。

あ グローバル　**い** ブロードバンド　**う** レアメタル　**え** アンクタッド

問６ 文章Ｂの下線部⑥について、この具体例として**あやまっているもの**を**あ～え**から１つ選び、記号で答えなさい。

あ ＥＵ　**い** ＵＮＩＣＥＦ　**う** ＡＰＥＣ　**え** ＮＡＦＴＡ

問７ 文章Ｂの下線部⑦について説明しなさい。

問８ 文章Ｂの（ ⑧ ）にあてはまる地名を答えなさい。

【理　科】〈第２回入試〉（社会と合わせて50分）〈満点：50点〉

1　動力に関する道具について、次の各問いに答えなさい。

問１　　歯車とは回転する物体の周囲に歯をつけて、かみ合わせることによって動力を伝える装置です。中心部に棒などを使って、かみ合わせがずれないようにして使います。

図のようにかみ合わせた２つの歯車があります。大きな歯車をA、歯の大きさが同じで、半径がAの $\frac{1}{3}$ の小さな歯車をBとします。Aの歯の数はBの歯の数の何倍になりますか。

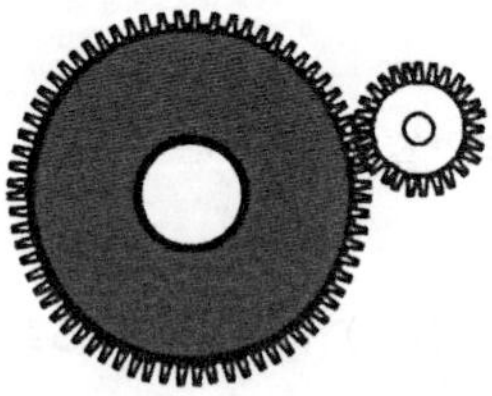

問２　　問１の歯車を使いました。２つの歯車をかみ合わせて回転させるとき、Aの歯車が１回転する間にBの歯車は何回転しますか。

問３　　２つの歯車をかみ合わせて使う場合、歯車の歯の数の比と回転する数の比はどのような関係になっていると言えますか。問１と問２を参考にして、簡単に答えなさい。

問４　太さが同じでまっすぐな均質《きんしつ》の棒があります。棒の長さは 150cm で 15cm ごとに線が引いてあります。図のように 200g のおもりをつるしたときに A 点をおすとつり合いました。A 点をおす力はおもり何 g のおもさと同じですか。

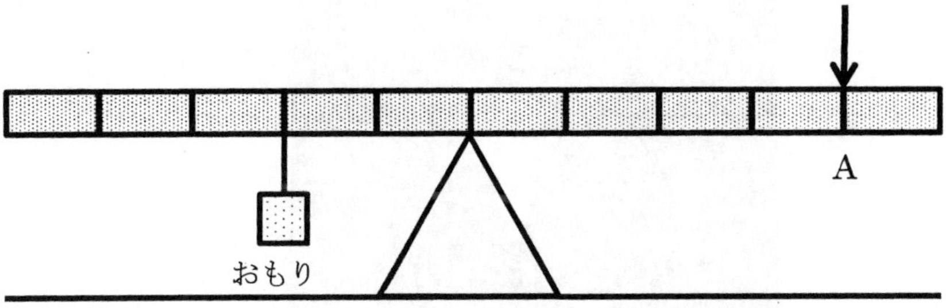

問５　問４と同じ棒を使います。図のように 200g のおもりをつるしたときに A 点をおすとつり合いました。A 点をおす力はおもり何 g のおもさと同じですか。

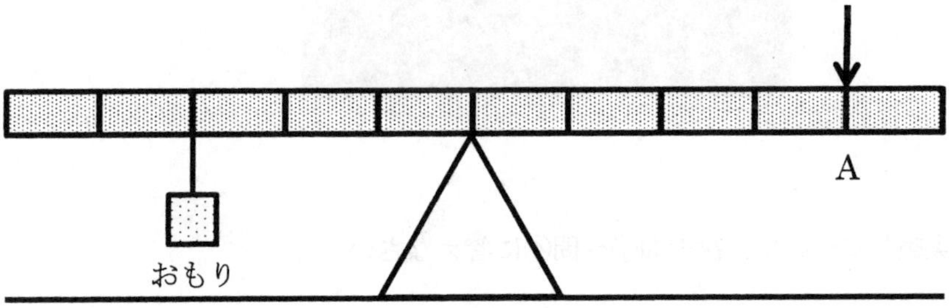

問６　問４と同じ棒を使います。図のように 200g のおもりを２つつるしたときに A 点をおすとつり合いました。A 点をおす力はおもり何 g のおもさと同じですか。

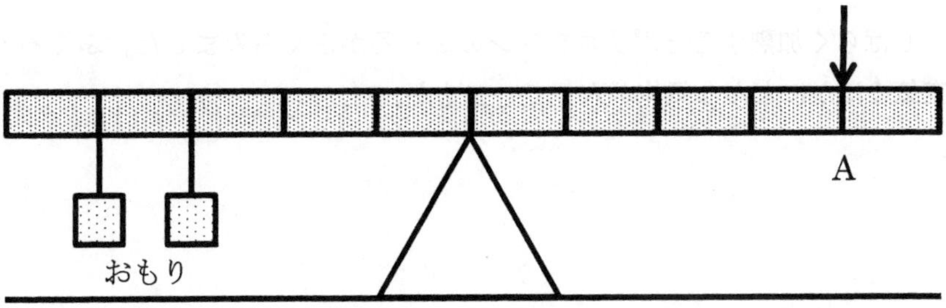

2 液体について、次の各問いに答えなさい。

【実験】　三角フラスコに水とふっとう石を入れて、ポリエチレンのふくろをかぶせて、ガスバーナーで加熱する。

問1　【実験】について、次の問①～問④に答えなさい。

問①　ふっとう石を入れる理由を（あ）～（え）から１つ選び、記号で答えなさい。

（あ）　水をふっとうしやすくするため

（い）　水が急にふっとうすることを防ぐため

（う）　水をどこも同じ温度にするため

（え）　水がふっとうする温度を下げるため

問②　しばらく加熱するとポリエチレンのふくろがふくらみました。ふくろの中には空気のほかにどんな気体が入っていますか。

問③　加熱時間と三角フラスコ内の水の温度変化について、正しいものを次の（あ）～（え）から１つ選び、記号で答えなさい。

（あ）

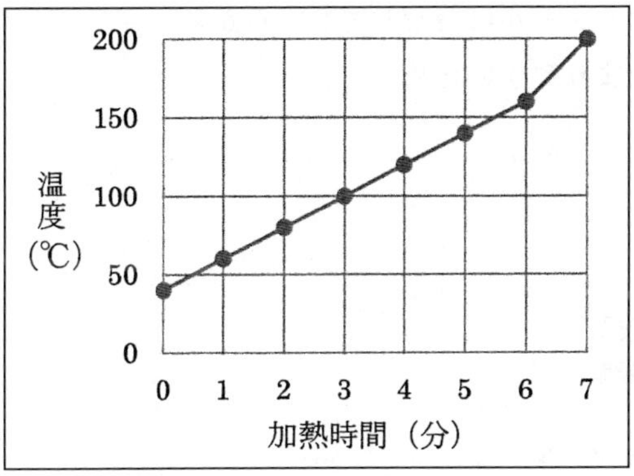

（い）

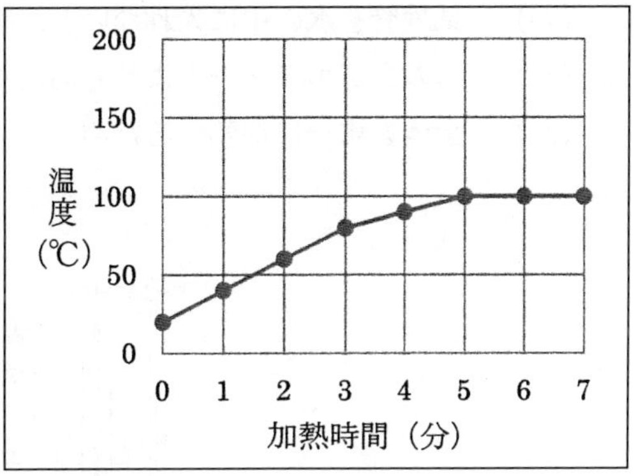

（う）

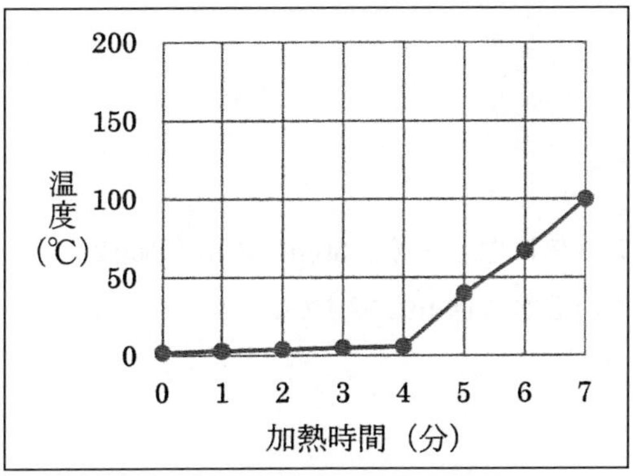

（え）

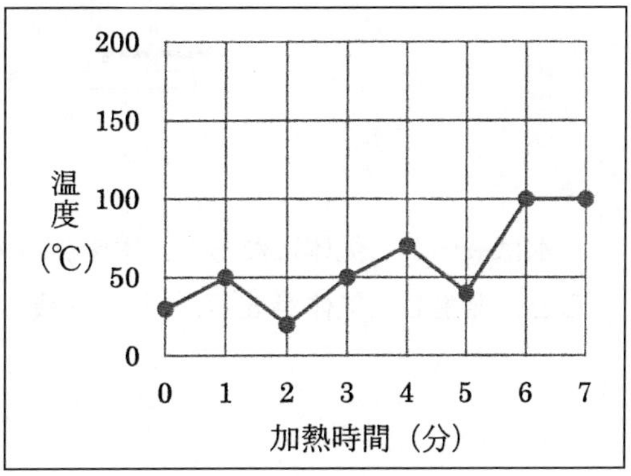

問④　実験のあと、しばらくするとふくろの内側に水てきがついていました。この現象を何と言いますか。

問２　エタノールを加熱するときには、図のように試験管を水の中に入れて加熱します。その理由を次の（あ）～（え）から２つ選び、記号で答えなさい。

（あ）　エタノールは火がつきやすいため
（い）　試験管を水の中に入れないと、エタノールは分解してしまうから
（う）　水の方がエタノールよりもあたたまりやすいため
（え）　全体を均一に加熱するため

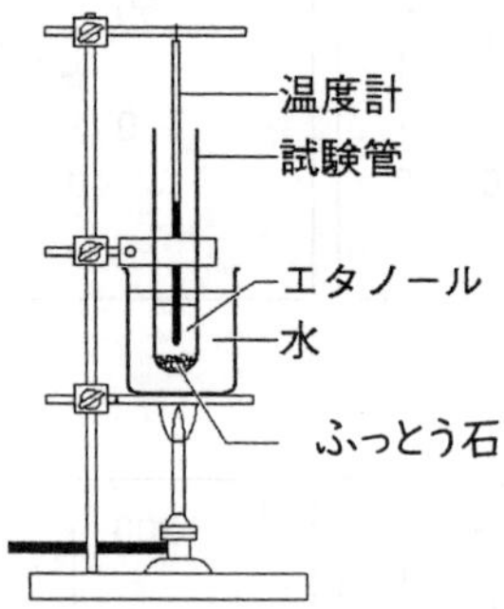

問３　水は液体から気体になると、体積が約 1700 倍になります。50mL の水を加熱すると、発生した気体が 5.1L でした。残っている水は何 mL ですか。

3　室温と光の強さを変えて植物が二酸化炭素を吸収する量を調べる実験をしました。下の図は、その結果を表したものです。植物のはたらきについて次の各問いに答えなさい。ただし、実験室の二酸化炭素の量は一定だとします。

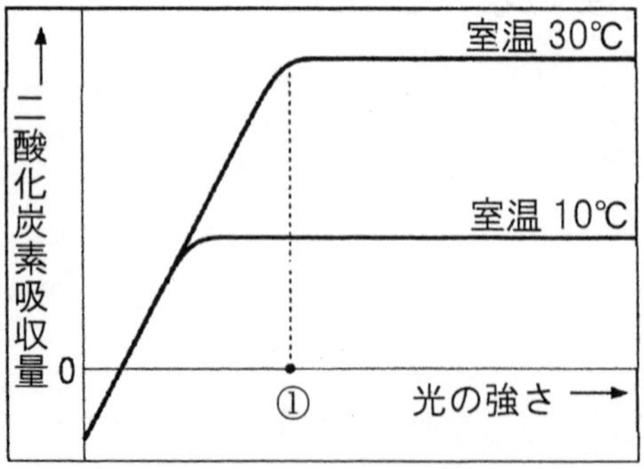

問１　植物は二酸化炭素を吸収して何をつくりますか。

問２　植物が二酸化炭素を取りこむ穴《あな》の名前を答えなさい。

問３　グラフからわかることで最も正しいものを、次の（あ）～（え）から１つ選び、記号で答えなさい。

（あ）植物は酸素と二酸化炭素のどちらも吸収することができる。
（い）光は強ければ強いほど、二酸化炭素が多く吸収される。
（う）光が弱いときは、温度がちがっていても二酸化炭素の吸収量は変わらない。
（え）植物は水を吸収して生きている。

問４　それぞれの室温で、光の強さを上の図の①より大きくしても、二酸化炭素の吸収量は変わりませんでした。二酸化炭素の吸収量をより多くするために、どのような工夫をしたらよいですか。

問５　室温が25℃のときのグラフはどのようになりますか。解答欄《らん》に書き入れなさい。

問６　植物の一生のようすを説明する次の文章を、あとの【　　　】の中の言葉をすべてつかって完成させなさい。

種子をまくと（　　　　　　　　　　　　　　　　　　　　）できる。
大きく成長すると（　　　　　　　　　　　　　　　　　　）種子ができる。

【　かれる　　発芽　　花　　実　　子葉　】

4　天気の変化について、次の各問いに答えなさい。

問１　下の図は、雨を降らせる雲が発達している様子です。あとの問①、問②に答えなさい。

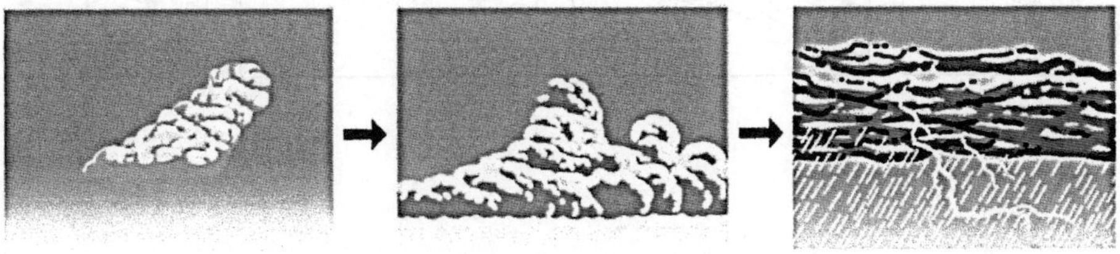

問①　この雲の名前を答えなさい。

問②　真ん中の図をみると雲の下が一直線で平らになっていることがわかります。この理由として、最も正しいものを、次の（あ）～（え）から１つ選び、記号で答えなさい。

（あ）　平らになっている所に空気の層があるから。

（い）　平らになっている所に強い風がふいているから。

（う）　平らになっている所は1000mの高さであるから。

（え）　平らになっている所が同じ温度であるから。

問２　　下の図はある季節の天気図です。この季節を、次の（あ）～（え）から１つ選び、記号で答えなさい。また、その季節と判断した理由を簡単に書きなさい。

（あ）　春　　（い）　夏　　（う）　秋　　（え）　冬

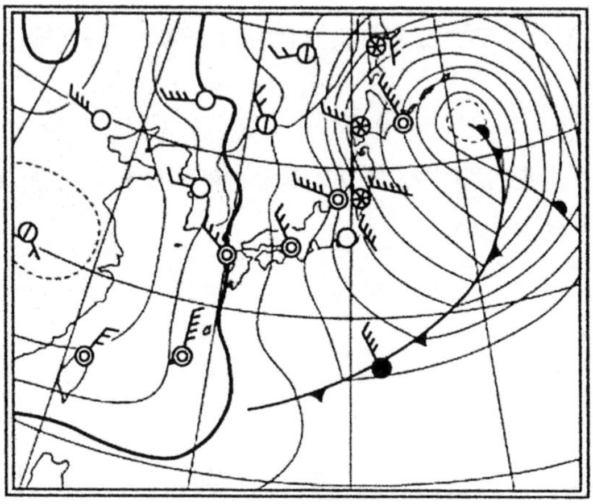

問３　　下の図は、日本全体の４日間の天気の変化を１日ずつ記録したものです。図からわかる日本の天気の変化の特ちょうを答えなさい。

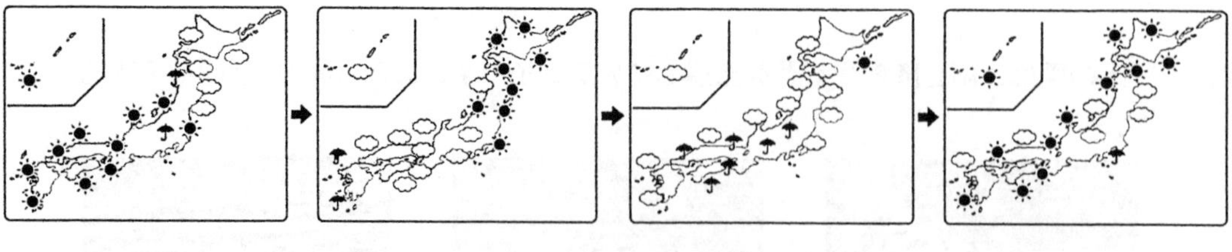

問4　台風について、次の問①、問②に答えなさい。

問①　ある条件を満たした低気圧を台風という。その条件を次の（あ）～（え）から１つ選び、記号で答えなさい。

（あ）　気圧がある値よりも低い低気圧

（い）　風速がある値よりも大きい低気圧

（う）　６月～１１月に発生した低気圧

（え）　ある緯《い》度《ど》よりも南の場所で発生した低気圧

問②　台風の風のふき方を矢印で正しく表したものを次の（あ）～（え）から１つ選び、記号で答えなさい。

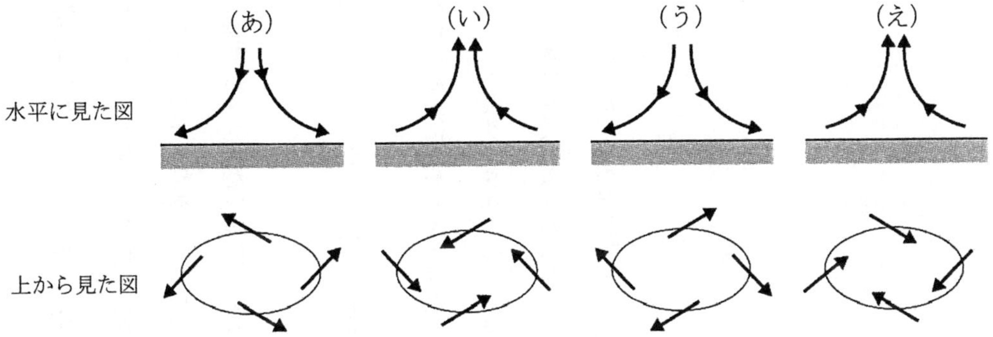

問５　海岸では昼と夜でふく風の向きが変わることがあります。下の文章はその理由を説明したものです。文章中の（　①　）（　②　）に当てはまる言葉をあとの（あ）～（え）、（お）～（か）から１つずつ選び、記号で答えなさい。

陸地は海に比べて（　①　）ので、昼は（　②　）に向かって風がふく。夜はその逆に風がふく。

（あ）　あたたまりやすく、冷えにくい

（い）　あたたまりやすく、冷えやすい

（う）　あたたまりにくく、冷えにくい

（え）　あたたまりにくく、冷えやすい

（お）　陸地から海

（か）　海から陸地

問六　――線部③「いまはそんな時代ではないはずだ」とあるが、筆者がこのように考える理由として最もふさわしいものを次の中から選び、記号で答えなさい。

ア　現在は昔のように、管理する側が社会的身分を決められる時代ではないから。
イ　現在は昔と違って、社会的な立場で自分らしさが決まる時代ではないから。
ウ　現在は社会的立場を重要視しつつ、その人の能力も評価する時代だから。
エ　現在は昔と違って、社会的立場による差別が許されない時代だから。

問七　筆者の考えとして最もふさわしいものを次の中から選び、記号で答えなさい。

ア　人間は「自分らしさ」を見つけるために、他人にもその人だけの「らしさ」を求めていくことが大切だ。
イ　人間は中学生とか若者といった「らしさ」に振《ふ》り回されてしまうので、社会的立場を捨てる勇気が必要だ。
ウ　人間は社会に押しつけられた「自分らしさ」を受け入れがちだが、それは間違いだと気付くことが必要だ。
エ　人間は社会的立場から逃《のが》れることはできないが、他のだれでもない「自分らしさ」を作っていくことが大切だ。

問一　〰〰線部（A）「タイプ」と同じ意味の言葉を文章中から漢字一字で抜き出しなさい。

問二　〰〰線部（B）「屈折させる」、〰〰線部（C）「是非」の意味として最もふさわしいものを後の中からそれぞれ選び、記号で答えなさい。

（B）「屈折させる」　ア　失わせる　イ　変えさせる　ウ　へりくだる　エ　ねじまげる

（C）「是非」　ア　自分の間違《まちが》いを認めないこと　イ　物事の実現を強く願うこと
ウ　物事のよしあしを判断すること　エ　相手の良いところを見つけること

問三　□に共通して入る言葉を次の中から一つ選び、記号で答えなさい。

ア　もっとも　イ　たとえば　ウ　ところで　エ　すなわち

問四　――線部①「それ」が指す部分を文章中から七字で抜き出しなさい。

問五　――線部②「中学から高校あたりの年代」の説明として最もふさわしいものを次の中から選び、記号で答えなさい。

ア　世間からの押しつけを受け入れて、楽をして自分らしさを手に入れようとする年代。
イ　自分らしさというものを考えすぎるせいで、自分が何者かわからなくなってしまう年代。
ウ　自分らしさというものを見つける中で、周りに流されたり、反発したりする年代。
エ　世間からの押しつけに反発して、自分らしさを見つけようとしなくなってしまう年代。

トカらしくない型へ引きずられる傾向《けいこう》がある。

　しかしそれは、いずれにしても、自分をなにかの型に引きつけていることに、変わりはない。自分が自分であるということの不安が、そうした型への意識を（B）屈折させる。

　そのうえに、世間というものが、中学生が「中学生らしい」型にあると、安心するようなところがある。もっとも、その「中学生らしさ」というのは、ずいぶん勝手に動くもので、なにが「中学生らしい」のかときかれたら、だれだって困るだろう。ただし、そのあいまいなのがまた、管理する側からは便利なところが、もっと困ることではある。

　さらに、この「らしさ」というのが、どうも受け入れられてしまうのだ。先日、テレビで制服（C）是非の討論を見ていたら、なんと反対派までが、「中学生らしく」ありさえすれば、制服でなくてもよい、と主張する始末だ。

　ぼくは、「中学生」であるとか、「高校生」であるとかいうのは、その人の人間性にとっては、副次的な（＝それほど大事ではない）ことと思う。学生とか、教師とか、サラリーマンとか、その人が社会的に存在している身分で、あり方をきめようとしすぎると思うのだ。江戸時代なら、武士は武士らしく、町人は町人らしくしてないと、ひどい目にあったものだが、③いまはそんな時代ではないはずだ。

　それに、きみたちのほうでも、教師に「教師らしさ」を求めたり、オヤジに「オヤジらしさ」を求めたりは、してほしくない。そんなことされたら、ぼくなんか困ってしまう。

　もちろん、人間はそれぞれに、中学生であったり、教師であったり、父親であったりしながら生きている。自分なりに、そうした生き方をするよりない。それでも、そこでナントカらしくあるよりは、まずなにより、だれでもない、この自分らしい生き方をするのが根本だと思う。

　そこでは、「中学生一般」といった無人格の「中学生らしさ」ではなくて、きみという固有名詞を持った中学生の生き方をすればよいのだ。きみは、きみだけの「自分らしさ」を持つことができる。

　なるべくなら、ナントカらしくしようなどというより、自分だけの「自分らしさ」を、きみには育てていってほしいと、ぼくは願っている。

〈森《もり》　毅《つよし》氏の文章による〉

四　次の文章を読んで、後の問いに答えなさい。

「中学生らしく」とか、「高校生らしく」とか、よく言う。

ぼくは、この言葉がきらいだ。そんなことを言っていると、男は男らしく、女は女らしくとなって、はては日本人は日本人らしく、なんてことを言い出すのじゃないかと思う。

ナントカらしさというのは、どうも人それぞれに思い入れがありながら、なにかの(A)タイプを連想して、人間をその型にはめこもうとするところがある。それが、どうしてナントカらしいのか、と言われたら困るだろう。ぼくだって、大学教授らしくしろなんて言われたら、どうしていいか、わからない。

□、「中学生らしくないように」とか、「高校生らしくないように」とか、そうふるまおうとするのも、同じくらいあほらしい。型から抜けようとして、別の型にはまりこみかねない。

結局は、自分らしくあるのが、最上だろう。なにをするにしても、ああ、あの人らしいことをすると言われ、あの人らしい考え方だと思われるのがよい。①それには、なにかの型なんて必要ない。

□、人間がそうなるのは、一生かかるとも言える。ほかのだれでもない、自分の生き方を作っていくことが、その人の一生のようなものだ。

それでも、若者は若者なりに、「若者らしく」ある以前に、その人らしさがあってよいと思う。「中学生」であったり、「高校生」であったりする以前に、まず人間であり、それも、他のだれでもない、自分という人間なのだから。

ナントカらしさなどと言わずに、たとえば、やさしさを身につけることはできる。それは「女らしさ」から来たりはしない。きみが男の子なら男の子なりに、そして、女の子なら女の子なりに、やさしさを持てばよい。その場合に、男ならこんなぐあいに、女ならあんなぐあいにと、きまっているわけではない。それぞれに、自分にあったやさしさなり、自分としての魅力《みりょく》なりを持てばよいのだ。

②中学から高校あたりの年代というのは、こうした自分が作られている時期でもあり、それで、生き方の型については、不安を持ちやすいものではある。それで、ナントカらしい型というのに、引きつけられやすい面がある。その一方で、世間がそうした型を押《お》しつけるのに反発して、別のナン

問五　――線部③「顔だって」にこめられた意味として最もふさわしいものを次の中から選び、記号で答えなさい。

ア　顔しか　　**イ**　顔でさえ　　**ウ**　せめて顔だけでも　　**エ**　顔として

問六　――線部④「その人」とは誰か。詩の中から十一字で抜き出しなさい。

問七　――線部⑤「あなたは変わった方ですね」にこめられた気持ちとしてふさわしくないものを次の中から一つ選び、記号で答えなさい。

ア　あきらめ　　**イ**　とまどい　　**ウ**　不安　　**エ**　怒《いか》り

問八　――線部⑥「そんな捜し方」とあるが、どのように「捜し」ているのか。次の中から最もふさわしいものを選び、記号で答えなさい。

ア　逢えることを期待して歩みを止めずに捜している。

イ　誰かに言われて仕方なく捜している。

ウ　逢えないと分かっていながらもあきらめずに捜している。

エ　積極的に周りの人に聞きながら捜している。

問九　この詩の鑑賞《かんしょう》文として最もふさわしいものを次の中から選び、記号で答えなさい。

ア　対話している二人のやりとりを、もう一人の人間が否定し、大切な人は身近にいるという考えを強く主張している。

イ　自分の考えを誰も理解してくれないことへのやりきれなさを、最後の五行で敬語を使わずに強くうったえている。

ウ　今まで出会っていない、自分にとってかけがえのない人を捜し求めていく生き方を、対話形式を用いて表現している。

エ　対話形式にすることによって、かけがえのない人と出会った自分を誇《ほこ》らしく思っていることを表現している。

問一　この詩の形式を次の中から一つ選び、記号で答えなさい。

ア　口語自由詩　**イ**　口語定型詩　**ウ**　文語自由詩　**エ**　文語定型詩

問二　１・２を話し手「A」の言葉、３～５を話し手「B」の言葉とすると、９は「A」「B」のどちらの言葉か。記号で答えなさい。

問三　――線部①「とぼとぼ歩いている」について、次の各問いに答えなさい。

（１）「とぼとぼ」の表現技法を次の中から一つ選び、記号で答えなさい。

ア　反復法　**イ**　擬人《ぎじん》法　**ウ**　擬態《ぎたい》語　**エ**　直喩《ちょくゆ》法

（２）「とぼとぼ歩いている」の説明として最もふさわしいものを次の中から選び、記号で答えなさい。

ア　ひとりさびしく歩いている　**イ**　やる気なく歩いている　**ウ**　周りに注意して歩いている　**エ**　あせりながら歩いている

問四　――線部②「尋ね出せる」は「尋ね出すことができる」という意味であるが、「～できる」という意味をふくまないものを次の中から一つ選び、記号で答えなさい。

ア　正しく書ける　**イ**　英語を話せる　**ウ**　木を植える　**エ**　速く走れる

三　次の詩を読んで、後の問いに答えなさい。

誰《だれ》かをさがすために

室生《むろう》　犀星《さいせい》

きょうもあなたは
何をさがしに①とぼとぼ歩いているのです、
まだ逢《あ》ったこともない人なんですが
その人にもしかしたら
きょう逢えるかと尋《たず》ねて歩いているのです、
逢ったこともない人を
どうしてあなたは②尋ね出せるのです、
③顔だって見たことのない他人でしょう、
それがどうして見つかるとお思いなんです、
いや　まだ逢ったことがないから
④その人を是非《ぜひ》尋ね出したいのです、
逢ったことのある人には
わたくしは逢いたくないのです、
⑤あなたは変わった方ですね、
はじめて逢うために人を捜《さが》しているのが
そんなに変に見えるのでしょうか、
人間はみな⑥そんな捜し方をしているのではないか、
そして人間はきっと誰かを一人ずつ、
捜しあてているのではないか。

問九　――線部③「飛びあがるほど驚きました」とあるが、どのようなことに「驚」いたのか。次の中から最もふさわしいものを選び、記号で答えなさい。

ア　自分の田でも、百姓は「落ち穂ひろい」をしてはならないというしきたりがあったこと。
イ　コンバインの登場で「落ち穂ひろい」がなくなり、百姓に大きな利益をもたらしたこと。
ウ　「落ち穂ひろい」は、貧しい人たちが、その季節にいつも取り組む仕事であったこと。
エ　「落ち穂ひろい」をする人のために、百姓がわざと麦や米の粒を落としていたこと。

問十　――線部④「日本と西洋と離れていても、百姓という仕事の共通性に胸が熱くなります」とあるが、「日本と西洋」の「共通性」とは具体的にどのようなことか。「～こと。」につながるように文章中から四十字以内で抜き出し、初めと終わりの五字ずつを答えなさい。

問十一　[⑤]に入る言葉として最もふさわしいものを次の中から選び、記号で答えなさい。

ア　社会　　**イ**　経済　　**ウ**　先入　　**エ**　歴史

問十二　文章の内容にあうものを次の中から一つ選び、記号で答えなさい。

ア　農業が他の産業に対抗《たいこう》できたのは、生産性という基準のみを重視することによって大きな「進歩」を果たしたからだ。
イ　農業技術や機械は、生産性を大きく向上させる「進歩」をとげたが、農家の人たちのやる気を大きく減少させた。
ウ　農家の人たちは自分の仕事の幅《はば》を広げるために、農業技術を大きく「進歩」させ、より多くの時間を節約した。
エ　農業が機械や技術の向上で大きな「進歩」を果たすことができたのは、伝統的な世界観の多くを捨ててきたからだ。

問三　（　Ｂ　）に入る接続詞をひらがな四字で答えなさい。

問四　〰〰線部（Ｃ）「田植機の出現などの農業の近代化によってよくなったことばかり」とあるが、この部分を内容を考えて読むときに、読点（、）を一か所だけ打つとすると、次の（**ア**）～（**エ**）のどこがよいか。記号で答えなさい。

◆田植機の（**ア**）出現などの（**イ**）農業の（**ウ**）近代化に（**エ**）よってよくなったことばかり

問五　〰〰線部（Ｄ）「身に（　　　）」が「心に深く感じられる」という意味の慣用句になるように、（　　　）にひらがな三字を入れなさい。

問六　（　Ｅ　）に入る言葉として最もふさわしいものを次の中から選び、記号で答えなさい。

ア　ふらりと　　**イ**　ゆっくりと　　**ウ**　こっそりと　　**エ**　さっと

問七　――線部①「それ」の指す内容を文章中から一単語で抜《ぬ》き出しなさい。

問八　――線部②「仕事と技術のちがい」とあるが、「技術」にあてはまるものを文章中にある次の言葉の中から一つ選び、記号で答えなさい。

ア　落ち穂ひろい　　**イ**　稲刈り　　**ウ**　自動収穫機械　　**エ**　手植え

た。「とれる」「できる」と言った意味がわかるでしょうか。人間が主役ではなく、百姓はめぐみを受けとるのです。したがって、百姓だけが独占的に受けとるのではなく、貧しい人と天地のめぐみを分かちあっていたのです。じつにキリスト教の精神と似ているでしょう。④日本と西洋と離《はな》れていても、百姓という仕事の共通性に胸が熱くなります。

このように、稲刈りという仕事には落ち穂ひろいがくっついていましたが、コンバインによる稲の収穫技術にはそれがありません。これも仕事と技術のちがいです。

農業技術は、百姓仕事にあったものの多くを捨ててこそ成立しました。そういうものにまといつかれたくなかったのです。田植え歌や落ち穂ひろいのことを考えていたら、田植えや稲刈りに変わる技術は形成できなかったからです。それによって、農業は大きな「進歩」をはたしました。農業もほかの産業と同じように、生産性という尺度（＝基準）で優劣《ゆうれつ》を比較《ひかく》できるようになったのです。たんなる所得や収量で比較していたものが、生産性で比較できるようになっていきました。（中略）

ようするに、技術に欠けているものは伝統的な世界観です。それは自然観と人生観を含《ふく》みます。現代の技術にはこの両方がありません。あるのは、これにかわった⑤観と人間中心主義です。

（宇根《うね》　豊《ゆたか》氏の文章による）

（注）※生産性……どれだけ多く生産するかという度合い。
※畦……田と田の間に土を盛り上げて作った境。

問一　═══線部「ムダン」を漢字に直しなさい。

問二　〰〰線部（A）「テン」と同じ漢字を使うものを次の中から一つ選び、――線部を漢字に直して答えなさい。

・商品がテントウに並ぶ。　・百科ジテンで調べる。　・事業をテンカイする。　・書類をテンケンする。

落ち穂ひろいという仕事は、コンバイン(稲を機械で刈りとって、籾《もみ》をわらから落とす機械)の登場で、なくなりました。むしろこの自動収穫《しゅうかく》機械の登場によって、田んぼに落ちる籾や麦粒《つぶ》の数は増えたのですが、なにしろ穂として落ちるよりも、粒で落ちるために、ひろいにくいのです。穂なら一穂ひろえば一〇〇粒はついているのですが、一〇〇粒を田んぼの中でわらをかきわけてひろうのは大変でしょう。何よりも落ち穂ひろいは、それほどの経済的な価値を生みださないのです。

　それでは、かつての落ち穂ひろいは、何のためにおこなわれていたのでしょうか。フランスの画家ミレーの『落ち穂ひろい』という有名な絵があります。あの麦の落ち穂ひろいをしているのは、麦畑を耕作してきた百姓ではありません。近所の百姓でない貧乏《びんぼう》な人たちなのです。キリスト教の精神では、麦は神からの恵《めぐ》みです。それを独占《どくせん》するのではなく、貧しい人たちとも分かちあうという気持ちがよくあらわれていて、感動します。しかし、それはキリスト教の普及《ふきゅう》し（＝広く行きわたっ）た国のことであって、日本ではそういうことはないだろうと思っていました。

　しかし、気になってたずねてみました。

「昔は、落ち穂ひろいはどうしていたのですか」

　すると、すぐに、

「落ち穂ひろいは百姓はしてはいけない、というしきたりだった」

という答えが返ってきたのです。驚いた私は、

「ええっ、どうしてですか？」

とさらにたずねました。

「稲刈りが終わりかけるときには、もう※畦《あぜ》に袋《ふくろ》をもった人たちが待っていて、私たちが引き上げると（　Ｅ　）田んぼに入ってきて、ひろいはじめていた」

と言うのです。

　現代では落ち穂であっても、その田んぼの百姓の所有物です。他人が**ムダン**でひろっていたら、窃盗《せっとう》（＝ぬすみ）になるでしょう。ところが、かつては米は天地(自然)からのめぐみだというのが日本人の農業観でした。前にも述べたように、百姓はけっして米を「つくる」とは言いませんでし

二　次の文章を読んで、後の問いに答えなさい。

仕事にあって、技術にないものは山ほどあります。その理由は、技術は仕事から取り出されたのではなく、まったく別のものだからです。

しかし、こういう説明ではわかりにくいでしょう。田植機で苗《なえ》を移植する技術は、田植えという百姓《ひゃくしょう》仕事の発(A)テンしたものであるかのように考える人のほうが圧倒的《あっとうてき》に多いからです。しかし、手植えにあって、田植機での移植にないものは何だろうかと考えないから、そういう説明で納得《なっとく》してしまうのです。

多くの百姓のおばあさんが、田植えは楽しかったと言います。（　B　）、田植えをしながら、みんなと話に花が咲《さ》いたからです。ごちそうも用意されていました。

しかし、田植機での移植には、歌も会話もありませんし、そもそも早乙女《さおとめ》（＝田植えをする女性）が植えるほうが稲《いね》はよく育つのだという習慣もなくなっています。①それは、一人でもできるように、労働時間を節約するために、ただひたすら※生産性を上げるために、そういう精神で手植えにおきかえるために開発された技術だからです。

田植機によって節約された時間は、どこで使われたのでしょうか。田植機を買うための農業以外への稼《かせ》ぎに使われました。あるいは農業経営の規模を大きくするために使われました。また、稲作《いなさく》以外の野菜や果樹や畜産《ちくさん》をはじめるために使われました。つまり、分業に使われました。けっして、余裕《よゆう》ができた時間で遊んだりゆっくりするためではありません。その証拠《しょうこ》に、田植えのあとや稲刈《いねか》りのあとに、年寄りたちが温泉に泊《と》まりがけで何日も出かけていた習慣はなくなりました。

私は、(C)田植機の出現などの農業の近代化によってよくなったことばかりを、農政（＝農業政策）や農学が言い立てることに反発を抱《いだ》いて、少年時代と青年時代を生きてきました。なぜなら、近代化によって失っていく世界の豊かさが身に(D)（　　　）からです。だからこそ、得られたものと失ったものを天秤《てんびん》にかけるぐらいのことはしておきたいのです。仕事が新しい近代化技術におきかえられていくことによって、何をなくしたのかを考えれば、②仕事と技術のちがいもわかるでしょう。

数年前、近所の九三歳《さい》になるお年寄りの百姓夫婦《ふうふ》に、落《お》ち穂《ぼ》ひろいの話を聞いて、③飛びあがるほど驚《おどろ》きました。

問八　次の【例】にならって、後の文の（　　　）にあてはまる表現を考えて一文を完成させなさい。

【例】母の笑顔《えがお》はまるで（　　　）。→（答え）太陽のようだ

◆少しも私は（　　　）。

問九　次の文と同じ種類のものを後の中から一つ選び、記号で答えなさい。

◆私たちの学校はとても広い。

ア　先生が植えた桜の木が、今では大きな木になった。
イ　山は新緑におおわれ、たくさんの小鳥がさえずる。
ウ　私たちの未来には、夢があり希望がある。
エ　仲間との学校生活が、なつかしく思い出される。

問十　次の【　】内のすべての単語を使って意味の通る一文を作りなさい。ただし、動詞は尊敬語に直し、形を一部変えて使うこと。

【予定　の　言う　が　後　を　先生　た　この】

問三　「右A左B」について、（１）A・Bに共通する漢字を入れ、四字熟語を完成させなさい。また、（２）その意味として正しいものを次の中から一つ選び、記号で答えなさい。

ア　思うままにふるまうこと。　**イ**　混乱してうろうろすること。
ウ　人によって好みがちがうこと。　**エ**　目的のためにあちこち走り回ること。

問四　「古・者・次」に共通する部首をつけると、それぞれ別の漢字ができあがる。その部首名をひらがなで答えなさい。

問五　次の中から「ものの数え方」に誤りのあるものを一つ選び、記号で答えなさい。

ア　私の目の前に、一筋の虹《にじ》が現れた。　**イ**　先週、自転車を一台購入《こうにゅう》した。
ウ　寝《ね》ぼうして、電車を一両遅《おく》らせた。　**エ**　一着のドレスが、彼女《かのじょ》の目にとまった。

問六　次の「作品 ― 作者 ― 成立時代」の組み合わせの中から正しいものを一つ選び、記号で答えなさい。

ア　おくのほそ道 ― 松尾芭蕉《まつおばしょう》 ― 江戸《えど》時代　**イ**　源氏物語 ― 清少納言《せいしょうなごん》 ― 平安時代
ウ　銀河鉄道の夜 ― 夏目漱石《なつめそうせき》 ― 大正時代　**エ**　万葉集 ― 兼好法師《けんこうほうし》 ― 室町《むろまち》時代

問七　次の【例】にならって、「雑誌」を大文字のローマ字で答えなさい。

【例】國學院《こくがくいん》 → KOKUGAKUIN

二〇二二年度 國學院大學栃木中学校

【国　語】〈第二回入試〉（五〇分）〈満点：一〇〇点〉

※設問の都合で、作品の一部に省略、変更がある。
※句読点や「」も一字として数えること。

一　次の各問いに答えなさい。

問一　↓の向きに注意して熟語ができるように□の中にそれぞれ漢字一字を入れ、その漢字を組み合わせてできる熟語を答えなさい。

		個		
		↓		
旅	→	□	→	力
		↓		
		数		

		主		
		↑		
題	→	□	→	字
		↓		
		所		

問二　次のA・Bの文が同じ意味になるように、（　　）に入る熟語を答えなさい。

A　十分に休んだので、体力が元にもどった。

B　十分に休んだので、体力が（　　）した。

2022年度
國學院大栃木中学校　▶解答

※編集上の都合により，第２回試験の解説は省略させていただきました。

算　数　＜第２回試験＞（50分）＜満点：100点＞

解　答

[1] (1)　305　(2)　120　(3)　97.152　(4)　25　(5)　$\frac{71}{180}$　(6)　$1\frac{2}{3}$　(7)　6.28　(8)　90　(9)　$\frac{7}{20}$　(10)　$192\frac{6}{7}$　[2] (1)　$\frac{1}{10}$　(2)　分速40m　(3)　$1.25\times a\times 0.9-a$円　[3] (1)　150度　(2)　37.68cm^3　(3)　34枚　(4)　68点　(5)　9時$49\frac{1}{11}$分　(6)　時速$34\frac{2}{7}$km　(7)　7％　(8)　40分　(9)　32才　(10)　8分　[4] (1)　36　(2)　204　[5] (1)　36通り　(2)　12通り

社　会　＜第２回試験＞（理科と合わせて50分）＜満点：50点＞

解　答

[1] **問１**　（県名，県庁所在地名の順に）　茨城(県)，水戸(市)　**問２**　う　**問３**　い　**問４**　い　**問５**　（記号，県庁所在地名の順に）　**E**　あ，札幌(市)　**F**　え，津(市)　**G**　い，長崎(市)　**H**　う，大津(市)　[2] **問１**　う　**問２**　お　**問３**　（記号，国名の順に）　あ，ノルウェー　**問４**　（記号，国名の順に）　き，オーストラリア　[3] **問１**　雨森芳洲　**問２**　滋賀(県)　**問３**　つしま　**問４**　（朝鮮）通信(使)　**問５**　天智天皇(中大兄皇子)　**問６**　中臣鎌足(藤原鎌足)　**問７**　い　**問８**　大化の改新　**問９**　足利義満　**問10**　能(能楽)　**問11**　墨絵(水墨画)　**問12**　い　**問13**　大隈重信　**問14**　え　**問15**　う　**問16**　え　**問17**　え　[4] **問１**　え　**問２**　内閣総理大臣(首相，総理)　**問３**　あ・え　**問４**　責任内閣(議院内閣)　**問５**　あ　**問６**　い　**問７**　北半球に先進国，南半球に発展途上国が多いという先進国と発展途上国の間の経済格差の問題のこと。　**問８**　東京

理　科　＜第２回試験＞（社会と合わせて50分）＜満点：50点＞

解　答

[1] **問１**　３倍　**問２**　３回転　**問３**　（例）　歯の数の比と回転数の比が逆になっているといえる。　**問４**　100g　**問５**　150g　**問６**　350g　[2] **問１**　**問①**　(い)　**問②**　水蒸気　**問③**　(い)　**問④**　結ろ　**問２**　(あ)，(え)　**問３**　47mL　[3] **問１**　でんぷ

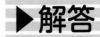

ん　**問２**　気こう　**問３**　(う)　**問４**　(例)　室温を上げる。　**問５**　右の図　**問６**　(例)　(種子をまくと)発芽して子葉が(できる。)／(大きく成長すると)花がさいて，かれるまでには実ができ，その中に(種子ができる。)　**4**　**問１**　**問①**　入道雲(積乱雲)　**問②**　(え)　**問２**　**記号**…(え)　**理由**…(例)　気圧配置が西高東低型だから。(雪が降っているから。)　**問３**　(例)　天気はおよそ西から東へ変化していく。　**問４**　**問①**　(い)　**問②**　(い)　**問５**　①　(い)　②　(か)

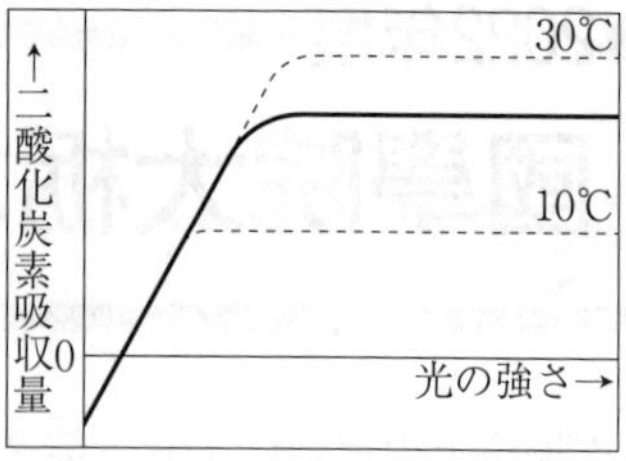

国　語　＜第２回試験＞（50分）＜満点：100点＞

解　答

一　**問１**　名人(人名)　**問２**　回復　**問３**　(1)　往　(2)　イ　**問４**　くさかんむり　**問５**　ウ　**問６**　ア　**問７**　ZASSI(ZASSHI)　**問８**　(例)　(少しも私は)気にしない／おどろかない(。)　**問９**　エ　**問10**　先生がこの後の予定をおっしゃった。　**二**　**問１・問２**　下記を参照のこと。　**問３**　なぜなら　**問４**　イ　**問５**　しみる(しみた)　**問６**　エ　**問７**　田植機　**問８**　ウ　**問９**　ア　**問10**　百姓だけが～あっていた(こと。)　**問11**　イ　**問12**　エ　**三**　**問１**　ア　**問２**　A　**問３**　(1)　ウ　(2)　ア　**問４**　ウ　**問５**　イ　**問６**　まだ逢ったこともない人　**問７**　エ　**問８**　ア　**問９**　ウ　**四**　**問１**　型　**問２**　(B)　エ　(C)　ウ　**問３**　ア　**問４**　自分らしくある　**問５**　ウ　**問６**　イ　**問７**　エ

●漢字の書き取り

二　**問１**　無断　**問２**　展開

2022年度　國學院大學栃木中学校

〔電　話〕　0282(22)5511
〔所在地〕　〒328－8588　栃木県栃木市平井町608
〔交　通〕　JR両毛線・東武日光線「栃木駅」よりバス

※編集の都合上，英語のみを掲載してあります。

【英　語】〈第２回英語入試〉（50分）〈満点：100点〉

※1，2はリスニングです。英文はすべて２度ずつ読まれます。英文を聞いている間にメモを取ってもかまいません。

1 対話と質問を聞き、その答えとして最も適当なものをそれぞれ１つ選び、記号で答えなさい。

1. ア At a bakery.　イ Shopping.
　ウ At a book store.　エ At a department store.

2. ア History.　イ Subjects.
　ウ Math.　エ History and math.

3. ア Winter vacation.　イ Skiing.
　ウ Staying home.　エ Summer vacation.

4. ア She doesn’t understand it.　イ She loves it.
　ウ It’s boring.　エ It’s easy.

5. ア At 6:15.　イ Next Tuesday.
　ウ At 11:30.　エ At 2:00.

6. ア Yuto’s mother.　イ Angela’s family.
　ウ Yuto.　エ Yuto’s father.

7. ア Two cats and a bird.　イ Ten.
　ウ Eleven.　エ No pets at all.

8. ア Last Sunday was sunny.　イ He doesn’t like his grandmother’s house.
　ウ He doesn’t like baseball.　エ It’s going to rain on Sunday.

2 英文と質問を聞き、その答えとして最も適当なものをそれぞれ１つ選び、記号で答えなさい。

1. ア A white rabbit.　イ Many little fish.
   ウ The top of a mountain.　エ A big bird.

2. ア To chat with his friends.　イ To play computer games.
   ウ The Internet.　エ To watch funny shows.

3. ア To see an alien.　イ To have an adventure.
   ウ To walk on the moon.　エ To go into a black hole.

4. ア Her father.　イ She doesn't know.
   ウ Her baby sister.　エ Her mother.

5. ア He opens the door.　イ He gets his key from his pocket.
   ウ He opens the lock.　エ He goes into his house.

6. ア Winter.　イ Spring.
   ウ Autumn.　エ Summer.

7. ア To see the world.　イ Italy.
   ウ Hawaii.　エ China.

※〈リスニングテスト放送原稿〉は問題の終わりに付けてあります。

3 次の各文の（　　）内に入る最も適当なものをそれぞれ１つ選び、記号で答えなさい。

1. Our school is on the other side of the river.　We (　　　　) the river in a boat every day.
ア raise　　イ put　　ウ cross　　エ break

2. Tomorrow is my mother's birthday.　I'm going to give (　　　　) a bag.
ア she　　イ hers　　ウ herself　　エ her

3. Tom's children are very (　　　　).　They read many books and ask him difficult questions.
ア clever　　イ crowded　　ウ clean　　エ cheap

4. The (　　　　) in this Italian restaurant is my brother.　He makes very good pizza.
ア guide　　イ florist　　ウ chef　　エ hairdresser

5. Mari went shopping last weekend, and bought a new bag.　It is much (　　　　) than her old one.
ア big　　イ bigger　　ウ small　　エ smallest

6. This morning, Takashi got up at 6:00 and left for school (　　　　) usual.
ア ever　　イ as　　ウ by　　エ on

7. I want to live in this town.　(　　　　) are a lot of parks and shops.
ア There　　イ Those　　ウ They　　エ Their

8. Mr. Smith is my homeroom teacher.　He (　　　　) my sister math last year.
ア teach　　イ teaches　　ウ taught　　エ teaching

9. I bought a cap and some T-shirts last Sunday.　I like (　　　　) very much.
ア their　　イ its　　ウ it　　エ them

10. A ： Kate, you have a call.　Where are you?
B ： I'm (　　　　) a bath now, Mom.
ア cooking　　イ taking　　ウ making　　エ putting

11. A ： This dress is really nice.　Can I (　　　　) it on?
B ： Sure.　Right this way, ma'am.
ア give　　イ have　　ウ make　　エ try

12. A ： Excuse me.　Could you (　　　　) down the radio?　I'm making a phone call.
B ： Oh, I'm sorry.
ア turn　イ write　ウ sit　エ slow

13. A ： You have a comic book in your bag, (　　　　) you, Kenta?
B ： Yes, Mr. Kato.　I'm sorry.
ア aren't　イ don't　ウ won't　エ didn't

14. A ： Do you know (　　　　) Kevin was absent from school yesterday?
B ： Yes.　He had to go to the hospital.
ア where　イ who　ウ why　エ which

15. A ： When (　　　　) your soccer game start?
B ： At nine, Dad.
ア are　イ is　ウ do　エ does

4 次の各会話について、（　　）内に入る最も適当なものをそれぞれ1つ選び、記号で答えなさい。

1. A ： (　　　　)
B ： Well, I don't remember.　Check the calendar.　Your mother wrote it down.
ア Where is Grandfather now?　イ When is Grandfather going to visit us?
ウ Why will Grandfather visit us?　エ How did Grandfather come here?

2. A ： Tom, I'm at the station now.　It's raining hard, so can you come and drive me home?
B ： OK, Meg.　(　　　　)
ア I'll be there in 15 minutes.　イ You can drive my car.
ウ I came home by car, too.　エ I don't know how the weather is.

3. A ： Could you wrap this shirt as a gift?　It's a birthday present for my father.
B ： (　　　　)　Which color paper would you like?
ア Yes, please.　イ Certainly.
ウ Not at all.　エ He is fine.

4. A ： Let's play golf next Saturday.
B ： But I've never played it.
A ： (　　　　)　I'll teach you.
ア Really?　Me, too.　イ No, thank you.
ウ I don't think so.　エ Don't worry.

5. A：I'm going to the new shopping mall tomorrow.
B：What will you buy?
A：(　　　　), but I want a gift for my friend.
ア Right　　イ Probably not
ウ I'm not sure　　エ Of course I will

5 次の各日本文の意味を表すように①から⑤、または⑥までを並べかえて（　　）の中に入れなさい。そして、２番目と４番目にくるものの最も適当な組み合わせをそれぞれ１つ選び、記号で答えなさい。

1. あなたには大会に向けて熱心にピアノを練習してほしいと思います。
(① want　② practice　③ you　④ to　⑤ I　⑥ the piano　)
2番目　4番目
(　　)(　　)(　　)(　　)(　　)(　　) hard for the competition.
ア ①−②　イ ②−①　ウ ①−③　エ ①−④

2. あの写真に写っている赤いＴシャツを着た男の子をごらんなさい。
(① wearing　② look　③ the boy　④ at　⑤ a red T-shirt　)
2番目　4番目
(　　)(　　)(　　)(　　)(　　) in that picture.
ア ④−①　イ ③−⑤　ウ ②−①　エ ①−⑤

3. あなたはエマと友達になってどれくらいになりますか。
(① have　② how　③ been　④ you　⑤ friends with　⑥ long　)
2番目　4番目
(　　)(　　)(　　)(　　)(　　)(　　) Emma?
ア ①−③　イ ①−⑤　ウ ⑥−④　エ ⑥−①

4. 私には今日やるべき宿題がたくさんある。
(① a lot of　② have　③ do　④ homework　⑤ to　)
2番目　4番目
I (　　)(　　)(　　)(　　)(　　) today.
ア ⑤−④　イ ①−⑤　ウ ①−③　エ ④−②

5. この公園では、子どもたちがサッカーをするのをよく見かける。
(① often see　② children　③ I　④ playing　⑤ at　⑥ soccer　)
2番目　4番目
(　　)(　　)(　　)(　　)(　　)(　　) this park.
ア ①−④　イ ⑤−②　ウ ⑤−⑥　エ ④−③

6 次の広告の内容について、各質問に対する答えとして最も適当なもの、または文を完成させるのに最も適当なものをそれぞれ１つ選び、記号で答えなさい。

Flower Garden Park

Spring has come! Come and enjoy the beautiful flowers!

Opening Times:
- 8:00 a.m. - 6:00 p.m.
- Open every day except January 1 and 2.

Tickets:

・Adults	$15
・Students (13-17)	$8
・Children (6-12)	$4
・Children (5 or under)	Free

Spring Festival March 20 (Fri.) – April 15 (Wed.)
- On the first day, the popular singer, Karen Edwards, will have a mini-concert on the central stage.
- On Saturdays and Sundays during the festival, we will have a photo contest.
- On Mondays and Wednesdays, there will be guided tours starting at nine a.m.

For more information, visit our website at https://www.flowerg-p.com.

1. When an adult and a 10-year-old boy enter the park, they will pay

　ア　12 dollars.
　イ　15 dollars.
　ウ　19 dollars.
　エ　23 dollars.

2. What can visitors enjoy on March 20?

　ア　A concert.
　イ　A guided tour.
　ウ　A photo contest.
　エ　A special speech.

7 次のＥメールの内容について、各質問に対する答えとして最も適当なものをそれぞれ１つ選び、記号で答えなさい。

From: Ryoko Sato
To: Emiko Sato
Date: December 10, 2021 8:32
Subject: Do you have an idea?

How are you, Mom? When I got here in America, I was really hopeful and excited. However I've been feeling a little homesick these days because my classmates don't speak Japanese. By the way, next Sunday, I'm going to have a Christmas party with my classmates, Olivia and Bella. I would like to show something Japanese, but I'm not sure what to do. Do you have an idea for that? Please reply as soon as you can.

From: Emiko Sato
To: Ryoko Sato
Date: December 10, 2021 11:40
Subject: Re: Do you have an idea?

I remember my study-abroad life when I was 16. I felt the same as you do and sent letters to your Grandma. Your strength is being cheerful, so if you keep smiling and enjoy talking with your classmates, you'll soon make lots of friends. A party is a great chance for it. If you haven't decided what to do, how about cooking Japanese food? The Temaki-zushi (hand-rolled sushi) you made before was very delicious. You could probably make them without any problems. And your friends will enjoy making them, too!

From: Ryoko Sato
To: Emiko Sato
Date: December 11, 2021 10:47
Subject: Good idea!

Your e-mail cheered me up a little. I went to an Asian food store and got the ingredients. Maybe my American classmates are used to eating California rolls, so I bought some cheese and avocados at the grocery store, too. Thanks to your help, I am ready to make tasty dishes. I will send you some photos of the party next week. Be careful not to catch a cold!

注）strength: 長所　ingredient: 食材　be used to ~ing: ～するのになれている　avocado: アボカド

1. What may cause Ryoko to be a little homesick?

ア It may be because she doesn't have any friends in America.
イ She has difficulty with the language.
ウ She is far from her native home.
エ She misses her mother's cooking.

2. What does Ryoko's mother say Ryoko should do to get more friends?

ア She should try to keep smiling and enjoy talking with classmates.
イ She should present gifts to her classmates.
ウ She should go to school every day.
エ She should play with her classmates as much as possible.

3. What did Ryoko do after she read her mother's reply to her e-mail?

ア She sent some photos to her mother.
イ She planned to invite her mother to the party.
ウ She decided to go to school every day.
エ She went shopping to get some food for Temaki-zushi.

8 次の英文の内容について、各質問に対する答えとして最も適当なもの、または文を完成させるのに最も適当なものをそれぞれ１つ選び、記号で答えなさい。

Whales are the largest animals on earth. Some are as big as 30 meters in size, but others are only 2 meters long. They live in the water and look like fish in many ways, but they are not fish. There are some differences between whales and fish. For example, fish are cold-blooded, but whales keep a warm body temperature of about 37℃. Also, fish move their tails side to side when they swim, but whales move their tails up and down. Fish have gills, but whales do not. So whales cannot breathe under water. They must come up to the surface of the water to get air. They breathe through their "blowhole." When whales sleep, they stay at the top of the water.

Whales are more similar to humans than fish in some ways. For example, they like to sing. They communicate with other whales through the songs. They also sing just for fun like humans.

When whales have babies, they raise them with milk. Large whales can produce about 600 liters of milk in a day. They stay with their children for about fifteen years. They also protect ill or injured family members.

Whales have a very good sense of hearing. They can hear very quiet sounds that people cannot hear.

People have caught and killed a lot of whales. In the 1700's, they used whale oil in oil lamps. In the early 1900's, people began to use whale oil to make soap and margarine. Also, they ate whale meat. Year by year, more and more whales were caught and killed. The number of whales became smaller and smaller. And now, more and more whales get sick because the sea water is getting dirtier. If we don't protect whales, they will die out in the near future.

注）tail: 尻尾　gill: えら　breathe: 呼吸する　surface: 表面、水面　similar: 似ている
liter: リットル　protect: ～を守る　injured: けがをしている　margarine: マーガリン

1. What is the difference between whales and fish?

ア Fish can swim faster than whales because they move their tails up and down.

イ Whales are as big as 30 meters in size, but fish are only 2 meters long.

ウ Whales must come up to the surface of the water because they do not have gills.

エ Fish can breathe under the water through their "blowhole."

2. What can whales do?

ア They can hear very quiet sounds that people cannot hear.

イ They can see very small things that people cannot see.

ウ They can sleep deep under the water without breathing.

エ They can swallow dirty water and make it clean.

3. Whales are more similar to humans than fish because

ア they produce 600 liters of milk in a day and give it to their babies.

イ they sing to communicate with each other or just for fun.

ウ they use their oil to make soap and margarine.

エ they catch a lot of fish and get the sea water dirty.

4. Why did people kill a lot of whales?

ア They killed whales just for fun.

イ They killed whales to catch fish safely.

ウ They killed whales to get oil and meat.

エ They killed whales to protect the sea water.

5. What is this story about?

ア Differences between land animals and sea animals.

イ Soap and margarine made from whales.

ウ The people who eat whale meat.

エ A sea animal that looks like a fish.

〈リスニングテスト放送原稿〉

PART I

No. 1

D: Hi, Naoko!　Wow!　You have a lot of bags.

A: Yes, I went shopping today.　I bought some cookies at the bakery.

D: And what's in the other shopping bags?

A: Oh, I got a new magazine at the book store and a T-shirt at the department store.

D: Question: Where did Naoko buy her magazine?

ア. At a bakery.　　イ. Shopping.

ウ. At a book store.　　エ. At a department store.

No. 2

A: What subjects do you like best?

D: Hmm.　I guess I like history and math best.

A: I like history, too, but I don't really like math.

D: Yeah, math and science are difficult, aren't they?

A: Question: What are they talking about?

ア. History.　　イ. Subjects.

ウ. Math.　　エ. History and math.

No. 3

D: What are you going to do for winter vacation, Ms. Sato?

A: I'm planning to go skiing.　How about you, David?

D: For winter vacation, we're just staying home.　But next summer we're going to France!

A: Really?　Me, too!

D: Question: When is Ms. Sato planning to go to France?

ア. Winter vacation.　　イ. Skiing.

ウ. Staying home.　　エ. Summer vacation.

No. 4

A: Paul, I know you like tennis, but do you have any sports you don't like?

D: Sure, Sally.　I don't like running.　You know, like in a marathon.　It's boring.

A: Really?　I love running!　But I don't like basketball.　I don't understand all the rules.

D: Oh, it's easy.　I'll teach you.

A: Question: Why doesn't Sally like basketball?

ア. She doesn't understand it.　　イ. She loves it.

ウ. It's boring.　　エ. It's easy.

No. 5

D: Mom, what's our plan for the holiday next Tuesday?

A: At 11:30, we're going to have lunch at the new Indian restaurant, and then at 2 o'clock we're going to the Dance Festival.

D: That sounds fantastic! But don't forget I have to meet Jack at the train station at 6:15.

A: I won't forget!

D: Question: What time are they going to eat lunch?

ア. At 6:15.　イ. Next Tuesday.

ウ. At 11:30.　エ. At 2:00.

No. 6

A: What kind of movies does your family like, Yuto?

D: Well, my mother likes love stories and my father likes action, but I like mysteries. How about your family, Angela?

A: Oh, everyone in my family likes comedies.

D: Yeah, they're great, too.

A: Question: Who likes action movies?

ア. Yuto's mother.　イ. Angela's family.

ウ. Yuto.　エ. Yuto's father.

No. 7

D: Wow, Hiroko! The students in our class have a lot of pets!

A: I know, Yoshi. Mary has two hamsters, three fish and a dog. And Johnny has two cats and a bird.

D: They're so lucky. I only have a turtle.

A: That's better than me. I don't have any pets at all!

D: Question: How many pets do Hiroko, Yoshi, Mary and Johnny have all together?

ア. Two cats and a bird.　イ. Ten.

ウ. Eleven.　エ. No pets at all.

No. 8

A: I hear it's going to rain on Sunday.

D: Oh, no! I was hoping to play baseball. Last Sunday was really sunny.

A: Can't you play baseball on Saturday?

D: No, on Saturday we're going to my grandmother's house.

A: Question: What is the boy's problem?

ア. Last Sunday was sunny.　イ. He doesn't like his grandmother's house.

ウ. He doesn't like baseball.　エ. It's going to rain on Sunday.

PART 2

No. 1

D: Kathy went hiking. In a forest, she saw a white rabbit. On the top of a mountain, she saw a big bird in the sky. At a river, she saw many little fish.

A: Question: What did Kathy see in the forest?

ア. A white rabbit.　イ. Many little fish.

ウ. The top of a mountain.　エ. A big bird.

No. 2

A: Hiroshi likes the Internet. He likes to watch funny shows on-line. He also likes to chat with his friends. But most of all, he likes to play computer games.

D: Question: What does Hiroshi like best?

ア. To chat with his friends.　イ. To play computer games.

ウ. The Internet.　エ. To watch funny shows.

No. 3

D: Bobby wants to go to space because he loves adventure. He wants to ride on a rocket, he wants to walk on the moon, and he wants to see an alien. But he doesn't want to go into a black hole because it's scary!

A: Question: What does Bobby not want to do?

ア. To see an alien.　イ. To have an adventure.

ウ. To walk on the moon.　エ. To go into a black hole.

No.4

A: Erika is buying Christmas presents for her family. She is getting a nice book for her mother, some delicious coffee for her father, and a fun toy for her baby sister. But she doesn't know what to get for her big brother!

D: Question: Who is getting coffee for their Christmas present?

ア. Her father.　イ. She doesn't know.

ウ. Her baby sister.　エ. Her mother.

No. 5

D: Haru wants to go into his house. He has to do four things.

A: Question: What is the second thing he does?

ア. He opens the door.　イ. He gets his key from his pocket.

ウ. He opens the lock.　エ. He goes into his house.

No. 6

<u>**A**</u>: Holidays are interesting. Do you know when they happen? Setsubun is in February and O-bon is in July or August. Halloween is in October and Easter is in March or April.

<u>**D**</u>: Question: When is Halloween?

ア. Winter. イ. Spring.

ウ. Autumn. エ. Summer.

No. 7

<u>**D**</u>: Kenji wants to see the world. After high school, he wants to go to China to eat real Chinese food. After university, he wants to go to Italy because he loves art. After he gets married, he wants to go to Hawaii for a romantic honeymoon.

<u>**A**</u>: Question: Where will Kenji go after university?

ア. To see the world. イ. Italy.

ウ. Hawaii. エ. China.

2022年度

國學院大栃木中学校

▶解答

※編集上の都合により，第２回・英語試験の解説は省略させていただきました。

英　語　＜第２回試験＞（50分）＜満点：100点＞

解　答

[1] 1 ウ　2 イ　3 エ　4 ア　5 ウ　6 エ　7 イ　8 エ

[2] 1 ア　2 イ　3 エ　4 ア　5 ウ　6 ウ　7 イ

[3] 1 ウ　2 エ　3 ア　4 ウ　5 イ　6 イ　7 ア　8 ウ　9 エ　10 イ　11 エ　12 ア　13 イ　14 ウ　15 エ

[4] 1 イ　2 ア　3 イ　4 エ　5 ウ

[5] 1 エ　2 ア　3 ウ　4 イ　5 ア

[6] 1 ウ　2 ア

[7] 1 イ　2 ア　3 エ

[8] 1 ウ　2 ア　3 イ　4 ウ　5 エ

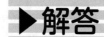

Memo

Memo

2025年度用

中学スーパー過去問

■編集人 声の教育社・編集部
■発行所 株式会社 声の教育社

〒162-0814 東京都新宿区新小川町8-15
☎03-5261-5061(代) FAX03-5261-5062
https://www.koenokyoikusha.co.jp

※本書の内容についての一切の責任は当社にあります。内容・解説・解答・その他は当社ホームページよりお問い合わせ下さい。

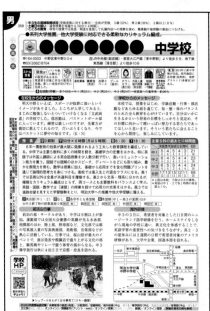

よくある解答用紙のご質問

01

実物のサイズにできない

拡大率にしたがってコピーすると，「解答欄」が実物大になります。配点などを含むため，用紙は実物よりも大きくなることがあります。

02

A3用紙に収まらない

拡大率164％以上の解答用紙は実物のサイズ（「出題傾向＆対策」をご覧ください）が大きいために，Ａ３に収まらない場合があります。

03

拡大率が書かれていない

複数ページにわたる解答用紙は，いずれかのページに拡大率を記載しています。どこにも表記がない場合は，正確な拡大率が不明です。

04

１ページに２つある

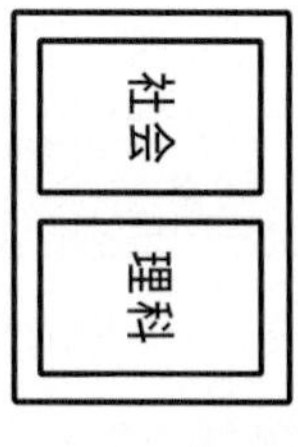

１ページに２つ解答用紙が掲載されている場合は，正確な拡大率が不明です。ほかの試験回の同じ教科をご参考になさってください。

國學院大學栃木中学校

つかいやすい書きこみ式

入試問題解答用紙編

最近３年間収録

＊解答用紙は本体と一緒にとじてありますから、ていねいに抜きとってご使用ください。

■注意

●一部の科目の解答用紙は小社で作成しましたので、無断で転載することを禁じます。

●収録のつごうにより、一部縮小したものもあります。

●設問ごとの配点は非公表です。採点しやすいように小社が推定して作成したものです。

【最近の入試結果】　　— は非公表

		国語	算数	社会	理科
配点		100	100	50	50
2024 年度	第１回	—	—	—	—
受験者平均点	第２回	—	—	—	—
2023 年度	第１回	65.9	60.5	33.6	34.8
受験者平均点	第２回	—	—	—	—
2022 年度	第１回	54.5	62.5	22.8	32.1
受験者平均点	第２回	—	—	—	—

※ 実際の解答欄の大きさで練習するには、指定の倍率で拡大コピーしてください。なお、ページの上下に小社作成の見出しや配点を記載しているため、コピー後の用紙サイズが実物の解答用紙と異なる場合があります。

声の教育社

2024年度　國學院大學栃木中学校

算数解答用紙　第１回

番号		氏名		評点	／100

1	(1)		(2)		(3)		(4)	
	(5)		(6)		(7)		(8)	
	(9)		(10)					
2	(1)		(2)		(3)	円		
3	(1)	度	(2)	cm^2	(3)	個	(4)	年後
	(5)	度	(6)	g	(7)	個	(8)	m
	(9)	日	(10)	分				

4	［答］(1)　　番目 (2)　　回	5	［答］(1) 秒速　　m (2)　　m

（注）この解答用紙は実物を縮小してあります。Ａ３用紙に162％拡大コピーすると、ほぼ実物大で使用できます。（タイトルと配点表は含みません）

〔算　数〕100点（推定配点）

1　各３点×10　2　(1), (2)　各３点×２　(3)　４点　3　各４点×10　4, 5　各５点×４

2024年度　國學院大學栃木中学校

社会解答用紙　第１回

番号		氏名		評点	／50

1

問１		問２	問３	問４
県名 県	県庁所在地名 市			

問５							
E　記号	E　県庁所在地名	F　記号	F　県庁所在地名	G　記号	G　県庁所在地名	H　記号	H　県庁所在地名
	市		市		市		市

2

問１	問２	問３		問４	
		記号	国名	記号	国名

3

問１	問２	問３

問４	問５	問６	問７

問８	問９	問10	問11

問12	問13	問14	問15
		藩	

4

問１	問２	問３	問４

問５	問６	問７

（注）この解答用紙は実物を縮小してあります。Ａ３用紙に151％拡大コピーすると、ほぼ実物大で使用できます。（タイトルと配点表は含みません）

〔社　会〕50点(推定配点)

1　各１点×13　**2**　各１点×６　**3**　問１～問４　各２点×４　問５　１点　問６　２点　問７　１点　問８，問９　各２点×２　問10，問11　各１点×２　問12　２点　問13　１点　問14　２点　問15　１点
4　各１点×７

2024年度　國學院大學栃木中学校

理科解答用紙　第１回

番号		氏名		評点	／50

1	問１	(A)	(B)	(C)	
	問２	①	②	③	
		④	⑤	⑥	
	問３			問４	

2	問１		問２		問３	と
	問４		問５	と	問６	
	問７	と	問８			

3	問１	(1)		(2)		
	問２					
	問３		問４		問５	

4	問１			
	問２		問３	
	問４	(1)	(2)	
		(3)　①	②	

〔理　科〕50点(推定配点)

(注) この解答用紙は実物を縮小してあります。Ｂ４用紙に127%拡大コピーすると、ほぼ実物大で使用できます。(タイトルと配点表は含みません)

1　問１，問２　各１点×９〈問２は各々完答〉　問３，問４　各２点×２〈問３は完答〉　2　問１，問２　各１点×２　問３　２点　問４　１点　問５　２点　問６　１点　問７，問８　各２点×２　3　問１　各２点×２　問２　３点　問３～問５　各２点×３〈問３は完答〉　4　問１～問３　各２点×３　問４　(1)，(2)　各２点×２　(3)　各１点×２

二〇二四年度　國學院大學栃木中学校

国語解答用紙　第一回

番号		氏名		評点	/100

一

問一		問二	画目	問三		問四	
問五		A		B			
問六		問七		問八		問九	
問十				問十一		問十二	

二

問一	(a)	(b)	(c)

問二			問三		問四	

問五		問六		問七		問八	

問九	A	
	B	

問十		問十一	

三

問一		問二		問三		問四	
問五		問六	(1)			(2)	
問七							

四

問一	(a)	(b)	問二	
問三		問四		
問五				
問六	〜	問七		

(注) この解答用紙は実物を縮小してあります。A３用紙に161%拡大コピーすると、ほぼ実物大で使用できます。(タイトルと配点表は含みません)

〔国　語〕100点(推定配点)

一　問１～問４　各２点×４　問５　各１点×３　問６～問12　各２点×７　二　問１　各２点×３　問２　各１点×２　問３，問４　各２点×２　問５～問11　各３点×８　三　各２点×８　四　問１　各２点×２　問２～問４　各３点×３　問５　４点　問６，問７　各３点×２

2024年度　國學院大學栃木中学校

算数解答用紙　第２回

番号		氏名		評点	／100

1	(1)		(2)		(3)		(4)	
	(5)		(6)		(7)		(8)	
	(9)		(10)					
2	(1)		(2)		(3)	あ		い
3	(1)	度	(2)	cm	(3)	本	(4)	オ
	(5)	分後	(6)	g	(7)	個	(8)	m
	(9)	日	(10)	分				

4

(1)

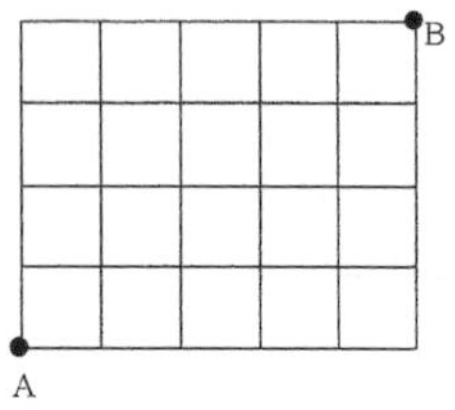

(2)

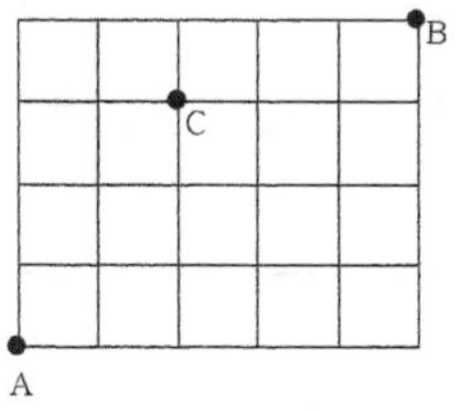

［答］（1）　　通り

（2）　　通り

5

［答］（1）

（2）　　段目

（注）この解答用紙は実物を縮小してあります。A３用紙に162％拡大コピーすると、ほぼ実物大で使用できます。（タイトルと配点表は含みません）

〔算　数〕100点（推定配点）

1　各３点×10　2　各４点×３　3　各４点×10　4　(1)　４点　(2)　５点　5　(1)　４点　(2)　５点

2024年度　國學院大學栃木中学校

社会解答用紙　第２回

番号		氏名		評点	／50

1

問１		問２	問３	問４
都道府県名	県庁所在地名　市			

問５							
E　記号	E　県庁所在地名　市	F　記号	F　県庁所在地名　市	G　記号	G　県庁所在地名　市	H　記号	H　県庁所在地名　市

2

問１	問２	問３		問４	
		記号	国名	記号	国名

3

問１	問２	問３	問４

問５	問６	問７

問８	問９	問10

問11	問12	問13	問14	問15

4

問１	問２	問３	問４

問５	問６	問７

〔社　会〕50点(推定配点)

(注) この解答用紙は実物を縮小してあります。A３用紙に152%拡大コピーすると、ほぼ実物大で使用できます。(タイトルと配点表は含みません)

1 各１点×13　2 各１点×６　3 問１，問２　各２点×２　問３，問４　各１点×２　問５，問６　各２点×２　問７　１点　問８　２点　問９，問10　各１点×２　問11　２点　問12　１点　問13　２点　問14，問15　各１点×２　4 問１　２点　問２～問６　各１点×５　問７　２点

2024年度　國學院大學栃木中学校

理科解答用紙　第２回

番号		氏名		評点	／50

1	問１	①	②		問２			
	問３							
	問４	口→　→　→　→　→こう門			問５			
2	問１							
	問２							
	問３							
	問４	A	B	C	D			
3	問１		問２	g	問３	g		
	問４	(1)　g	(2)					
		(3)　g						
4	問１	金属の球は、						
	問２	(1)	(2)					
	問３		問４					
	問５							

（注）この解答用紙は実物を縮小してあります。Ｂ４用紙に133％拡大コピーすると、ほぼ実物大で使用できます。（タイトルと配点表は含みません）

〔理　科〕50点(推定配点)

1　問１，問２　各２点×３　問３　３点　問４，問５　各２点×２　2　問１　２点　問２，問３　各３点×２〈問３は完答〉　問４　各１点×４　3　各２点×６　4　問１～問３　各２点×４〈問３は完答〉　問４　３点　問５　２点

二〇二四年度　國學院大學栃木中学校

国語解答用紙　第二回

番号		氏名		評点	/100

一

問一 (1)	問一 (2)	問二 →	
問三	問四	問五	問六
問七	問八	問九	問十
問十一 。			

二

問一 (a)	問一 (b)	問一 (c)	
問二	問三	問四	
問五	問六	問七	問八
問九 1	問九 2	問十	
問十一 書き言葉によって、 …15… から。			
問十二	問十三		

三

問一	問二	問三	問四
問五 (1)	問五 (2)	問五 (3)	
問六 ①	問六 ②		

四

問一 (a)	問一 (b)	問二
問三	問四	問五
問六 1	問六 2	
問七		

（注）この解答用紙は実物を縮小してあります。A３用紙に161％拡大コピーすると、ほぼ実物大で使用できます。（タイトルと配点表は含みません）

〔国　語〕100点（推定配点）

一　各２点×12　二　問１～問７　各２点×９　問８　３点　問９　各２点×２　問10～問13　各３点×４

三　各２点×９　四　問１～問３　各２点×４　問４，問５　各３点×２　問６　各２点×２　問７　３点

2024年度　國學院大學栃木中学校

英語解答用紙　第２回

番号		氏名		評点	／100

1	1		2		3		4		5	
	6		7		8					

2	1		2		3		4		5	
	6		7							

3	1		2		3		4		5	
	6		7		8		9		10	
	11		12		13		14		15	

4	1		2		3		4		5	

5	1		2		3		4		5	

6	1		2	

7	1		2		3	

8	1		2		3		4		5	

（注）この解答用紙は実物を縮小してあります。Ａ３用紙に162％拡大コピーすると、ほぼ実物大で使用できます。（タイトルと配点表は含みません）

〔英　語〕100点（推定配点）

1～8　各２点×50

2023年度　國學院大學栃木中学校

算数解答用紙　第１回

番号		氏名		評点	／100

1	(1)		(2)		(3)		(4)	
	(5)		(6)		(7)		(8)	
	(9)		(10)					
2	(1)		(2)	円	(3)	m		
3	(1)	度	(2)	cm^2	(3)	個	(4)	才
	(5)	4時　分	(6)	分	(7)	g	(8)	分
	(9)	点	(10)	人				

4		5	
	［答］(1)　番目 (2)		［答］(1)　時　分 (2)　時速　km

(注) この解答用紙は実物を縮小してあります。Ａ３用紙に161％拡大コピーすると、ほぼ実物大で使用できます。(タイトルと配点表は含みません)

〔算　数〕100点(推定配点)

1　各３点×10　2　(1), (2)　各３点×２　(3)　４点　3　各４点×10　4, 5　各５点×４

2023年度　國學院大學栃木中学校

社会解答用紙　第１回

番号		氏名		評点	／50

1

問１		問２	問３	問４
県名　県	県庁所在地名　市			

問５							
E　記号	E　県庁所在地名	F　記号	F　県庁所在地名	G　記号	G　県庁所在地名	H　記号	H　県庁所在地名
	市		市		市		市

2

問１	問２	問３		問４	
		記号	国名	記号	国名

3

問１	問２	問３	問４
		年	

問５	問６	問７	問８

問９	問10	問11

問12	問13	問14	問15

4

問１	問２	問３	問４

問５	問６

〔社　会〕50点(推定配点)

(注)　この解答用紙は実物を縮小してあります。Ａ３用紙に148％拡大コピーすると、ほぼ実物大で使用できます。(タイトルと配点表は含みません)

1　各１点×13　2　各１点×６　3　問１　２点　問２　１点　問３～問５　各２点×３　問６　１点　問７　２点　問８　１点　問９　２点　問10，問11　各１点×２　問12　２点　問13　１点　問14　２点　問15　１点　4　問１　２点　問２　１点　問３　２点　問４～問６　各１点×３

2023年度　國學院大學栃木中学校

理科解答用紙　第１回

番号		氏名		評点	／50

1	問１		問２	
	問３	①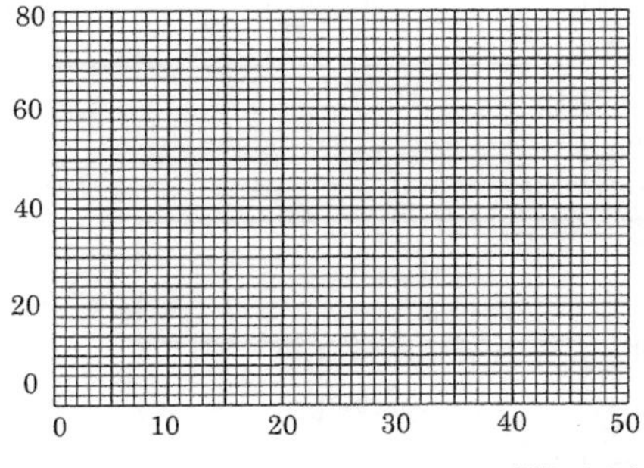	②	
			問４	①
				②
				③
2	問１		問２	
	問３		問４	
	問５		問６	
3	問１	①　②　③	問２	
	問３		問４	問６
			問５	問７
4	問１		問２	①　②
				③
				④
			問３	現象
				①
				②
	問４			

（注）この解答用紙は実物を縮小してあります。Ａ３用紙に149％拡大コピーすると、ほぼ実物大で使用できます。（タイトルと配点表は含みません）

〔理　科〕50点(推定配点)

1　問１　２点　問２　１点　問３　①　３点　②　１点　問４　各２点×３　2　問１　１点　問２　３点　問３　２点　問４　１点　問５　３点　問６　１点　3　問１　各１点×３　問２　２点〈完答〉　問３　３点　問４　１点　問５　２点　問６，問７　各１点×２　4　問１　３点　問２，問３　各１点×７　問４　３点

二〇二三年度　國學院大學栃木中学校

国語解答用紙　第一回

番号　　氏名　　評点　／100

一

問一　問二　問三　問四
問五　問六　問七　問八
問九　問十

二

問一 (a) (b)　問二
問三　問四　問五 面目
問六　問七　問八
問九
問十 ～　問十一

三

問一　問二　問三　問四
問五　問六　問七
問八　問九　問十

四

問一 (1) (2)　問二　問三
問四 10
問五　問六　問七

（注）この解答用紙は実物を縮小してあります。A３用紙に163％拡大コピーすると、ほぼ実物大で使用できます。（タイトルと配点表は含みません）

〔国　語〕100点（推定配点）

一　各２点×10　二　問１，問２　各２点×３　問３～問８　各３点×６　問９，問10　各４点×２　問11　３点
三　各２点×10〈問４は完答〉　四　問１～３　各３点×４　問４　４点　問５～問７　各３点×３

2023年度　國學院大學栃木中学校

算数解答用紙　第2回

番号		氏名		評点	／100

1	(1)		(2)		(3)		(4)	
	(5)		(6)		(7)		(8)	
	(9)		(10)					
2	(1)		(2)	円	(3)	円		
3	(1)	度	(2)	cm^2	(3)	冊	(4)	才
	(5)	9時　分	(6)	m	(7)	g	(8)	時間　分
	(9)	点	(10)	分				

4	［答］(1) (2)	5	［答］(1)　通り (2)　通り

(注) この解答用紙は実物を縮小してあります。A３用紙に161％拡大コピーすると、ほぼ実物大で使用できます。(タイトルと配点表は含みません)

〔算　数〕100点(推定配点)

1　各３点×10　2　各４点×３　3　各４点×10　4　(1)　４点　(2)　５点　5　(1)　４点　(2)　５点

2023年度　國學院大學栃木中学校

社会解答用紙　第２回

番号		氏名	

評点	／50

1

問１		問２	問３	問４
県名	県庁所在地名			
県	市			

問５							
E　記号	E　県庁所在地名	F　記号	F　県庁所在地名	G　記号	G　県庁所在地名	H　記号	H　県庁所在地名
	市		市		市		市

2

問１	問２	問３

問４	
政策名	国名

3

問１	問２	問３	問４

問５	問６	問７

問８	問９	問10

問11	問12	問13	問14	問15

4

問１	問２	問３	問４

問５	問６	問７

〔社　会〕50点(推定配点)

（注）この解答用紙は実物を縮小してあります。A３用紙に156％拡大コピーすると、ほぼ実物大で使用できます。（タイトルと配点表は含みません）

1　各１点×13　2　問１～問３　各１点×３　問４　各２点×２　3　問１～問７　各１点×７　問８，問９　各２点×２　問10　１点　問11　２点　問12　１点　問13　２点　問14，問15　各１点×２　4　問１　２点　問２　１点　問３　２点　問４，問５　各１点×２　問６，問７　各２点×２

2023年度　國學院大學栃木中学校

理科解答用紙　第２回

番号		氏名		評点	／50

1	問１		問２		問３		問４	
	問５		問６					
	問７							
2	問１		問２	①	②			
	問３	①	②					
		③記号	体積					
	問４	（あ）	（い）	（う）				
3	問１	(1)㋐	㋑	㋒	(2)			
		(3)(あ)	(い)	(う)	(え)			
	問２	(1)						
		(2)						
		(3)	(4)					
4	問１		問２					
	問３		問４					
	問５	→	→	→				
	問６							

（注）この解答用紙は実物を縮小してあります。Ａ３用紙に146％拡大コピーすると、ほぼ実物大で使用できます。（タイトルと配点表は含みません）

〔理　科〕50点（推定配点）

1　問１～問４　各１点×４　問５～問７　各２点×３〈問６，問７は完答〉　2　問１，問２　各１点×３　問３　①　１点　②，③各２点×３　問４　各１点×３　3　問１　各１点×８　問２　(1)～(3)　各２点×３　(4)　１点　4　各２点×６

二〇二三年度　國學院大學栃木中学校

国語解答用紙　第二回

番号　　氏名　　評点 ／100

一

問一　問二　問三　画目

問四　1　2　3　問五　↓　↓　↓

問六　問七　問八

問九　問十

二

問一　(a)　(b)　問二

問三　問四　問五　問六

問七　印象。

問八　問九　問十　問十一

三

問一　問二　問三　問四

問五　問六　問七

問八　①　②　③

四

問一　問二　問三　問四

問五　という知らせ。

問六　ア　↓　↓　↓　問七　問八

（注）この解答用紙は実物を縮小してあります。Ａ３用紙に163％拡大コピーすると、ほぼ実物大で使用できます。（タイトルと配点表は含みません）

〔国　語〕100点（推定配点）

一　各２点×12　二　問１～問６　各２点×７　問７　４点　問８～問11　各３点×４　三　問１～問５　各２点×５　問６～問８　各３点×５　四　問１～問４　各２点×４　問５　４点　問６～問８　各３点×３

2023年度　國學院大學栃木中学校

英語解答用紙　第２回

番号		氏名		評点	／100

1										
	1		2		3		4		5	
	6		7		8					

2										
	1		2		3		4		5	
	6		7							

3										
	1		2		3		4		5	
	6		7		8		9		10	
	11		12		13		14		15	

4	1		2		3		4		5	

5	1		2		3		4		5	

6	1		2	

7	1		2		3	

8	1		2		3		4		5	

（注）この解答用紙は実物を縮小してあります。Ａ３用紙に163％拡大コピーすると、ほぼ実物大で使用できます。（タイトルと配点表は含みません）

〔英　語〕100点（推定配点）

1～8　各２点×50

2022年度　國學院大學栃木中学校

算数解答用紙　第１回

番号		氏名		評点	／100

1	(1)		(2)		(3)		(4)	
	(5)		(6)		(7)		(8)	
	(9)		(10)					
2	(1)		(2)	ドル	(3)	cm^2		
3	(1)	度	(2)	cm^3	(3)	枚	(4)	才
	(5)	度	(6)	分後	(7)	g	(8)	分
	(9)	点	(10)	分　秒				

4	［答］(1) (2)　番目	5	［答］(1)　円 (2)　円 (3)　個以上

（注）この解答用紙は実物を縮小してあります。A３用紙に161％拡大コピーすると、ほぼ実物大で使用できます。（タイトルと配点表は含みません）

〔算　数〕100点（推定配点）

1　各３点×10　2　(1)，(2)　各３点×２　(3)　４点　3　各４点×10　4，5　各４点×５

2022年度　國學院大學栃木中学校

社会解答用紙　第１回

番号		氏名		評点	／50

1

問１		問２	問３	問４
県名　　県	県庁所在地名　　市			

問５							
E　記号	E　県庁所在地名　　市	F　記号	F　県庁所在地名　　市	G　記号	G　県庁所在地名　　市	H　記号	H　県庁所在地名　　市

2

問１	問２	問３		問４	
		記号	国名	記号	国名

3

問１	問２	問３	問４
	寺		

問５	問６	問７	問８

問９	問10	問11	問12
	の乱		戦い

問13	問14	問15	問16

4

問１		問２	問３	問４

問５	問６	問７
満　　才以上		

（注）この解答用紙は実物を縮小してあります。Ａ３用紙に149％拡大コピーすると、ほぼ実物大で使用できます。（タイトルと配点表は含みません）

〔社　会〕50点（推定配点）

1　各１点×13　2　各１点×６　3　問１～問７　各１点×７　問８～問10　各２点×３　問11　１点　問12，問13　各２点×２　問14　１点　問15　２点　問16　１点　4　問１～問３　各１点×３　問４　２点　問５，問６　各１点×２　問７　２点

2022年度　國學院大學栃木中学校

理科解答用紙　第１回

番号		氏名		評点	／50

1	問１	①	②	③		
	問２					
	問３				問４	
2	問１		問２		問３	
	問４		問５	①　mL	②　色	
	問５	②理由				
3	問１					
	問２	花の名前	特ちょう			
	問３		問４			
	問５	①	②			
4	問１		問２	座	等星	
	問３	北緯　度	問４	度		
	問５		問６		問７	月

（注）この解答用紙は実物を縮小してあります。Ｂ４用紙に139％拡大コピーすると，ほぼ実物大で使用できます。（タイトルと配点表は含みません）

〔理　科〕50点（推定配点）

1　問１　各１点×３　問２　２点　問３　３点　問４　２点　2　問１，問２　各２点×２　問３，問４　各１点×２　問５　①，②　各２点×２　②理由　３点　3　問１　１点　問２　各２点×２　問３，問４　各２点×２　問５　各２点×２　4　問１　１点　問２　各２点×２　問３，問４　各２点×２　問５　１点　問６，問７　各２点×２

二〇二三年度　國學院大學栃木中学校

国語解答用紙　第一回

番号　　氏名　　評点　／100

一

問一　問二　問三
問四　問五　問六
問七　問八
問九　問十

二

問一　問二　画目　問三
問四　問五　問六
問七　問八　問九
問十　20
問十一

三

問一　問二　問三　問四
問五　問六　問七
問八　①　②　③

四

問一　問二　問三　問四
問五　25
問六　問七　問八

（注）この解答用紙は実物を縮小してあります。A３用紙に154％拡大コピーすると、ほぼ実物大で使用できます。（タイトルと配点表は含みません）

〔国　語〕100点(推定配点)

一　各２点×10　二　問１～問９　各３点×９　問10　4点　問11　３点　三　各２点×10　四　問１～４　各３点×４　問５　５点　問６～問８　各３点×３

2022年度　國學院大學栃木中学校

算数解答用紙　第2回

番号		氏名		評点	／100

1	(1)		(2)		(3)		(4)	
	(5)		(6)		(7)		(8)	
	(9)		(10)					
2	(1)		(2)	分速　m	(3)	円		
3	(1)	度	(2)	cm^3	(3)	枚	(4)	点
	(5)	9時　分	(6)	時速　km	(7)	%	(8)	分
	(9)	才	(10)	分				

4	［答］(1) (2)
5	［答］(1)　通り (2)　通り

(注) この解答用紙は実物を縮小してあります。A3用紙に159%拡大コピーすると、ほぼ実物大で使用できます。(タイトルと配点表は含みません)

〔算　数〕100点(推定配点)

1 各3点×10　2 各4点×3　3 各4点×10　4 (1) 4点 (2) 5点　5 (1) 4点 (2) 5点

2022年度　國學院大學栃木中学校

社会解答用紙　第２回

番号		氏名		評点	／50

1

問１		問２	問３	問４
県名 県	県庁所在地名 市			

問５							
E　記号	E　県庁所在地名	F　記号	F　県庁所在地名	G　記号	G　県庁所在地名	H　記号	H　県庁所在地名
	市		市		市		市

2

問１	問２	問３		問４	
		記号	国名	記号	国名

3

問１	問２	問３	問４
	県		朝鮮　　使

問５	問６	問７	問８

問９	問10	問11	問12

問13	問14	問15	問16	問17

4

問１	問２	問３	問４

問５	問６	問７

問８

（注）この解答用紙は実物を縮小してあります。Ａ３用紙に149％拡大コピーすると、ほぼ実物大で使用できます。（タイトルと配点表は含みません）

〔社　会〕50点（推定配点）

1　各１点×13　2　各１点×６　3　問１～問９　各１点×９　問10，問11　各２点×２　問12　１点　問13　２点　問14～問17　各１点×４　4　問１～問３　各１点×３　問４　２点　問５，問６　各１点×２　問７，問８　各２点×２

2022年度　國學院大學栃木中学校

理科解答用紙　第２回

番号		氏名		評点	／50

1	問１		問２			
	問３					
	問４	g	問５	g	問６	g
2	問１	問①	問②			
		問③	問④			
	問２		問３	mL		
3	問１		問２		問３	
	問４					

問５

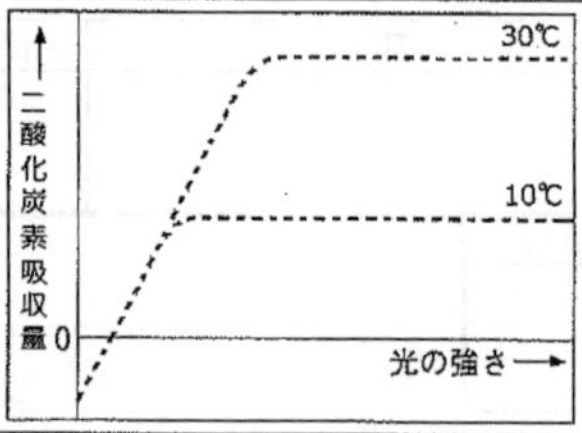

問６

種子をまくと
（　　　　　　　　）
できる。
大きく成長すると
（　　　　　　　　）
種子ができる。

4	問１	問①	問②	
	問２	記号	理由	
	問３			
	問４	問①	問②	
	問５	①	②	

（注）この解答用紙は実物を縮小してあります。Ｂ４用紙に140％拡大コピーすると、ほぼ実物大で使用できます。（タイトルと配点表は含みません）

〔理　科〕50点(推定配点)

1　問１　１点　問２～問６　各２点×５　2　問１　問①　１点　問②　２点　問③　１点　問④　２点　問２，問３　各２点×２　3　問１～問５　各２点×５　問６　各１点×２　4　問１　各２点×２　問２　記号…１点　理由…２点　問３～問５　各２点×５

二〇二二年度　國學院大學栃木中学校

国語解答用紙　第二回

番号　　氏名　　評点　／100

一

問一　問二　問三 (1) (2)

問四　問五　問六

問七　問八 少しも私は　。

問九　問十　。

二

問一　問二　問三

問四　問五　問六

問七　問八　問九

問十　〜　こと。

問十一　問十二

三

問一　問二

問三 (1) (2)　問四　問五

問六

問七　問八　問九

四

問一　問二 (B) (C)　問三

問四　問五

問六　問七

（注）この解答用紙は実物を縮小してあります。A３用紙に156％拡大コピーすると、ほぼ実物大で使用できます。（タイトルと配点表は含みません）

〔国　語〕100点（推定配点）

一　問１，問２　各１点×２　問３～問10　各２点×９　**二**　各３点×12　**三**　各２点×10　**四**　各３点×８

2022年度　國學院大學栃木中学校

英語解答用紙　第２回

番号		氏名		評点	／100

1	1		2		3		4		5	
	6		7		8					

2	1		2		3		4		5	
	6		7							

3	1		2		3		4		5	
	6		7		8		9		10	
	11		12		13		14		15	

4	1		2		3		4		5	

5	1		2		3		4		5	

6	1		2	

7	1		2		3	

8	1		2		3		4		5	

（注）この解答用紙は実物を縮小してあります。Ａ３用紙に158％拡大コピーすると、ほぼ実物大で使用できます。（タイトルと配点表は含みません）

〔英　語〕100点（推定配点）

1～8　各２点×50